广东省教育科学“十三五”规划2020年粤港澳大湾区国际教育示范区建设研究一般项目“粤港澳大湾区建设背景下深圳托育服务政策研究”（2020WQYB069）成果。

托育服务机构设置与供给需求研究

贺修炎 著

中国商业出版社

图书在版编目（CIP）数据

托育服务机构设置与供给需求研究 / 贺修炎著 . --
北京 : 中国商业出版社 , 2021.8
ISBN 978-7-5208-1747-9

Ⅰ . ①托… Ⅱ . ①贺… Ⅲ . ①托儿所—机构设置—研究 Ⅳ . ① G618

中国版本图书馆 CIP 数据核字 (2021) 第 171637 号

责任编辑：王　静

中国商业出版社出版发行

010-63180647　www.c-cbook.com

（100053　北京广安门内报国寺 1 号）

新华书店经销

定州启航印刷有限公司印刷

*

710 毫米 ×1000 毫米　16 开　18.5 印张　330 千字

2021 年 8 月第 1 版　2021 年 8 月第 1 次印刷

定价：79.00 元

*　*　*　*

（如有印装质量问题可更换）

前　言

随着“全面三孩”政策的实施，我国0～6岁儿童尤其是0～3岁婴幼儿托育服务需求越来越大。党的十九大报告把“幼有所育”作为需要取得“新进展”的七项重点民生任务之一，健全托育服务体系已成为推进“幼有所育”的首要任务。2019年5月9日，国务院办公厅发布了《国务院关于促进3岁以下婴幼儿照护服务发展的指导意见》，这不仅为解决“入托难”“入托贵”等一系列民生问题指明了方向，也助力了“幼有所育”这一任务的完成。中华人民共和国成立以来，托育服务的发展受到政府政策、经济发展水平、社会价值倡导等多方面因素的影响，在历史进程中经历了从确立到消解再到重建的曲折的发展历程，不过近年来我国托育服务发展迅猛，同时出现了一些问题，如有需欠供、结构失衡、服务质量参差不齐等。

伴随着世界格局的变化，尤其是20世纪90年代后，各国对早期教育的重视程度大幅度提升，加之“老龄化”“少子化”等各国普遍存在的人口问题，致使各国将托育服务作为解决这些问题的一个重要途径，通过政府购买社会服务的形式迎合公众照看婴幼儿、外出就业的需求。除此之外，在托育服务政策上各国也推出了与本国相适应的政策体系，托育服务政策主要有三大特征：一是0～3岁婴幼儿发展的主管职能部门从教育行政部门调整为卫生健康管理行政部门；二是从以前早期教育更强调“教”到现在婴幼儿照护服务更强调“保”或“养”；三是从以前高收费、功利化明显的早教精英服务到现在更强调公益、普惠、优质的普及性托育服务。这三个方面的重大变化也意味着0～3岁婴幼儿托育服务机构的创办和管理在理念和价值追求上与以往有了本质的不同。正是在一系列政策和大环境的支撑下，本书才得以完成，并呈现在读者面前。

本书以托育服务为研究对象，从机构设置标准和供需两大方面对其进行详细阐述。在托育服务机构设置标准研究部分，以地域为研究角度，在对国外十余个国家的托育服务机构及国内托育机构凸显的省市展开梳理的基础上对其机构设置的标准进行了详细研究。之后从城市托育服务这一大的范围入手，分析大城市、城中村等不同区域内的托育服务供需及个案研究，最后从托育服务供需优化方面论述托育服务供需的相关内容。本书适合研究早期教育及托育服务的人员参考与阅读。

在撰写本书时，笔者得到了很多专家、学者的帮助，也参考了国内外一些学者的研究成果，在这里对他们表示感谢。由于本人水平有限，时间仓促，书中难免会有疏漏与不足之处，敬请各位专家、同行及学者多提宝贵意见或建议，以便进一步修改订正，以臻完善。

2021 年 3 月

目　录

导 论

一、研究缘起与意义

（一）研究缘起

1. 社会背景

（1）发达国家或地区的婴幼儿出生率普遍较低。婴幼儿的出生率（又称粗出生率，Crude Birth Rate，CBR）是用来衡量一个国家或地区出生水平的关键指标，能够反映一定时期内该地区人口的出生水平。出生率的高低受到国家或地区生育文化、生育意愿、社会经济发展等多种因素的影响。大多数发达国家的婴幼儿出生率较低。比如，欧洲国家的工业较为发达且城市化水平很高，但是婴幼儿出生率却常年维持在比较低的水平；日本婴幼儿出生率一直是全世界范围内极低水平的代表，常年排名世界末尾，日本的低生育率陷阱带来的人口危机也一直是日本亟须解决的社会性问题之一。此外，随着人们文化水平的普遍提高，人们对生育的态度与意愿有更高层次的认识，不免出现生育率普遍较低的现象。比如，德国年轻人对婚姻看得非常重，不会随便结婚，也不会随便要孩子。并且学业、事业等诸多因素也都在无形中使得一些夫妇不得不推迟育儿计划，许多德国女性干脆放弃生育，以换取自由的生活。

根据 2019 年世界人口出生率的数据统计，2018 年世界平均婴幼儿出生率为 11.7%，而发达国家的婴幼儿出生率均低于世界平均水平。过低的婴幼儿出生率常常会引发一系列的社会问题，比如，日本由于长时间的低出生率导致人口结构的转变，人口老龄化的问题日益严峻，美国的低生育率使政府的税收财政转移，长此以往会影响其经济的发展预期。除此之外，国家婴幼儿出生率的走低还会造成劳动力的紧缺和劳动力成本的上扬，导致一些国有企业竞争力下降，同样不利于国家经济的持续发展。

（2）对婴幼儿保育教育的关注成为世界教育的发展趋势。国际脑科学和神经科学的研究发现，0～3岁是儿童发展的关键时期，表现在视听觉、语言、认知、数学逻辑感知、情绪控制、人际关系等能力的习得。高质量的0～3岁婴幼儿早期教育对儿童认知、语言、社会性发展等都有长期的积极影响。奥巴马曾指出，早期教育是投资获益最多的教育阶段，在早期教育项目投资1美元可通过社会福利费、医疗费用、犯罪的减少而得到将近10美元的回报。不仅如此，接受优质的早期教育有助于个体在今后的学业、工作中获得成功。这种高收益的投资让各国看到了婴幼儿保育教育的重要性。此外，国际组织对婴幼儿保育教育政策的质量也予以关注，并发布系列报告。例如，经济合作与发展组织（OECD）、联合国教科文组织（UNESCO）等发布的报告要求：充分认识婴幼儿保育教育的重要性，并提高各国公共服务的普及程度与质量。

（3）我国托育服务的发展。首先，中国面临着人口老龄化和“少子化”的考验。2014年，中国60岁以上人口比重已经超过15%，高于世界平均水平。2011年4月底公布的第六次全国人口普查数据表明，我国0～14岁人口约占全国人口的16.6%。根据人口学统计的标准，很多专家断言，中国已经逐步进入“少子化”时代。

其次，托育需求量增长迅速。2019年是国家实施“全面二孩”政策的第四年，国家统计局公布的数据显示，2019年我国新出生人口1 465万，比2018年减少了近58万，比2017年减少了近321万。2016年的一项调查显示，高达86.5%的家庭认为“没人照顾”是生育二孩的最大困扰。2017年，上海市妇联在“上海市户籍0～3岁婴幼儿托管需求调查”中发现，88.15%的家庭明确表示需要婴幼儿托管服务。这表明婴幼儿出生率的增加迫切要求托育服务能够持续和有效地供给。

一方面，托育服务是提高人口出生率的有力保障；另一方面，大量的新生儿出生对国家政策保障和家庭养育能力也提出了新的挑战。目前，我国的托育服务存在着供不应求、监管不严、场地不合格、师资短缺等问题，严重影响了托育服务的大规模发展。同时，家庭育儿成本的增加使得父母双方的外出就业率不断上升，尤其是妇女就业率的增长。国家统计局发布的《中国妇女发展纲要（2011—2020 年）》中期统计监测报告显示，2015 年全国女性就业人员占全社会就业人员的 42.9%，2016 年这一比例上升到 43.1%。由此带来的婴幼儿无人照看的问题在我国越来越凸显。

最后，城乡发展不均衡。一方面，城乡经济结构、人口结构的不同使得托育服务很难在全国范围内展开。托育服务不仅需要地方政府有充足的财力、人力和社会资源进行后续保障，也需要结合区域家庭情况提供精准托育服务，这对人口众多和区域类型众多的中国挑战巨大。另一方面，城乡受教育水平的差异带来的思想观念的不同使得托育服务在不同地区遇到的困难和挑战不同，城镇地区接受新观念和落实政策的速度与能力高于农村地区。总而言之，城乡发展不均衡对托育服务的区域公平是较大的挑战。

2. 教育背景

（1）我国政府对婴幼儿保育教育始终重视。当前，我国对婴幼儿的早期教养给予了前所未有的重视并加大了研究的力度。政府颁布了一系列政策文件，强调对婴幼儿早期教养的重视。2001 年 5 月发布的《中国儿童发展纲要（2001—2010 年）》提出要发展 0 ～ 3 岁儿童早期教育，建立并完善 0 ～ 3 岁儿童教育管理体制。2009 年 5 月，教育部文件指出要联合多部门开展早期儿童干预行动，鼓励社会力量创办学前特殊教育机构。2013 年，教育部办公厅下发了《教育部关于开展 0 ～ 3 岁婴幼儿早期教育试点的通知》，决定在上海市、北京市海淀区等 14 个地区开展 0 ～ 3 岁婴幼儿早期教育试点，并对试点任务、内容和有关工作提出了明确要求。自此我国 0 ～ 3 岁婴幼儿早期教养事业进入新的发展阶段。在政府的倡导和支持下，各个试点进行了积极探索。例如，上海市正在试点的 68 家"职工亲子工作室"做出了一些尝试，"职工亲子工作室"将坚持运用自建加众筹的运行模式，充分利用社会资源合作共赢、共建共享，巧借市场力量满足托育需求。青岛市颁布了《青岛市 0 ～ 3 岁婴幼儿早期教育试点工作方案》，探索公益普惠、科学规范、符合青岛实际的早期教育公共服务体系。

（2）早教市场混乱，监管不严。随着二孩的出生，家庭对早教机构的需求增加，市场上出现的各种早教机构吸引了很多家长的关注。而"携程亲子园”事件的曝光使早教机构的办学质量受到社会的质疑。有专家指出，中国目前的早教机构处于国家市场监督管理总局、教育部、国家卫生健康委员会“三不管”的灰色地带，对这类机构的监管还处于空白状态。家长的需求与早教市场的鱼龙混杂、监管不力之间的矛盾亟须政府的调节和控制。

我国的托育服务存在众多问题和不足，需要政府对托育服务进行导向。因此，探索和设置一种适合我国国情的婴幼儿托育服务机构及恰当的供需模式成为当务之急。发达国家和地区的托育服务机构设置起步早、发展迅速，有很多值得借鉴和学习的经验。因此，本书对发达国家和地区托育服务机构的设置展开研究，以托育服务机构设置与供需为研究对象，总结国内外有益的经验，思考我国托育服务发展的有效路径。

（二）研究意义

1.理论意义

目前，国内研究主要聚焦于两个方面的内容：①介绍某一发达国家或地区在托育服务政策方面的经验，同时视角集中在某一方面，如特殊儿童保育教育、福利制度等；②对我国的托育现状进行思考，提出相关建议。从整体来看，我国相关研究还处于起步阶段，研究视角比较单一，尚未进行多角度融合研究。本研究从多个国家、多个角度进行分析，对于丰富国内研究资料、为相关研究提供思路和视角具有一定的理论意义。

2.实践意义

（1）了解各国托育服务发展的进程，把握托育服务的最新动态和趋势。综合来看，发达国家或地区对托育服务的关注和投入是比较早的，基本上从20世纪就已经开始。在不同的历史时期，其托育服务发展的重点和方向是不同的。需要通过系统、深入地分析，才能把握各国托育服务发展的方向、特点和重点。本研究通过对国内外托育服务的梳理，了解各国托育服务发展的进程，分析其在托育服务机构设置标准及供给、需求方面的相关内容，掌握其背后的教育理念、社会背景，从而把握世界托育服务发展的最新动态和趋势。

（2）为我国托育服务机构设置提供借鉴。家长对托育服务的诉求是保育、教育、家庭教育等结合一体的高质量的社会公共服务。但是目前国内早教市场良莠不齐，社区公益性早教场地不足、师资缺乏，早教质量堪忧，不能够满足家长的托育需求。民众对高质量的托育服务呼声越来越高，政府也致力于制定保育教育的政策、法规，希望从制度层面上来规范托育服务市场。发达国家或地区的托育服务发展完善，可以为我国提供很多有益的经验和借鉴，所以对其托育服务机构设置的研究可以为我国托育服务机构设置提供有意义的参考，使我国托育服务更加完善和规范，为家庭解决养育难题，确保二孩政策全面落地。

二、相关概念与研究范围的界定

（一）托育服务的内涵

1. 托育的内涵

托育旨在托付他人，代为养育和照护，通常是指由婴幼儿的法定监护人之外的人，也就是父母之外的人或直系亲属之外的人，在特定时间内的一种继续的养育照护行为。托育也称日托（Daycare）或婴幼儿日托，是在父母工作日或其他没有时间的情况下对婴幼儿进行照护。托育是面向 6 岁以下幼儿的照顾，而 0 ～ 3 岁婴幼儿托育是面向 3 岁以内婴幼儿实施保育为主、教养融合的婴幼儿照顾。从一定意义上讲，0 ～ 3 岁婴幼儿托育是将 0 ～ 3 岁的婴幼儿以小团体机构的模式进行集体科学养育，为家长提供代为收托养育宝宝的服务，目的在于给予孩子安然温馨的成长环境，同时对孩子进行科学的培养。

0 ～ 3 岁婴幼儿的托育重点在"育"，主要是对 0 ～ 3 岁婴幼儿的成长进行全方位的培养。育儿服务是指在健康、社会、语言、科学和艺术领域，使婴幼儿得到全面发展，为 0 ～ 3 岁婴幼儿提供优质的教育环境，促进其早期认知和经验、运动技能、学习能力及情绪态度等方面的发展。

2. 托育服务的界定

1989 年联合国出台的《儿童权利公约》中明确规定：缔约国应向父母和法定监护人提供适当的帮助，以履行其抚养子女的责任，同时缔约国要确保在发展托育服务方面做出努力。也就是说，对儿童的照顾是国家和家庭不可推卸的责任和义务，这是儿童应享有的权利。缔约国也相继出台了相关的儿童照顾政策，而托育服务是儿童照顾政策的重要内容。[①]

美国儿童福利联盟（Child Welfare League of America）提出：托育服务作为儿童福利的基本要素，为父母因身体、经济或工作等缘故不能亲身照料的学龄或学龄前儿童提供团体式或家庭式的托育服务，满足儿童的健康发展所需。

有学者将托育服务的功能分为替代功能、补充功能和调节功能，使托育服务具有了促进婴幼儿早期发展、协助父母养育孩子的内涵。

由此可以看出，很多国家将托育服务看作对家庭照料的补充与完善，通过政府与社会的功能为家庭提供服务，满足家庭所需。除了上述的补充功能外，托育服务还具有支持父母角色扮演和预防家庭失能的功能。

3. 托育服务的定义

按照目前学界普遍接受的定义，所谓托育服务是指家庭正常的婴幼儿照顾功能不足，或者婴幼儿的家庭照顾功能遭到破坏，婴幼儿必须在一天中的某个时间段离开父母，通过其他人或者机构进行替代性照料或照看的机制或制度。[②] 一定意义上，托育服务意味着婴幼儿的照顾方式由以家庭为中心的单独照顾转变成以机构为中心的团体照顾，由没有血缘和亲属关系的专业人员暂时性替代父母履行亲职。因此，托育服务有支持亲职角色扮演和预防家庭失能的功能。一些国家和地区通过发展托育服务，协助女性缓解家庭照料压力，促进妇女就业，为有婴幼儿照顾需求的家庭提供帮助，以有利于家庭的稳定和谐。此外，在一些经济发达的国家和地区，托育服务除了可以满足一般性婴幼儿的替代性亲人照顾需求，还特别关注了有特殊需求的婴幼儿，如身心障碍婴幼儿、发展迟缓婴幼儿、学习障碍婴幼儿及其他弱势婴幼儿的早期发展和康复。

总的来说，托育服务在发展多年后，除了提供婴幼儿的照顾，还会考虑到婴幼儿各方面的需求，再加上国际社会对儿童权利、儿童早期发展理念的认知与接纳，托育服务基本上已经成为提供儿童日常照顾、卫生督导以及完成儿童早期发展所需各种服务供给的总和。

在此讲述的托育服务分为两个层面：首先是婴幼儿层面，家庭通过委托社会性的托育机构，包括公立的和私立的机构，对婴幼儿进行定时的、短暂

① 田茂，王凌皓．台湾地区托育服务的功能及启示[J]. 现代教育科学，2017（3）：149-155.

② 冯燕．托育政策与托育服务网络的建立[J]. 社会政策与社会工作学刊，1998（2）.

的、阶段性的照看和教育；其次是家庭层面，托育机构除了对婴幼儿进行照看和教育之外，还承担着指导家长的作用，通过上门服务、讲座等形式向家长传递正确的育儿观念，协助家长进行正确的家庭教育。

（二）托育机构的内涵

1. 托育机构的定义

根据托育服务概念的界定，托育机构可理解为提供托育服务的机构，经有关部门登记、卫生健康部门备案，为3岁以下婴幼儿提供全日托、半日托、计时托、临时托等托育服务的机构。[①] 上海市政府于2018年颁布的《上海市3岁以下幼儿托育机构管理暂行办法》中指出托育机构是全日制、半日制、计时制的机构，由社会组织、企业、事业单位或个人在本市行政区内举办，并主要面向3岁以下婴幼儿实施保育为主、教养融合的幼儿照护。本书中，托育机构主要指附属在幼儿园或独立的、专门的面向0～3岁婴幼儿进行照护、习惯养成以及潜能激发和早期启蒙教育的机构场所。

2. 托育机构与早教中心的联系与区别

托育机构与早教中心都是针对0～3岁的婴幼儿，托育机构的功能主要包括照护、习惯养成以及潜能激发和早期启蒙教育，为婴幼儿提供个性化成长方案。早教中心则是把重点放在孩子的教育上。

托育机构和早教中心的区别体现在养教模式的升级，托育机构为宝宝提供全日制托育服务，恰好解决了职场父母育儿难、孩子无人带的问题，满足了托管和教育刚需。

托育机构的课程设置要求是全面的，托育服务也更加全面周到，主要包括看护、育养以及潜能激发，为婴幼儿提供个性化成长方案，同时为父母提供专业的育儿知识和线上指导。早教中心的课程设计更多的是为父母提供一些方法和策略，让父母与幼儿互动，通过互动游戏促进幼儿发展。

---

① 刘欢．国家卫健委：支持用人单位在工作场所为职工提供托育服务[N]．北京日报，2019-08-24（003）：1-2．

（三）托育服务需求

1. 托育服务需求界定

所谓需求，在经济学中是指在一定时期，在一定价格水平下，消费者愿意并且能够购买的商品数量，既包括购买的意愿，也包括购买的能力，是“有所需”和“得所求”的统一。在心理学领域，马斯洛需求层次理论最具代表性，他将人的需求分为五个层次，依次为生理需求、安全需求、归属需求、尊重需求和自我实现的需求。在教育学领域，需求往往是个人与社会的统一。张旸在其著作《教育需要论》中对“教育需求”做出了合理的解释：“教育需求表示有能力购买的教育需要。也就是说，教育需求必须满足至少两个条件，即人对教育的需要和对教育有需要的人必须有一定的购买能力。”吕武和张博在研究中从家长的角度对学前教育需求的层次进行了梯度划分：照看服务需求、教养服务需求及个性服务需求。

杨菊华提出，托育服务需求是指人们对托育服务有支付能力的需要，是指 3 岁前婴幼儿家庭对托育服务有支付能力的需要，是获得保育和教育的愿望与支付能力的统一。[①] 从杨菊华对托育服务需求的定义可以看出，托育服务需求不仅是经济条件之内购买力的体现，也折射出家庭的教育理念和期待。

本研究中的托育服务需求与其他研究者的定位一致，即 0 ～ 3 岁婴幼儿家长对在其支付能力范围内，能够让孩子享受托育机构提供的各项保育和教育服务的需要。

2. 关于托育服务供需的研究综述

目前，较多研究者对国内托育服务的供给研究聚集在城市地区，特别是上海、南京等地，因为发达地区率先开展了试点构建 0 ～ 3 岁婴幼儿托育服务体系。研究着眼于对当前托育服务供给现状的调查，梳理当前托育服务供给主体的已有实践并在此基础上给出相应的调整策略。以上海为例，目前托育服务还存在许多问题：供给数量严重不足，多元化需求难以满足；托育师资不足，流失率高，规范率低；托育服务机构申办积极性不高；等等。南京市目前也存在类似的问题，托育市场需求巨大，但供给不足，从业人员有待

---

① 杨菊华．理论基础、现实依据与改革思路：中国 3 岁以下婴幼儿托育服务发展研究 [J]. 社会科学，2018（9）：89-100.

规范。还有研究者从政府购买社区托育服务的角度分析了政府对于社区托育服务的角色定位和实际价值，分析了政府在托育服务供给上仍需抓紧用力之处，并尝试构建政府购买社区托育服务的体系。

佘宇在国务院发展研究中心 2016 年关于构建 0 ～ 3 岁婴幼儿早期发展服务体系的研究报告中，尝试对 0 ～ 3 岁婴幼儿早期发展服务的性质和定位，政府、市场、家庭的各自职责和相互关系以及市场经济条件下政府如何构建婴幼儿早期发展服务体系等若干理论性问题予以回答。同时，结合当前我国婴幼儿早期发展服务的基本现状、国内试点及探索、典型国家的主要做法及经验等，针对婴幼儿早期发展服务的管理体制、管理制度、服务模式和内涵发展等提出具体的政策建议。我国目前对婴幼儿托育服务的研究往往遵循"先实验再研究"或者"边实验边研究"的思路，处于在实践中摸索与尝试的状态，也是相对迷茫的状态。王铮在其博士毕业论文中从"如何定位'服务'""如何理解以社区为基础""如何理顺政府、非政府组织与市场的关系"三方面问题讨论并分析了上海以社区为基础的 0 ～ 3 岁婴幼儿托育服务的运行走向。栾丽云在研究中从社会学的角度考察了我国家庭变迁导致的 0 ～ 3 岁婴幼儿看护需求的问题，妇女就业、家庭结构与家庭关系的变化使得家族内对婴幼儿看护的支持弱化，晚婚晚育以及祖辈健康问题使得家族育儿形势更加严峻。另外，保姆行业的非专业化使得家庭外部的支持不够。这些问题集中导致了对婴幼儿托育服务的强烈且紧迫的需求。上海社会科学院社会学研究所研究员徐浙宁对上海市某区的 2 046 户 0 ～ 3 岁婴幼儿家庭养育状况进行调查，分析家庭在早期儿童家庭养育中的困难与问题，特别是对托育服务、早教指导和育儿政策等存在共性需求，其中 40% 的家长对"父母假"有强烈需求。何彩萍的研究发现，目前上海市的托育服务供给与需求之间还存在一定的差距：77% 的婴幼儿完全由家庭提供照料，进入托班的在 10% 左右，而利用周末参加亲子班课程的占比不高，仅为 12.2%，指出"供不对需"是目前托育服务的首要问题，家长的教育观念也有待提高。吴金晏的研究表明，当前育儿负担已经从年轻母亲转移到祖辈身上，通过对重庆 38 个家庭的访谈分析发现，由于工作和现实条件的制约，父母不能亲自照顾孩子，而这个责任现在已从年轻母亲转移到祖辈身上，而对育婴服务的选择有两点表现：一是家长对市场上提供的育婴服务心存顾虑；二是高额的育婴服务费用对家庭来说难以承担。

三、写作方法与框架

（一）写作方法

1.文献研究法

文献研究法是基于一定的研究目标，通过搜集文献获取资料，从而全面了解问题的一种方法。本研究中关于国内外托育服务政策及托育机构设置的研究，通过查阅相关网络文献和文本资料，以期了解国内外托育服务发展的主要内容。所收集的资料大多来自政府网站，搜集一手的政策文件，并对文献资料进行梳理、归纳和分析。

2.比较研究法

比较研究法是对多个对象按照一定的逻辑框架进行异同点比较的一种方法。本研究在文献分析的基础上，对国内外的托育服务政策及其机构设置进行横向的分析比较，从宏观的相似性与中观的差异性两个角度总结各国托育服务发展的共性和差异。

3.系统研究法

在撰写之前收集国内外关于托育服务机构设置的内容，依照一般流程先将问题提出来，之后分析各发达国家相关机构设置的标准，经过深入而严谨的分析，对各国托育服务机构设置有深刻认识，并期望在这一研究的基础上，为我国托育服务机构设置提供相关经验和方案。

（二）写作框架

本研究以国外托育服务政策、国内外托育服务机构设置及国内供给需求为研究对象，具体介绍了国外发达国家托育服务政策的发展历史、主要内容，按照地域介绍了亚洲、欧洲、美洲、澳洲托育机构的设置，同时对我国城市地区托育服务的供给需求进行了研究。在选择研究国家方面上，基于以下考虑：首先，这些国家分布在美洲、欧洲、亚洲和大洋洲，经济较发达；其次，各洲托育服务的发展在世界范围内处于领先地位。综合以上两点考虑，选择的研究国家在全球视角下具有一定代表性。

本书包括导论和七个章节：导论，主要介绍本书的研究背景和意义、核心概念及写作的方法与框架；第一章介绍我国托育服务的改革与发展状况；第二章介绍国外托育服务政策及其对我国的启示；第三章至第五章主要介绍国际托育服务机构的设置，从资格认证、人员配备、建筑布局、安全防护及卫生保健几大方面介绍各国托育服务机构设置的相关内容，以期为我国托育服务机构设置提供丰富的经验；第六章和第七章介绍我国托育服务的供给与需求。其中，第六章介绍我国城市地区家长托育服务、需求，讲述托育服务需求的理论，分析城市托育服务需求现状；第七章讲述我国托育服务供给体系建设，梳理托育服务供给体系建设的历程，分析国外托育服务体系概况及其对我国的启示，并提出构建托育服务供给体系的建议及优化策略，希望对我国托育服务发展有建设性的帮助。

第一章　我国托育服务改革与发展

第一节　我国托育服务的历史沿革

托育服务起源于欧美社会中的宗教性慈善活动，最初目的是帮助不得不外出工作的妇女照顾无人照看的年幼儿童。当时的托育服务规模较小，多由民间自发组织，形式也比较单一，主要是把无人照看的婴幼儿聚集在教堂等场所集中照看。不过，随着两次世界大战的爆发，战时经济发展对劳动力的强烈需求使得家庭妇女被大量征召到就业市场，替代性的婴幼儿照顾服务越来越受欢迎。在一些国家和地区，政府为了让有婴幼儿的女性安心外出工作，保证生产任务的完成并提高劳动效率，开始主动介入婴幼儿的照顾工作，建立和开辟了大量公共性托育机构和场所。但是，这种集中性的爆发式发展好景不长。在第二次世界大战结束后，随着对劳动力需求的快速萎缩，欧美各国政府为使妇女退出就业市场，陆续停止了对公立托育机构的经济补助和政策优惠，托育服务由此进入一个相对平缓、稳定的发展时期。

直至 20 世纪 80 年代，这种状况开始有所转变。当时，由于席卷全球的妇女解放思潮的推动以及欧盟指令的签署，欧洲国家的托育服务发展进入一个新阶段。当时，几乎所有欧盟国家都开始运用公权力对托育服务发展给予支持并进行规范，除了直接担任托育服务产品的提供者，构建和完善公共托育服务体系之外，还经常通过一些财政移转性支付的方式，购买市场上的托育服务产品。虽然每个国家都有其独特的公共托育服务内容和形式安排，如育婴假、日间托婴中心、幼儿园、家庭式的照顾安排、居家保姆和学前教育系统等，但是常见的政策主要可以概括归纳为三点：第一，在坚持以机构托育为主体的前提下，大力发展各种形式的托育服务，特别是注重将家庭式托育服务纳入整个社会的托育服务体系中，逐步落实家庭托育服务证照制度，保障家庭式托育服务的品质；第二，政府坚持秉行福利多元主义理念，推动托育服务主体多元化，完善非营利、普及化托育服务制度，提供平价，优质的托育服务；第三，大力建构社区化、普及化托育照顾网络，提供多元化的选择方式，通过多种途径满足不同家庭类型的托育服务需求。充分利用亲职假、育婴留职津贴或减免部分托育费用负担来缓解托育服务需求与供给之间的矛盾。

多年来，欧美各国皆面临低生育率、人口高龄化及就业不稳定等问题，为应对少子化和提高妇女的总和生育率，托育服务已经成为很多欧美国家关注的重要议题。一些专家和学者坚信职业女性所面临的工作—家庭平衡困境是阻碍妇女生育或再生育的重要因素。或者说，影响妇女生育决定的部分原因直接来自育儿环境是否友善，社会生活中是否有足够、可及的托育服务。一个社会的托育服务制度越完善，托育服务体系就越发达，这个社会中的妇女总和生育率也就越高。因此，作为一种社会福利政策，托育服务有利于提高妇女总和生育率。或者说，托育服务可及性和生育率之间的关系呈现出显著的正相关关系。目前，已经有实证研究证实，北欧国家较高水平的生育率与北欧国家长期以来为家庭提供支持的社会政策之间确实存在强相关关系，特别是社会民主党政府针对双薪家庭提供平价、高品质、便利的托育服务更是直接促进了妇女生育意愿的提升。北欧国家解决少子化和老龄化问题的做法已经被认为是不言自证的成功典范，成为很多国家和地区纷纷效仿的对象。特别是一些欧盟发达国家，近些年来已经出台了一系列以托育服务为主题的相关社会福利政策，并提出非常具体的配套实施方案。比如，基于对父母社会权的尊重，一些国家修订和完善了单一发展公立托育服务机构的政策，重新调配提供的免费或平价托育服务、育儿假和育儿津贴之间的政策混合，目的是增加家长选择，以提高妇女劳动市场地位，促进家庭生活和谐。

下面介绍我国托育服务的发展历程：

一、中华人民共和国成立前的托育服务发展

与欧美各国相比，我国托育服务起步相对较晚。有关我国托育服务发展早期记载大都与针对弃婴或孤儿而设的福利救济工作有关，如各种慈幼和育婴政策措施的制定和出台。根据公开的教育史料考证，我国第一个正式的托儿所是由中华慈幼协会于1931年在上海设立的幼儿照料所，这是一种为劳工而办的私立实验性托儿所，也是我国有史以来最早推行儿童福利的机构。由政府颁布的管理办法在我国出现更晚，直到1934年，我国第一部《托儿所组织条例》才由当时的苏维埃中央人民政府内务部颁布①，而后迅速推广至全国。根据有关学者的考证，到1944年，我国已设置公立示范性托儿所的省份已经有广东、贵州、四川、江西、福建、云南等多个省份，并且当时的托儿所已有农村、城市等不同种类之分。其中，重庆“七七托儿所”“新生托儿所”等是大都市开办托儿所的典范。

二、改革开放以前我国托育服务的发展

改革开放前的社会主义建设探索时期主要包括社会主义过渡时期、全面建设社会主义时期、“文化大革命”时期和两年徘徊期。由于经济建设需要和计划经济体制的特点，这一时期的托育服务强调国家和集体的责任，幼教事业有明显的福利性质。

（一）过渡时期（1949—1956）

1.社会背景

这一时期是新民主主义社会向社会主义社会过渡的时期，中国共产党带领人民巩固政权，恢复和发展经济，建立起社会主义制度。马克思主义关于家务劳动社会化是妇女解放前提条件的观点，是中华人民共和国成立之后我国干预儿童照顾的主要依据，国家建设对妇女劳动力的需求是一个重要甚至起决定性作用的推动因素。中华人民共和国成立初期，全面恢复和发展生产的国家建设目标需要大量劳动力投入，妇女作为“未充分开发的”劳动力被视作新劳动力的重要来源之一。妇女运动领导者充分利用这一话语资源，推

① 吕新云，崔青华．论老解放区学前教育创新的历史经验[J]．河北广播电视大学学报，2013，18（4）：83-85.

动儿童照顾社会化，托育服务问题与妇女解放问题密切相关。

2. 托育政策和服务发展状况

在中华人民共和国成立之后的第一个国际妇女节，邓颖超以妇女运动者的身份，在为《人民日报》撰写的社论中首次明确要求国家、社会为儿童照顾提供支持。1950 年 8 月举行的第一次全国女工工作会议，把儿童照料社会化与普通劳工阶层妇女解放联系起来，对家务、幼儿照料的公共支持是妇女参与包括就业在内的社会公共活动的前提条件。同年 9 月举行的中华全国民主妇女联合会第一届第三次执行委员会扩大会议上真正第一次完整系统地论述妇女解放、妇女就业和家务劳动、幼儿照料社会化之间的关系，在总结 1949 年以来妇女解放、妇女工作的经验和问题基础上，把儿童照顾问题作为一个公共问题进行了重点论述。1952 年颁发的第一部规划幼儿教育的规章——《幼儿园暂行规程（草案）》规定幼儿园的任务：根据新民主主义教育方针教养幼儿，使他们的身心在入小学前获得健全的发育；减轻母亲养育幼儿的负担，使母亲有时间参加政治生活、生产劳动、文化教育活动等。1953 年实施的《中华人民共和国劳动保险条例实施细则修正草案》第 51 条规定："实行劳动保险的企业的女工人女职员，有四周岁以内的子女 20 人以上，工会基层委员会与企业行政方面或资方协商单独或联合其他企业设立托儿所。" 1955 年，国务院发布了《关于工矿、企业自办中、小学和幼儿园的规定》，要求各工矿、企业单独或联合创办托幼机构，以解决本单位职工子女入托入园的需求，经费由各单位列入财政预算。

由于这一时期的政府重视公共托育服务，我国各地托育机构的数量有所增加，根据 1951 年的统计，各种类型的保育机构已有 18 940 处（包括托儿所、幼儿园、保育院、幼稚园等），收容儿童共 578 988 人，尤以农忙托儿所和工矿托儿所发展最快。1952 年，全国工矿、企业、机关、学校中的托儿所已达 2 738 处，在大中城市中还建立了街道托儿站 4 346 处。根据 1954 年的不完全统计，全国工矿企业中工会系统的托儿所有 4 443 个。到 1956 年底，基层托儿所共有 5 775 所。此外，国家规定 0 ～ 3 岁婴幼儿与女职工产假时间相衔接，孩子出生满 56 天就可以入托。

（二）全面建设社会主义时期（1956—1966）

1. 社会背景

这一时期是中国共产党带领人民寻找适合中国国情的社会主义建设道路而艰苦探索的历史时期，成功与失误并存，在探索中曲折前进。20 世纪 50 年代中后期开展的“大跃进”和人民公社化运动，需要大量妇女劳动力参加生产建设，托育服务发展迅速。进入 20 世纪 60 年代上半期，中国社会经济发展进入“调整、巩固、充实、提高”的整顿调整时期，社会上出现劳动力过剩的问题，妇女就业面临岗位不足的困境，旨在支持妇女就业的儿童照顾问题受到的关注也因此减少，托育供给随之减少。由此可见，该阶段托育服务状况仍然与调节妇女劳动力供给密切相关。

2. 托育政策和服务发展状况

在 1956 年举行的第一届全国人民代表大会第三次会议上，邓颖超从保护妇女儿童健康和安全问题的角度呼吁解决儿童照顾问题。1956 年，在党的八大会议中，邓颖超、蔡畅发言倡导发展多种多样的托儿组织。1956 年，教育部、卫计委、内务部颁发了《关于托儿所幼儿园几个问题的联合通知》，对托儿所、幼儿园的发展方针、领导制度及培训干部等问题做了规定，提出应当按照“全面规划、加强领导”和“又多、又快、又好、又省”的方针，根据需要与可能的条件，积极兴办托儿所和幼儿园。1958 年 12 月中共八届六中全会通过的《关于人民公社若干问题的决议》中，“办好托儿所和幼儿园”被列入人民公社的任务中，并提出“要办好托儿所和幼儿园，使每一个孩子比在家里生活得好、教育得好，使孩子们愿意留在那里，父母也愿意把孩子放在那里”的发展目标。1960 年 7 月中共中央批转劳动部、全国总工会、妇联党组《关于女工劳动保护工作的报告》强调公共儿童照顾服务对保证妇女劳动参与率的积极作用。

20 世纪 50 年代中后期，我国托幼机构在短时期内出现了爆发式增长，儿童入托入园人数急剧上升。全国幼教机构由 1957 年的 1.6 万多所猛增至 1958 年的 69.5 万所，到 1960 年增至 78.5 万所，入园幼儿增至 2 900 多万（1959 年为 217 万）。20 世纪 60 年代初，政府对托育服务的关注逐渐淡化，1961 年托幼机构减至 6 万所左右，到 1965 年进一步减至 1.9 万所。儿童入园人数也急剧缩减，到 1965 年入园人数已减至 171.3 万左右。

（三）“文化大革命”时期（1966—1976）

1. 社会背景

“文化大革命”期间，儿童照顾和家务劳动社会化问题一起淡出了妇女组织、党和国家的议事日程，我国托幼服务的发展遭遇停滞甚至倒退。

2. 托育政策和服务发展状况

1975 年，卫计委妇幼局在江苏省如东县召开了妇幼保健、优生优育、幼儿教育座谈会。此后，江苏省乃至全国推广了如东县这三项工作一齐抓的工作经验。托幼服务的供给缓慢增加，儿童入园人数有所回升，1973 年以后，儿童入园人数上升速度加快，到 1975 年已恢复到 20 世纪 50 年代中期的水平，1976 年比前一年增加了一倍，达到 1 395.5 万人次。我国广大城乡地区基本上都建立起了相对完善的托育服务体系。由于得到了政府的鼓励和支持，绝大多数的托育机构都以单位或者村居为依托，具有明显的福利性。

（四）徘徊时期（1976—1978）

1976 年—1978 年，我国托育服务并没有取得发展，经历了一个短暂的缩减期，1978 年的入园幼儿数量减至 787.7 万。

三、改革开放以来我国托育服务的发展

改革开放以来，我国儿童福利政策发展历经 1978—1990 年儿童福利政策的恢复与重建、1990—2010 年儿童福利政策的迅速发展、2010—2021 年儿童福利政策的重大突破等阶段。[①] 托育服务是儿童福利的重要组成内容，因此本书根据改革开放以来儿童福利政策的三个阶段来划分托育服务发展时间段。社会主义市场经济体制的建立和发展以及新时期人口政策的调整都影响着托育服务的发展。

（一）儿童福利政策的恢复与重建阶段（1978—1990）

1. 社会背景

1970 年末到 1980 年初，妇女组织重提家务劳动社会化对妇女解放的重

① 李冠宇．改革开放以来我国儿童福利政策研究[D]．新乡：河南师范大学，2015.

要性，再次主张为满足经济建设对妇女劳动力的需求而发展公共儿童照顾服务，儿童照顾问题重新被列入妇女组织的工作内容。与此同时，公共部门、企业却以解决劳动力过剩的问题让妇女退出就业领域，重返家庭照顾幼儿。随着党的十一届三中全会召开，我国开始进行市场化改革，1984 年以来，中国经历了三次重大的经济体制改革，进入了以“市场化”为最主要特征的改革时期，托育服务不可避免地受到影响。儿童的看护责任被“再家庭化”，工作父母的孩子照看不再被认为是一种普遍的社会需求，而是个体责任，父母和家庭的照顾负担逐渐从政治话题中隐退。计划生育工作的完善和稳定使得托幼工作成了教育工作和提高人口素质的工作。

2. 托育政策和服务发展状况

政府对托育服务重新重视起来，1978 年 9 月举行的中国妇女第四次全国代表大会指出：“哺乳室、托儿所、幼儿园等幼托事业，是实现家务劳动社会化的重要方面。广大妇女都要关怀它、爱护它、培植它，和有关部门一道，把这一伟大的事业认真办好。”罗琼在 1979 年 3 月召开的全国妇联第四届第二次常委扩大会议上的发言指出：妇联要积极联合有关单位，根据生产发展的需要和可能，加速发展托幼事业和各种服务事业，减轻职工、社员的后顾之忧。首先要恢复和发展托儿所、幼儿园、哺育室，积极解决家中无人照顾的孩子的入托问题。1979 年 6 月五届人大二次会议《政府工作报告》提出：“要十分重视发展托儿所、幼儿园，加强幼儿教育。”1979 年 7 月，教育部、卫计委、劳动总局、全国总工会和全国妇联 5 部门联合召开了全国托幼工作会议并发布《全国托幼工作会议纪要》：“办好托幼事业，……是做好计划生育工作的重要保证”，“从目前我国的实际情况出发，为了满足群众普及托幼组织的要求，应继续提倡机关、部队、学校、工矿、企事业等单位积极恢复和建立哺乳室、托儿所、幼儿园……农村要大力发展农忙托幼组织，有条件的社队要举办常年托儿所、幼儿园（班）”，并作出了由国务院设立“托幼工作领导小组”的决定，同时要求各省、市、自治区设立地方托幼工作领导小组。1980 年的《政府工作报告》中指出：“加强幼儿教育和托儿工作。”1983 年 9 月教育部发布的《关于发展农村幼儿教育的几点意见》中指出：“农村应以群众集体办园为主，充分调动社（乡）、队（村）的积极性。”同年 10 月，人民公社解体，农村托幼服务体系由依托人民公社转为依托乡镇政府。1984 年的国有企业改革和单位制解体使得作为职工集体福利的托幼服务逐渐剥离出单位。1986 年发布的《关于进一步办好幼儿学前班的意见》指出，举办学前班是发展农村幼儿教育的一条重要途径，也是城镇地区满足群众送子女接受学前教育要求的一种形式。为城乡儿童提供不同年限的教育服务成为之后几十年新的城乡二元早期教育发展计划和方案。1988 年国家教委等 8 部门联合制定的《关于加强幼儿教育工作的意见》中明确指出，“养育子女是儿童家长依照法律规定应尽的社会义务，幼儿教育不属义务教育”，托幼服务不再是由单位提供的一项集体福利，而是视家庭需要向市场购买的服务；“要继续调动企业、事业、机关、团体、部队、学校等单位举办幼儿园的积极性，可采取单独举办或联合举办幼儿园的形式，解决其职工子女的入园问题”，对托儿所的发展没有做要求；首次明确了这一新的发展思路：“目前，幼儿教育事业的发展应把重点放在城市以及经济发展快、教育基础比较好的农村地区。在城市，要逐步满足群众送子女入园（班）的要求；在农村，可先发展学前一年教育，有条件的地方要发展农村幼儿园以及办好乡镇中心幼儿园。”

这一阶段，3 岁以上儿童的教育问题得到了我国政府和社会的重视，3 岁以下儿童的托育问题被搁置。政府颁布了《城市托儿所工作条例（试行草案）》《三岁前小儿教养大纲（草案）》《托儿所、幼儿园卫生保健制度》等。虽然托育服务的主要影响因素从妇女解放、调节妇女劳动力逐步转变为优生优育、提高人口素质，但是托育服务仍然以集体福利的形式提供，在园儿童数量仍然持续攀升。

（二）儿童福利政策的迅速发展阶段（1990—2010）

1. 社会背景

在 1994 年的分税制改革之前，在地方政府财力的支持下，托幼服务主要以集体福利的形式提供。[①] 1995—2010 年，托育服务进入以私为主、公共和私人市场并举阶段。2003 年以来，国家的发展战略与目标发生了转型，科学发展观、构建社会主义和谐社会目标相继提出，国家在社会福利上的公共开支大幅增加，社会福利领域也有所扩大。随着优生优育政策的实施和人民生活水平的提高，社会对学前教育服务的数量和品质都提出了更高的要求。中国主要的幼儿教育和保育形式有幼儿园（3 ～ 6 岁幼儿教育）和托儿

① 张秀兰 . 中国教育发展与政策 30 年 [M]. 北京：社会科学文献出版社 .2008：46-88.

所（2个月～2岁婴幼儿保育）。但受儿童照顾是个体家庭责任的观念影响，在国家日益关注公共福利的情况下，针对托育照顾的经济支持政策仍然是空白。由于0～3岁托育服务的社会化服务风险系数大，很难获得经济回报，社会化举办的积极性不高。政府投入不足、资源短缺、城乡发展不平衡等问题使得学龄前儿童“入园难”“入园贵”问题日益突出。

2. 托育政策和服务发展状况

20世纪90年代各地的计划生育条例经济支持政策中有“报销部分托育和管理费用”。1992年我国第一份儿童发展规划——《九十年代中国儿童发展规划纲要》是中国第一部从国情出发并参照世界儿童问题首脑会议提出的全球目标和《儿童权利公约》而制订的以儿童为主体、促进儿童发展的国家行动计划，其中设立了1990年我国儿童生存、保护和发展的主要目标，包括“3～6岁幼儿入园（班）率达到35%”，而对3岁以下婴幼儿入园入托率则没有设立发展目标。1992年国企改革之后，企业停止了对托幼机构的资金投入，转而依靠收费来维持。1995年的《国家教委、国家计委、民政部、建设部、国家经贸委、全国总工会、全国妇联关于企业办幼儿园的若干意见》提出要“推进幼儿教育逐步走向社会化”，“改革现行幼儿园收费制度”，确立了托幼服务由公共提供占主导向由公共和私人市场共同提供的发展原则。[①] 1997年的《全国幼儿教育事业“九五”发展目标实施意见》指出：“随着经济体制改革的深化，应积极稳妥地进行幼儿园办园体制改革，进一步明确各级政府的责任，探索适应社会主义市场经济的办园模式和内部管理机制，逐步推进幼儿教育社会化。……幼儿教育属非义务教育，发展这项事业应坚持政府拨款、主办单位和个人投入、幼儿家长缴费、社会广泛捐助和幼儿园自筹等多种渠道解决。”2000年，教育部正式提出“学前教育从零岁开始”，学前教育的范围从原来的3～6岁扩充为0～6岁。0～3岁的托育服务正式受到国家重视。到2001年，各级政府和有关部门坚持“儿童优先”的原则，加强领导，强化责任，制定政策，采取措施，认真实施，基本实现了《九十年代中国儿童发展规划纲要》提出的主要目标，使儿童生存、保护和发展取得了历史性的进步。2001—2010年是中国经济和社会发展极为重要的时期，推动现代化建设，实现经济和社会的全面进步，必须把提高国民素质、开发人力资源作为战略任务，必须从儿童早期着手，培养和

① 亓迪. 促进儿童发展 福利政策与服务模式[M]. 北京：社会科学文献出版社 .2018：223.

造就适应21世纪需要的高素质人才队伍。儿童期是人的生理、心理发展的关键时期，为儿童成长提供必要的条件，给予儿童必需的保护、照顾和良好的教育，将为儿童一生的发展奠定重要基础。2003年通过的《关于幼儿教育改革与发展的指导意见》中提出，未来5年要形成“以公办幼儿园为骨干和示范，以社会力量兴办幼儿园为主体，公办与民办、正规与非正规教育相结合的发展格局”，强调要以社会力量兴办托育组织和托育服务中心，政府和社会开始为0～2岁的婴幼儿构建早教服务体系，提出经济支持政策，即“各地区要采取切实措施确保低收入家庭和流动人口的子女享有接受幼儿教育的机会。对社会福利机构、流浪儿童救助保护机构的适龄儿童，要给予照顾，有关费用予以减免”。2006年，国家出台《人口发展“十一五”和2020年规划》，指出要大力普及婴幼儿养育和家庭教育科学知识，开展婴幼儿早期教育。2010年，国家颁布《全国家庭教育指导大纲》，指出由人口计生部门负责0～2岁儿童早期发展的推进工作，将其逐步纳入公共服务范畴。2010年国务院常务会议审议并通过《国家中长期教育改革和发展规划纲要（2010—2020年）》，针对投入不足、资源短缺、城乡发展不平衡等问题，提出把发展学前教育纳入城镇、社会主义新农村建设规划；建立政府主导、社会参与、公办民办并举的办园体制；大力发展公办幼儿园，积极扶持民办幼儿园；加大政府投入，完善成本合理分担机制，对家庭经济困难的幼儿入园给予补助；要重视0～2岁婴幼儿早期教育，加强科学育儿宣传，并且出台了加速发展学前教育的文件，如《国务院关于当前发展学前教育的若干意见》中提出了财政投入要求；根据各地的学前教育情况，以县为单位实施了“学前三年行动计划”；设立了中央专项资金，以中西部农村地区为重点，引导各地加大投入。

随着脑科学研究的新进展，人们认识到0～3岁是人一生中发展最为迅速和关键的时期，也是开发人的潜能的最佳时期，国际社会出现了0～6岁儿童保育和教育一体化的趋势。这一时期，我国也出现了0～6岁学龄前儿童教育一体化的发展趋势，使原来以家庭养育为主的0～3岁儿童教育模式转变为由全社会关注和参与的保育和教育相结合的教育模式，使0～3岁和3～6岁这两个年龄段之间产生了衔接。但是，对于0～3岁低龄儿童的教育，仍缺少真正的教育实体可以依托。

这一时期，在园人数方面，1990—1995年学龄前儿童在园人数持续增长，到 1995 年达 2 711.2 万人。自 1996 年开始，在园儿童人数又逐年递减，到 2003 年降至 2 003.9 万人。自 2004 年以来，在园儿童人数开始回升，到 2010 年在园儿童人数为（包括学前班）2 976.67 万人，学前教育毛入园率达到 56.6%。我国 3 岁以下婴幼儿入托入园人数到 2010 年已达 206.5 万人，比 2004 年增加了将近一倍。市场化方面，到 2004 年，由私人市场提供的托幼服务开始超过公共提供的，且私人市场所占比例持续上升。

（三）儿童福利政策多样化阶段（2010—2021）

1. 社会背景

2011 年 11 月，全国各地全面实施“双独二孩”政策；2013 年 12 月，“单独二孩”政策依法启动实施；2016 年 1 月 1 日，正式放开“全面二孩”政策。按照国家卫生健康委员会对今后的人口预测，到 2020 年学前教育阶段的适龄儿童将增加 431 万人左右。这给我国学前教育事业的发展带来了巨大的挑战，学前教育需要不断进行供给侧改革，提高供给端的数量和质量，满足人民群众日益增长的对优质教育的需求。这一阶段托幼服务再次向公共服务转变，与以往不同的是，国家不再通过单位来间接投入托幼服务，而是以直接举办或资助私人市场的形式对托幼服务进行投入。

2. 托育政策和服务发展状况

2010 年，《国务院关于当前发展学前教育的若干意见》出台，国家对学前教育责任的观念有所转变，该意见中指出：“发展学前教育，必须坚持公益性和普惠性，努力构建覆盖城乡、布局合理的学前教育公共服务体系，保障适龄儿童接受基本的、有质量的学前教育；必须坚持政府主导，社会参与，公办民办并举，落实各级政府责任，充分调动各方面积极性……大力发展公办幼儿园，提供‘广覆盖、保基本’的学前教育公共服务。加大政府投入，新建、改建、扩建一批安全、适用的幼儿园……各级政府要将学前教育经费列入财政预算。新增教育经费要向学前教育倾斜……中央财政设立专项经费，支持中西部农村地区、少数民族地区和边疆地区发展学前教育和学前双语教育。”该意见还改变了财政经费的筹措渠道，地方政府依然是主要的财政投入主体，但中央政府也重新对托幼服务负有一定的投资责任。2011 年发布的《中国儿童发展纲要（2011—2020 年）》中再次强调了政府在学前教育上的责任以及学前教育的公益性和普惠性。在民生话语的影响下，儿童早期教育是公共责任的理念开始浮现。《中国儿童发展纲要（2011—2020年）》中强调“加快发展3～6岁儿童学前教育”，“基本普及学前教育。学前三年毛入园率达到70%，学前一年毛入园率达到95%”，虽然提到要“促进0～3岁儿童早期综合发展”，但只是“为0～3岁儿童及其家庭提供早期保育和教育指导”，而不包含照看功能的服务。2012年，国家出台《国家教育事业发展第十二个五年规划》，提出0～2岁儿童早期教育“公益性”的发展方向。2012年，由教育部正式颁布《3～6岁儿童学习与发展指南》，对防止和克服学前教育“小学化”现象提出了具体方法和建议。2016年，我国开始实施“全面二孩”政策，社会对婴幼儿托幼和社会保障等公共服务体系的完善提出了更高的要求。2017年10月，党的十九大报告提出“幼有所育”。2017年12月，十二届全国人大常委会第三十一次会议第四次全体会议表决通过《全国人民代表大会教育科学文化卫生委员会关于第十二届全国人民代表大会第五次会议主席团交付审议的代表提出的议案审议结果的报告》，学前教育立法被列入十二届全国人大常委会立法规划。2018年7月，教育部办公厅颁发了《关于开展幼儿园“小学化”专项治理工作的通知》，要求各地坚决纠正幼儿园“小学化”倾向，切实提高幼儿园科学保教水平。2018年11月7日，中共中央、国务院下发了《中共中央 国务院关于学前教育深化改革规范发展的若干意见》，提出了“完善学前教育公共服务体系，切实办好新时代学前教育，更好实现幼有所育”的目标，内容涵盖了优化布局与办园结构调整、拓宽途径与扩大资源供给、健全经费投入长效机制与加强幼儿园教师队伍建设等多个方面，对我国学前教育事业的未来发展进行了总体布局和顶层设计，为今后儿童能够享受到更加充裕、更加普惠、更加优质的学前教育提供了保障。2019年3月“两会”期间，政府将0～3岁婴幼儿的托育置于关乎国计民生的重要地位。2019年，国务院办公厅发布了《国务院办公厅关于促进3岁以下婴幼儿照护服务发展的指导意见》，促进了婴幼儿照护服务的发展。2019年6月，财政部、税务总局等部门发布《财政部 税务总局 发展改革委 民政部 商务部 卫生健康委关于养老、托育、家政等社区家庭服务业税费优惠政策的公告》，支持社区托育服务的发展。

到2019年，全国共有幼儿园28.12万所，比上年增加1.45万所，增长5.44%；幼儿园教职工491.57万人，比上年增加38.43万人，增长8.48%；专任教师276.31万人，比上年增加18.17万人，增长7.04%；全国学前教育入园儿童 1 688.23 万人，在园儿童 4 713.88 万人，比上年增加 57.46 万人，增长 1.23%；学前教育毛入园率达到 83.4%，比上年提高了 1.7 个百分点。根据我国的实际情况，3 ～ 6 岁儿童已经被纳入相对完善的学前教育体系，教育部第三期学前教育行动计划以普及为主题，以普惠为主线，确定了到 2020 年全国学前三年毛入园率达到 85%、普惠性幼儿园覆盖率达到 80% 左右的“双普”规划目标。与此同时，面向 0 ～ 3 岁婴幼儿的托育服务则严重滞后。现阶段，我国 0 ～ 3 岁婴幼儿托育服务主要存在婴幼儿入托率低、社会托育服务供需不平衡现象严重、家庭对托育需求多元化与托育机构单一化之间的矛盾、现有托育机构的发展水平参差不齐、“全面二孩”政策下双薪家庭的“工作—育儿”平衡困境凸显、托育服务事业顶层设计意识缺乏和相关法律及政策缺位等问题。

纵观托育服务政策的发展历程，托育服务和学前教育服务与儿童福利紧密相关，我国托育服务发展的第一个高峰期出现在 20 世纪 50 年代，后来经过大约 10 年的低迷期到 20 世纪 70 年代迎来了第二个高峰期。20 世纪 80 年代初期，由于计划生育政策的局部调整，导致出生人口数出现了一个小反弹。从 1988 年开始，随着全国范围内单位福利制度的逐步瓦解，原有的城市托育服务进入了缩减期。我国托育服务的新一次高峰期严格说还没有出现，但是在我国政府政策的大力倡导和舆论宣传下，已经初现端倪。

第二节　新时代我国托育服务发展的现状

一、托育服务体系建设的现状

（一）法治体系不健全，缺少立法和保护机制

中华人民共和国成立以来，我国制定了很多涉及婴幼儿托育服务的儿童福利政策，也相继制定实施了《幼儿园管理条例》《幼儿园工作规程》等法规性文件，在一定程度上推动了学前教育事业的发展和教育品质的提高。但是由于缺少托育服务方面的立法，导致儿童权益受侵害事件、“无证办园”等各类问题频繁发生。在学前教育方面，到目前为止我国还没有出台一部专门的规范学前教育发展的全国性法律，而相关教育法律中对学前教育的规定

也过于笼统，难以调整当前学前教育快速发展中的种种关系，起不到促进学前教育事业健康发展的作用。对此，政府应完善立法和保护机制，加强执法监督，健全监护制度。目前正在进行的学前教育立法和儿童福利立法，重点需要立法规范 0～3 岁婴幼儿托育服务的运作模式。

（二）托育行政管理体系不够规范有效

我国托育政策来自教育部、民政部、财政部、卫生健康委、发展改革委、人力资源和社会保障部、全国总工会和全国妇联等多个部门，由于没有专门的管理部门，缺乏权威和执行力。政出多门，导致增加了社会对多个托育政策认知、理解和实施的难度。英国、美国、瑞典等儿童福利制度完善的国家都设立了相关的中央政府部门，借鉴他国经验，我国可以建立权威的管理机构，加强顶层设计，建立普惠型托育服务体系，对托育服务进行系统化的管理。

二、托育服务关注与供需矛盾的现状

（一）托育服务关注相对不足

我国大力推进普惠性幼儿园建设，3～6 岁儿童已经纳入相对完善的学前教育体系，但是 0～3 岁婴幼儿的托育服务则暂时滞后。0～3 岁是人一生中发展最为迅速和关键的时期，是开发潜能的最佳时期。皮亚杰的认知发展理论、科尔伯格的道德发展理论和埃里克森的人格发展理论等都为重视 0～3 岁婴幼儿的照顾和教育提供了依据。国际幼儿教育强调婴幼儿教育及照顾的整合，整合托育与学前教育，建立完整的婴幼儿托育服务体系。随着“全面二孩”政策的实施以及人口素质提升的需要，我国对 0～3 岁婴幼儿照顾和教育的需求日益增长。因此，政府应更加重视 0～3 岁婴幼儿托育服务的发展，不仅要为0～3岁婴幼儿提供照顾服务，还要提供早期教育服务，以社区为基础的早期儿童教育、照顾服务网络的建立可以解决 0～3 岁婴幼儿的教育照顾实体问题。

（二）托育服务供需矛盾日益凸显

与 0 ～ 3 岁婴幼儿早期教育服务市场供给稀缺相对的是，家庭对婴幼儿早期教育需求日益增长。从我国面临的现实情况来看，随着经济社会快速发展和工业化、城镇化水平显著提高，家庭结构小型化，女性普遍进入劳动力市场，加之单位制解体后对生育和家庭照料的支持大幅减少，原有的城市托育服务体系基本瓦解，婴幼儿的临时看护或长期照顾已成为许多双职工家庭面临的现实问题，在工作与育儿之间寻求平衡变得越来越难。不少家长无奈之下不惜花费重金将孩子送进早教机构。

“全面二孩”政策是适应我国发展新趋向、推动人口和经济可持续发展的重大举措，但家庭的生育行为受诸多因素影响。2016 年，卫计委委托中国人口与发展研究中心在上海、北京、南京、沈阳等 10 个城市就 3 岁以下婴幼儿托育服务情况开展了专项调研，结果显示已育一孩而不打算生育二孩的母亲 60% 是出于孩子无人照料的原因，“没人照管”已成为除了“养育成本高”“经济压力大”以外困扰家长生育选择的关键问题。全国首个“二孩家庭日”暨二孩家庭关键数据发布会的调查显示，86.5% 的家庭已把“没人照管”列为生育二孩的最大困难。根据上海市科学育儿基地 2014 年的调查，目前 0 ～ 3 岁婴幼儿主要依赖的是非正式照料安排，73.4% 的婴幼儿仍是由祖辈主要参与日间看护。但在祖辈带养中，有 48.1% 的祖辈表示处于“无可奈何”帮子女带养的窘境。[①] 可见，传统的以家庭为主的照料和抚育模式越来越难以有效承担科学育儿的重责，亟须国家、社会给予相关政策及服务支持。然而，目前我国 0 ～ 3 岁婴幼儿早期教育服务市场供给严重不足，随着“全面二孩”政策在我国正式实施，年增新生儿人数据预测将达到约 400 万人，导致存量与增量叠加，0 ～ 3 岁婴幼儿托育服务供需矛盾问题将更加凸显。

三、托育服务从业人员的现状

托育服务从业人员专业素质参差不齐。相对于被看护的婴幼儿来说，幼儿教保人员处于完全强势的地位，幼儿教师和看护者控制着婴幼儿每天生活中的各个方面，如教育、饮食、睡眠和卫生保健等。婴幼儿不仅完全依赖看

① 王晖 .3 岁以下婴幼儿托育需求亟需重视 [J]. 人口与计划生育，2016（11）：22.

护人，也没有任何防御能力。婴幼儿对成人的依赖、婴幼儿自身的弱小和没有防御能力都表明，婴幼儿教保人员的伦理操守准则和专业素质都十分重要。目前，我国还没有一套系统的相关从业人员考核体系。同时，受制于身心发展的阶段性特点，儿童在学前教育阶段的自我保护意识和能力弱，容易受到欺侮甚至虐待。针对幼儿园等托育机构虐童事件频发的现实，我国应该建立托育服务从业人员资格审查机制以及从业人员“黑名单”制度，违反职业道德的从业人员依法依规给予严肃处理，对虐童等行为零容忍。通过加强社会监督，探索专业社工督导等方式，对服务机构和服务人员进行定期考核。2019 年，国家卫生健康委组织制定了《托育机构设置标准（试行）》和《托育机构管理规范（试行）》，以保障每个孩子都能在安全、健康、促进其成长的环境下受到负责的照顾和教育。

第三节　我国托育服务发展思考

2015 年，中共中央、国务院印发了《中共中央 国务院关于实施全面两孩政策改革完善计划生育服务管理的决定》。该决定就我国 3 岁以下婴幼儿托育服务发展作出了明确的战略规划，即合理配置 3 岁以下婴幼儿照料、学前教育等资源，引导和鼓励社会力量举办普惠性托儿所和幼儿园等服务机构，增强社区 3 岁以下婴幼儿照料等服务功能。可以说，这一顶层设计为我国托育服务的发展指明了前进方向。为贯彻落实中央相关决定的精神，我们必须充分做好相关制度设计和政策储备。

一、加紧制定并出台符合国情的托育服务发展政策法规

由于国情和文化传统的不同，任何一个国家或地区的托育服务政策都不可能完全照搬另一个国家或地区的成功经验。托育服务发展要注重国外相关理论与本土经验的结合以及本土化改造，进而制定适应中国国情的托育服务政策法规。一是尽快出台关于托育机构的相关管理规定，给予民办托育机构合法的身份地位，明确卫生健康部门或者教育部门为托育服务机构的主管行政部门，明确托育服务审批和监管制度、人员培训和管理、托育机构设置的硬件设施等方面的内容。二是改革准入机制，坚持先推广后提高的原则，总结出符合我国实际情况、便于推广的典型。三是制定托育机构扶持政策，重

点对社会力量申请开办婴幼儿托育服务机构所遇到的财力、场所、人员等困难，在政策上给予支持、指导和帮扶。

此外，各级政府应将发展 0 ～ 3 岁婴幼儿托育服务上升到影响妇女就业发展、促进社会稳定和谐以及国家繁荣发展的战略高度并对其予以重视。应尽快从国家层面研究出台支持托育服务发展的政策法规，将发展 0 ～ 3 岁婴幼儿早期教育纳入公共服务体系和教育发展总体规划中进行顶层设计，为我国 0 ～ 3 岁婴幼儿托育服务的健康发展提供保障。

同时，还要尽快确立 0 ～ 3 岁婴幼儿托育服务规范。国际经验表明，科学指标及标准的制定能够有效保障婴幼儿托育服务发展的质量。有了标准及规范，政府才有依据和可能实现对托育机构的监管、扶持，0 ～ 3 岁婴幼儿托育服务的健康有序发展才有保障。针对目前 0 ～ 3 岁婴幼儿托育服务存在的服务质量、师资资质、课程问题，以及收费无保障、无标准的现状，应尽快研制出台 0 ～ 3 岁婴幼儿托育服务机构的设立标准，对其基础设施、人员配备进行规范，从而正确引导 0 ～ 3 岁婴幼儿托育服务有序发展。

我国可借鉴各地区有利的探索经验，出台国家层面的机构标准，针对有关早期教育机构举办者的要求、早期教育机构的设置条件、早期教育机构人员的标准、早期教育机构的收费等作出统一规定，这样就能够使 0 ～ 3 岁婴幼儿托育服务机构的设立和运营都有章可循了。

另外，对准入后的托育服务机构应实行动态管理，并对认定程序、监管措施和退出机制作出具体规定。上海市目前正在探索“托育信息管理平台”的建设，政府通过互联网等职能终端设备，对托幼机构的申办、监督管理、人员信息、业务数据以及诚信记录进行了信息化管理。这样的做法使得托幼机构申办者从“启动申报”到“收到批复”仅需一个月的时间，极大地提高了社会力量举办托育服务机构的积极性，同时，数据互通也有利于相关部门的监督管理，保障早期教育的服务质量。

值得注意的是，2018 年颁布的《中共中央 国务院关于学前教育深化改革规范发展的若干意见》中指出：“学前教育是重要的社会公益事业，民办园一律不准单独或作为一部分资产打包上市。”0 ～ 3 岁婴幼儿托育服务尚未在政策限制内，托育服务行业这个“赛道”或将成为新的资本转移阵地，新形势下建立 0 ～ 3 岁婴幼儿早期教育服务行业标准规范和有效的监督管理机制将更加紧迫。

二、创新托育服务运作机制、构建合适的服务模式

（一）丰富和创新我国托育服务运作机制

我国社会转型和社会结构的深刻变化需要托育服务运作机制作出创新。我国既不能照搬西方国家的托育服务体系实行福利国家化和社会化，也不能回到计划经济时期实行完全福利性的大包大揽，因为中国社会组织力量不够强大，所以政府更无法将所有托育服务事务推向市场或社会。在社会与国家之间找到平衡，利用市场手段和公民参与等方式来发展托育服务，应该是我国托育服务运作机制新的发展方向。

一要逐步构建政府与社会公众间的信息交流与互动机制，实现政府与民众在托育服务领域的互动与合作。二要通过各种途径了解家庭的托育服务需求与期望，将不同类型家庭多元化的托育需求切实反映到托育产品设计、供给方式上，从而使公众的托育服务权益和意愿得到实现。三要把文化和传统观念因素放入对托育服务的思考中，无论是托育服务的路径选择还是托育服务运行机制的设计都需要具备文化敏感度，勿将单纯大力投资建设托育机构作为唯一选择。

（二）因地制宜地构建适合当地特点的托育服务模式

我国地域辽阔，各地区的经济发展水平和社会发展条件有很大的不同。不同经济环境中、不同社区文化背景下、不同经济发达程度区域内的不同层次育龄人群、不同受教育程度的育龄夫妇的生育需求不尽相同。对于具有不同生育需求的生育主体，如果实施统一的托育服务模式，那么托育服务的实施效果肯定会大打折扣。同时，我国托育服务发展的地区性差异明显，尤其是城乡之间的差别，在发展托育服务的时候，要同等地看待城市与乡村，制定相同的标准，对于城市托育服务发展和乡村托育服务发展给予同样的待遇，以平衡城市和乡村托育服务的发展。

针对有条件提供照料的家庭，应通过专项培训、育儿讲座、入户指导等多种方式帮助家庭提升科学照料和科学育儿的水平。可借鉴芬兰的经验，提供居家式照料服务，建立到家短时看护的“保育妈妈”制度，聘请有育儿经验的人士担任“保育妈妈”，缓解家庭照料压力。此外，隔代照料是具有即

时性、安全可靠性的家庭照料的客观模式，可借鉴台湾的探索经验，通过社区提供专业人员对照料者进行科学育儿知识的普及与培训的方式，促进代际照护服务走向科学化。

针对有托育需求的家庭，政府应尽快推动建立公办、政府购买、公建民营、民办公助等多种托育服务模式，构建多种形式并存的托育服务供给体系。首先，可鼓励有条件的幼儿园充分利用人员、场地、设施等资源，积极尝试托幼一体化，将接收年龄向下延伸一年。其次，支持企事业单位参与解决婴幼儿照护问题，如在公司内部设立小型托管照料点，为职工提供全日制、半日制或日间小时制的托育服务。再次，可依托社区为家庭提供半日制、全日制、小时计时托管、夜间照料等形式的服务，满足不同类型、不同层次家庭日益增长的多元化托育服务需求。在社区建立公立或政府支持的综合性养育服务中心已成为目前国际社会发展托幼公共服务的可行做法和趋势。

我国可依托社区建立综合性 0 ～ 3 岁婴幼儿早期教育活动中心，将婴幼儿托管、亲子活动、家长指导融为一体，发掘社区照护资源，为 0 ～ 3 岁婴幼儿家庭提供就近的早教服务。此外，还可以尝试探索建立家庭看护点的准入和规范制度，鼓励有育儿经验和相关资质的个人开办家庭式婴幼儿看护点、寄养中心等，以满足不同类型家庭和不同工作时间人群的托育需求。

三、完善托育服务组织和人才保证机制

（一）构建完善的组织领导系统，促进托育服务全面发展

建议由教育部或者国家卫生健康委牵头，成立多部门共同参与的促进托育服务发展的联席会议制度，将托育服务纳入国家和地方经济社会发展总体规划，发挥政府部门在制定托育服务管理政策、引导资本投入、规范市场运行等方面的主导作用。

（二）明确主管部门，加快推动托育服务发展以补足民生短板

明确各级政府和各个相关政府职能部门的具体职责，整合利用卫生健康、教育、民政和人社等部门资源，为推动托育服务业的发展提供政策支持与适宜社会环境。

0～3岁婴幼儿托育服务发展，是党和政府为老百姓办实事的重要民生工程。为改变目前0～3岁婴幼儿托育服务无序发展的现状，补足0～3岁婴幼儿托育服务的短板，首先，应尽快确立0～3岁婴幼儿托育服务主管部门，统一负责0～3岁婴幼儿托育服务体系的规划、建设、发展和监管。目前，上海市已率先确立了由教育部门牵头负责本市3岁以下婴幼儿托育服务工作，会同各相关职能部门对托育机构进行监督管理和业务指导。各地政府可借鉴上海等地的有益探索经验，尽快建立规范的早期教育服务管理体制，明确主管职能部门，整合卫生健康、教育、民政、妇联、工商等部门力量，共促0～3岁婴幼儿托育服务的发展。

（三）通过高校人才培养，提升托育服务质量

推动高校相关专业的建设，开设托育、教保、家庭公共服务等方面的核心课程，并将辅食制作、婴幼儿保健、幼儿心理教育等纳入必修课程，为我国尽早培养出高技能的托育服务人才。

第四节　我国托育机构可持续发展探索

中华人民共和国成立以来，我国托育事业经历了一段复杂曲折的发展历程。伴随经济社会发展和生育政策调整，安全规范的托育服务已经成为迫切的社会需求，也是影响人口素质和国家长期发展的重要因素。2019年，国家陆续出台了《国务院办公厅关于促进3岁以下婴幼儿照护服务发展的指导意见》等多项政策文件，大量社会资本积极举办托育服务机构，托育服务再度成为社会关切的热点话题。中国人口与发展研究中心课题组对北京4家托育服务机构进行调研，研究托育机构如何可持续发展。

一、托育服务行业面临的主要压力

房租、人工成本一直是托育机构运营的主要负担，但房租、人员支出需正常支付的同时，仍然面临退费压力，共同构成了托育服务机构的“三座大山”。

（一）房租成本高

托育机构设置标准较高，对托育机构的楼层选址、场地租期、房龄、硬件设施等均有严格要求，导致场地租金较高。与其他城市相比，北京市的租金整体较高，机构的场地装修成本也较高（接近总成本的50%）。调研发现，朝阳区望京某托育机构场地面积450 m²，每月租金约7万元，已连续累计支出房租35万元，未来可能需要继续支出。

（二）人工成本高

托育服务行业是新兴行业，托育机构的从业人员要求缺少统一标准，师资要求一般参考幼儿园老师标准，但师资配比高于幼儿园，人工成本较高。调研发现，朝阳区望京某托育机构包括老师、保洁、厨师、前台、销售人员在内共14名员工，每月工资和社保费用约8万～9万元。对于新建托育机构而言，稳定人员队伍所需要付出的成本相对更高，经济压力更大。

（三）退费压力大

托育机构以提供托管保育服务为主，入托婴幼儿一旦超出3岁便进入幼儿园，超出托育机构的服务范围。托育机构面临的经济压力比较大，退费潮是压倒骆驼的最后一根稻草。

二、托育行业陷入的窘境

（一）机构转型、重组困难

国家虽有国家精品课程项目和国家精品在线课程建设[①] 等优秀在线教育资源供各级各类学校及教育机构，通过在线教学，督促学生继续学习，但针对0～3岁的婴幼儿，国家并未发布比较权威的在线课程。此外，托育机构的对象为0～3岁的婴幼儿及其家长。0～3岁婴幼儿眼睛尚未发育成熟，

① 付卫东，周洪宇．新冠肺炎疫情给我国在线教育带来的挑战及应对策略[J]．河北师范大学学报（教育科学版），2020，22（2）：14-18.

不宜长期面对电子屏幕，这也就意味着线上托育只能为家长提供育儿方面的指导，而难以直接面向婴幼儿。所以，“网课”无法取代线下教师对婴幼儿实施保育与教育服务。

即使线下转线上的方式成功，托育机构也面临着组织架构上的思想冲击，课程规划、团队搭配及团队意愿、技术支持等方面都需重组。在准备不充分的情况下，托育机构很难在短期内发展完善，适应市场需求。一些托育机构也会因优胜劣汰的自然法则，面临破产或倒闭。

（二）师资力量难稳定

目前，托育行业面临着人才培养体系尚未建立、职业技能认证缺失、师资质量难以保障等问题。一是高校缺少托育专业设置，3 岁以下婴幼儿的托育服务与 3 ～ 6 岁儿童的教育服务存在较大差异，幼教专业人才的技能不完全符合服务需要。二是幼师证是当前托育行业招聘的主要参考标准，针对托育服务人员的职业资格认证和技能培训尚不完善，不利于托育行业健康发展。三是托育机构平均薪酬低于幼儿园，并且缺乏职称评定和晋升渠道。四是托育机构人员流动性大，如何留住人才并提供良性的职业上升通道，对服务的稳定性和质量影响较大。

（三）行业发展难起步

一是行业发展环境有待改善。在托育行业发展的初级阶段，社会公众对托育服务质量、水平和安全性尚未形成良好的信任基础。二是托育行业前期资金和人员投入大，资金周转周期长，尽管未来发展前景较好，但在起步阶段面临多方面压力。三是行业进入流程有待优化。与机构设置的前置审批相比，托育机构备案制在前期容易出现缺少主管部门协调、行业标准不完善、发展方向不明确等问题，不利于托育行业发展。四是机构改革中部分审批证明难以获得。如消防安全评价资质受到消防部门归入应急管理部门、消防评价纳入住建部门等机构改革的影响，卫生评价审核受到政策更新落实进度的影响。

三、促进托育行业健康稳定发展的建议

（一）明确监管职能，提升行业信任

托育服务工作涉及多部门职能，尽管《国务院办公厅关于促进3岁以下婴幼儿照护服务发展的指导意见》（以下简称《指导意见》）中已明确卫生健康部门为主管部门，但地方多数托育机构并不清楚，建议加强对《指导意见》的解读。同时，有效利用并充分整合教育、人社、发改、财政、民政、自然资源、住建、税收、工商等部门资源，保障各部门政策协同制定和落实，避免因政策落实或部门协同问题产生的监管空白和模糊地带。加强托育机构设置标准、评价和监管体系的政策宣传，开展婴幼儿照护知识的科普教育，提高公众对机构托育服务安全性和专业性的认可程度，增强社会资本对行业发展环境和前景的信心。

（二）落实稳企政策，保障基本生存

一是保障现有托育机构的正常运行，并给予积极的帮扶和支持，保障水电税收补贴、租金、贷款优惠政策能够迅速落地，对新增和既有托育机构给予同等支持。二是对于困难企业减免税费和补助措施，建议改为对依法缴纳税费的企业减免保险税费，将托育机构纳入减免补助范围。三是为存在经营困难的托育机构提供贴息贷款，扶助新建机构平稳度过困难时期。

（三）加强安全支持，推进医幼结合

一是参考幼儿园安全管理和周边治安环境要求，提升托育机构安全管理水平，改善周边治安环境。二是参考幼儿园、中小学的学生平安保险，设立可供托育机构及婴幼儿购买的平安保险，降低机构的运营风险。三是推进医幼结合，鼓励社区卫生服务中心和托育机构签约服务，提高托育机构的医疗应急处理能力。

（四）加快人才培养，提升职业技能

一是鼓励大专院校、职业院校增设托育相关专业，完善职业技能认定和

评价标准，把好行业进入门槛，保障行业人才素质和专业水平。二是建立托育从业人员的职业技能培训机制，保障从业人员的能力提升通道，促进托育服务可持续发展。

（五）转变经营模式，推动线上教育

目前，很多托育机构转变经营模式，逐渐由线下转到线上。为了维持托育机构的运营，如今托育机构的在线教育主要有三种模式：低价录播课、直播公开课＋直播大课、渠道引流＋低价录播课＋利润课／训练营。托育机构主要利用短视频平台或直播平台为婴幼儿及其家庭提供育儿知识和技能方面的支持与指导。

第二章　国外托育服务政策及对我国的启示

第一节　美国托育服务政策体系

一、美国托育服务政策的发展变革

美国的托育服务相对其他国家来说进行得比较早，其最初关注的是贫困家庭的儿童养育问题，致力于缩小社会贫富差距，稳定社会秩序，在经历了一个从量变到质变的过程，到目前为止发展较为成熟。按照历史发展脉络，其托育服务发展可分为以下几个历史时期。

（一）19世纪30年代前：家庭承担婴幼儿的教养责任

在19世纪30年代前，美国尚未出现任何形式的以托育为主的机构，主要的原因如下：①家庭观念根深蒂固。传统社会时期，人们普遍认为婴幼儿保育应该主要在家庭进行，由父母或者家庭成员承担起照顾婴幼儿的责任。②在农业社会时期，社会对劳动力的需求较少。母亲外出就业的普遍需求开始于工业文明时期，而在农业时代母亲几乎不会外出就业，完全可以承担起婴幼儿的教养责任，因此对公共的托育机构尚不存在较大的需求。③对婴幼儿保育的忽视。在农业时代，对婴幼儿的保育普遍处于低水平阶段。[①]

① 董素芳．美国0-3岁早期教养人员从业资格的制定及对我国启示的研究[D].上海：华东师范大学，2014.

（二）19 世纪 30 年代—20 世纪初：托育服务初步产生

美国的早期保育和教育的开始及发展可以追溯到 19 世纪 30 年代的两个截然不同的项目的实施。这两个项目是以婴幼儿保育为主的日间托儿所（Day Nursery）和丰富儿童生活经验、以教育为主的育幼园（Nursery School）。美国最早的托育机构托儿所创办于 1838 年，这是由富人和慈善机构创办的具有贫民救济性质的日托所，也称为日托中心（Day Center）。早期的日托中心是为了适应 19 世纪后期快速发展的工业化大生产和移民的需要，这些日托中心主要为婴幼儿提供保育服务。随着日托中心数量的增加，国家成立了日间托儿所联盟（National Federation of Day Nurseries）对这些社会性服务机构进行统一管理，这也是美国最早的具有托育管理性质的机构。

19 世纪下半叶，美国受到欧洲教育思潮的影响，蒙台梭利思想、福禄贝尔主义、保育学校先后进入美国，对美国的教育发展产生了巨大的影响。到了 20 世纪初期，进步主义思潮涌入美国，出现了进步主义幼儿园运动、保育学校运动、日托所运动等，儿童中心、儿童活动成为这些运动的主题。

（三）20 世纪 30—50 年代：联邦政府职能转变

这一时期两个重大的历史事件对美国托育服务的发展产生了重要的影响。一是第二次世界大战的爆发。在第二次世界大战期间，美国为了扩大战时所需物资的生产供应，发动大批妇女投入军工物资的生产中，由此出现了大量的儿童无人照看的问题。对此，联邦政府在 1941 年通过了《郎哈姆法案》，为受战争影响的家庭提供新的集体儿童照看福利。这种由于特殊时期而暂时成立的托育机构所承担的责任仅限于一定的时期内，而且规范性较差，因此在战争结束后随之解散。但是，很多已经走出家门工作的女性不愿意再回归家庭，这也迫使联邦政府开始考虑建立长期的、稳定的、规范的托儿机构。二是 20 世纪 30 年代，美国爆发了经济危机，大量的工厂倒闭，失业人数激增，贫困问题成为社会的主要矛盾，严重影响着联邦政府的权威和社会秩序的稳定。为了缓解社会危机，联邦政府在 1934 年成立了临时托儿所，为失业家庭儿童提供免费的托育服务。托儿所主要为全日制工作的母亲提供婴幼儿看护，保证孩子的营养和健康。日托所以保育而非教育为主，不过也有的日托所配备经过一定培训的幼儿教师，教授一些与婴幼儿年龄相适应的课程。日托所建立后，在一定程度上缓解了社会矛盾，得到较快发展。[①] 这也是日托所承担起简单教育职能的开始。20 世纪 50 年代，联邦政府面临着为女性就业的家庭提供长期、稳定的托育服务的问题，同时政府也意识到对婴幼儿进行智力教育的重要性，由此 1956 年通过《社会安全法案》修正案，提出要为就业妇女提供托育服务。

随着社会的发展和进步，早期教育受到重视，托育的教育功能日益凸显。同时，联邦政府的角色也发生了较大的转变，对托育给予更多的关注，推动着托育服务的发展。

（四）20 世纪 60—80 年代：托育服务政策快速发展

1960 年，联邦政府会议上要求各州以立法的形式来确保托育服务项目的实施，同时政府也为各州提供一定数额的拨款进行扶持。随之而来的民权运动、妇女运动、反贫困运动加速了联邦政府托育服务项目的建立和实施。民权运动是黑人反种族歧视的一场运动，历时十余年，最终为黑人的教育、就业等方面带来极大的改善。妇女运动将妇女从家庭劳动中解放出来，妇女的就业率大幅度提升。20 世纪 60 年代开始的反贫困运动中，联邦政府为处境不利的儿童和特殊需求家庭提供财政补贴和托育服务，其中最重要的项目是 1965 年联邦政府提出的"开端计划"（Head Start），其主要为贫困儿童提供托育服务、早期教育、健康检查等，受益儿童超过 2 000 万，极大地改善了贫困儿童的生活和教育状况。

除了联邦政府的财政支持外，托育服务更加趋向于制度化和法律化，政府在政策层面上规范托育服务的发展。比如，1979 年通过的《儿童保育法》、1988 年颁布的《家庭援助法案》。

20 世纪 70 年代以前的托育服务大多数是为 3 岁以上的儿童服务的，只有极少数的机构托管 3 岁以下的婴幼儿，很多州甚至规定机构不允许照管 3 岁以下婴幼儿。真正的婴幼儿托育服务开始于 20 世纪 70 年代。这类机构附设于大学中，作为研究婴幼儿发展的场所。直到 20 世纪 90 年代随着对婴幼儿大脑发育的研究，发现了这一阶段对人类后续的生活、学习至关重要。加上越来越多的妇女就业，激发了政府采取多种婴幼儿托育的措施。同时，在一些大学也出现了有关婴幼儿发展的课程。

---

① 周采，杨汉麟．外国学前教育史 [M]. 北京：北京师范大学出版社，1999.

相比于其他历史时期，这一时期是美国社会、政治、经济等急速变化的阶段，而正是这些变化推动着美国托育服务的快速发展。由此可见，美国的托育服务以20世纪50年代为重要的分水岭，在这之前的托育服务更多具有临时性、阶段性的特点，而20世纪50年代之后的托育服务更加明确和规范，人们对托育服务的认知更加清晰和科学。

（五）20世纪90年代至今：托育服务政策逐渐完善

20世纪90年代中期关于人类早期大脑发育及其对后期发展的重要性的研究为强调婴幼儿和学步儿童优质护理的重要性提供了依据。生命的最初3年被认为是关键的成长时期。这一研究结果也影响了美国对托育服务的重新定义和审视。从20世纪90年代开始，联邦政府加强了对婴幼儿托育的研究。加大了财政支持力度，对家庭、特殊儿童、早期教育教师、学习标准、社区、托育机构等采取了一系列的政策措施。从整体上来说，美国的托育服务开启了一个新的历史阶段。

1995年，“开端计划”制订了针对婴幼儿的“早期开端计划（Early Head Start，EHS）”。[①] 它是一个综合服务项目，包括身心健康、营养、儿童发展、社会服务、亲职教育等方面。首先，这个项目首次提出婴幼儿社会服务的概念，表明联邦政府意识到托育是一种全社会共同参与的服务，而不是个别人或个别机构的行为，这使得托育服务更广泛地走入公众视野，推动其快速发展。其次，在以往的托育服务中，家庭教育与机构教育是分开的，而且往往是以保育为主的，教育几乎不对婴幼儿发挥作用。而“早期开端计划”提出的亲职教育将家庭作为婴幼儿教育的重要场所，提倡共育，政府通过培训、座谈等手段提高家长的养育技能。

随着托育服务的不断发展，社区也被纳入其中。为了更方便地服务年龄较小的婴幼儿，州政府在社区建立托育点，配备专业的指导人员和教师，为有需要的家庭提供上门服务。托育真正成了“全民参与、全民受益”的行为。这是美国托育服务的一个重要转变。

1998年，国会指定儿童保育和发展基金（CCDF）划分出一部分资金用于婴幼儿托育服务，主要用于：①为低收入婴幼儿及其家庭提供全面服务；②提供技术援助和咨询；③早期教育从业人员的专业发展；④改善婴幼儿早

① 林秀锦．美国的早期保育与教育[M].南京：江苏教育出版社，2006.

期护理和教育环境；⑤制定婴幼儿早期学习指南；⑥提高补贴率；⑦制作婴儿 / 幼儿托育服务证书；⑧聘请婴幼儿专家。

此外，为了保证托育的质量，保证托育机构及其课程建设的科学性和规范性，联邦政府要求各州建立质量监督体系，对托育机构的教师专业性、机构环境、课程内容等进行全面的监督和评估。最为权威的是美国幼儿教育协会（NAEYC）的质量认证体系（QRIS），该体系将评估的内容分为 11 个方面：师生互动、课程、家长—教师互动、教师的资格与提高、行政管理、教师配备、教学标准、物质环境、健康与安全、营养与饮食服务、评价。

美国还通过制定早期学习标准和课程大纲、核定教师任职资格、提供入职培训课程、制定带薪产假等福利制度、为障碍儿童提供特殊服务等措施提高托育服务的质量。总体来说，20 世纪 90 年代后的美国托育服务“遍地开花”，在不断地探索和研究中找到了一条符合美国国情的托育服务发展之路。

二、美国托育服务政策的内容体系

（一）目标与法规

美国对托育服务的关注主要是从 20 世纪开始的。在政府的主导下，托育服务趋向于制度化和政策化，推动着美国托育的发展。

1. 政策目标

从整体来说，美国的托育服务政策除了基本的教育目标，即促进婴幼儿保育和教育的发展，还具有较为明显的社会和文化目标。一方面，美国的贫富差距较大，阶级分层较为明显，由此带来的社会动荡极大地阻碍了社会稳定，因此美国政府比较关注处于不利地位的家庭和婴幼儿，解决家庭贫困导致的教育不公平问题，缓和社会矛盾。另一方面，美国国内的文化差异较大，通过政策引导传递美国主流价值观，减少文化差异带来的教育不平衡，实现主流文化的流动和传输。

2. 管理机构

从联邦政府层面上来说，负责制定托育服务政策的部门主要包括教育部、卫生与公众服务部等。从州政府层面上来说，主要的职能部门为教育部。除了联邦政府和州政府，虽然美国幼儿教育协会（NAEYC）不是政府机构，但是其颁布的质量认证标准等受到社会的广泛认可。

虽然联邦政府有相关的职能部门，但是教育管理一般是州或地方政府的责任，而非联邦政府的责任。所以，托育服务的相关政策采用的是分权模式，即为政策制定和实施负主要职责的是州政府。不过联邦政府一般会进行战略上的指导，各个州根据本州的情况进行政策修订。例如，儿童保育和发展基金（CCDF）在联邦政府的一般政策要求范围内，各州在管理 CCDF 计划和确定其主要参数方面具有广泛的灵活性。

这是美国教育模式与其他国家之间最大的不同，分权模式使各州拥有较大的自主权。一方面，美国是多民族、多种族、多宗教融合的国家，背景错综复杂，各州情况存在较大差异，这样的分权模式可以分散联邦政府的压力，同时在很大程度上避免了因各州差异所导致的政策“水土不服”的问题；另一方面，这是美国自由主义的体现。美国的政治深受自由主义的影响，民主选举、议会共和是最集中的体现。为了避免联邦政府的权力过于集中而影响民众的自由和民主，联邦政府给予州政府最大的政治自由，尽可能将权力下放给州政府。

3. 政策法规

美国的托育服务政策主要关注以下几个方面：①关注美国复杂的社会问题。美国的托育服务发展主要的推动力之一就是复杂的社会问题，主要表现为平等问题、贫困问题、教育质量问题等，这些问题是民众较为关心的问题，也关系到美国政局的稳定，而美国的政策很大程度上也是围绕着这些问题制定和实施的。②以儿童为本，强调教育公平。美国的政策比较明显地体现了以儿童为本的教育理念。在颁布托育服务基本政策的同时，考虑到特殊儿童、少数民族儿童和贫困儿童的特殊性，给予贫困儿童特殊的保育补贴，帮助贫困家庭父母获得就业和稳定的收入；在早期学习标准大纲中针对少数民族儿童进行本民族语言和英语两种语言的双语教学；为特殊儿童提供个性化家庭指导，提供除保育以外的医疗、健康、卫生和心理治疗服务。③联邦政府和州政府经费并行。美国托育服务的财政一般都是中央和地方相结合的形式，由联邦政府拨出主要的经费，地方政府在完善本州相应政策的同时给予一定的教育经费投入。联邦政府和州政府为家庭特别是低收入家庭提供资源，以购买托育服务。联邦和州联合拨款提供超过 180 亿美元用于支持婴幼儿护理，从家庭护理到中心项目的护理，如公共幼儿园项目和“开端计划”。

美国的财政政策对托育服务给予了前所未有的支持，这一举措将会在今后的发展中得到持续推进，这无疑是对托育服务的完善、对婴幼儿的健康成长、对家庭教育的扶持起到了关键性的作用。

（二）课程与标准

2002 年，美国政府提出了一项新的早期教育倡议“Good Start，Grow Smart”，以帮助各州和当地社区加强对婴幼儿的早期教育服务。该倡议提出政府要加强联邦与州之间的伙伴关系，以提供优质的婴幼儿教育计划，这种方法要求各州制定婴幼儿教育的质量标准。至此，各州纷纷在州内着手开发早期学习标准或指南。美国婴幼儿早期学习标准的改革与实施工作由美国“0 ～ 3 岁政策中心”（0 ～ 3 Policy Center）和国家婴幼儿保育计划（National Infant & Toddler Child Care Initiative）共同合作。

美国目前只有 3 个州没有与 0 ～ 3 岁相关的早期学习和发展指南文件，分别为新泽西州（New Jersey）、得克萨斯州（Texas）、怀俄明州（Wyoming）。每个州对早期学习和发展标准的说法不一样，大多数州称之为“早期学习指南”（Early Learning Guidelines），有些州称之为“早期学习与发展指南”（Early Learning and Development Guidelines）。此外，除了“指南”这一称谓，许多州将其称为“标准（Standards）”，有少数州采用了“框架 / 纲要（Frameworks）”“基础（Foundations）”“目标（Goals）”“里程碑（Milestones）”等。尽管称呼不同，但是早期学习和发展指南文件的主要内容是各年龄段婴幼儿在各个领域能够达到的一般水平。这些文件通常是由每个州负责婴幼儿早期保育和教育的机构出台、推广、实施和监管，面向的对象主要是提供早期保育和教育服务的机构和工作者。

有些州有专门针对 0 ～ 3 岁婴幼儿的文件，有些州与 0 ～ 3 岁婴幼儿相关的指南则是与高年龄段汇总在同一个文件中。有专门的 0 ～ 3 岁早期学习和发展指南文件的州共有 19 个，在其他大多数州中，0 ～ 3 岁的指南包含在“0 ～ 4 岁”“0 ～ 5 岁”或“0 ～学前班”的指南文件中。此外，有少数几个州的 0 ～ 3 岁指南包含在“0 ～ 1 年级”或者“0 ～ 3 年级”的指南文件中。

绝大多数指南文件中将 0 ～ 3 岁划分为多个年龄段，并列出了在每个年龄段婴幼儿在各个领域发展应该达到的水平，列出具体的行为表现。但是，每个州年龄段的划分有差异，有的州划分得较为细致，如内华达州（Nevada）将 0 ～ 3 岁划分为 7 个年龄段：0 ～ 4 个月、5 ～ 8 个月、9 ～ 12 个月、13 ～ 18 个月、19 ～ 24 个月、24 ～ 30 个月、30 ～ 36 个月。有的州的年龄段划分比较粗略，比如，弗吉尼亚州（Virginia）只将 0 ～ 3 岁划分为两个年龄段：0 ～ 18 个月、18 ～ 36 个月。此外，有的州的年龄段划分是没有重合的，如上面列出的 Nevada 和 Virginia 两个州，而有的州的年龄划分则是有所重合的，如伊利诺伊州（Illinois）的划分：0 ～ 9 个月、7 ～ 18 个月、16 ～ 24 个月、21 ～ 36 个月。之所以有所重叠，是因为考虑到了婴幼儿的发展存在较多的个体差异。此外，三分之二以上的州的指南文件中既包含各个年龄段的发展指标，又包含相关教育指导建议。

指南文件中包含多个婴幼儿发展领域，粗略来讲可以划分为六大领域：身体发展、社会性与情绪发展、游戏与学习品质、语言与交流、认知发展、创造性艺术。其中，认知发展又可进一步划分为数学、科学、社会科学和认知过程四个类别。但是，并不是每个州的指南文件中都包含以上提及的所有领域，一般来讲，每个州的文件都包含身体发展、社会性与情绪发展、认知发展以及语言发展四大领域。在多个州的文件中，每个大的领域又被进一步划分为多个分领域。比如，伊利诺伊州的 0 ～ 3 岁早期学习指南将大领域自我调节又分成四个小的领域，分别是生理调节、情绪调节、注意力调节、行为调节；将大领域社会性与情绪发展分成 6 个小的领域，分别是依恋关系、情绪表达、与成人的关系、自我概念、与同伴的关系及同理心。

整体来说，美国的早期学习标准 / 框架呈现出如下特点：

1. 彰显包容性

早期学习标准或指南的包容性体现在两个方面：①对所有婴幼儿的包容性。很多州的文件中明确提出要尊重不同能力的孩子和他们的家庭。②对学习环境的包容性。婴幼儿教育计划为来自各种文化、经济和语言背景的婴幼儿提供服务。

2. 适用对象层次分明

早期学习标准或指南是一套关于婴幼儿行为发展的指标，帮助父母、家庭和其他照顾者了解婴幼儿发展的基本规律。其适用对象不仅是早期教育指导者，这些标准或指南为更多的群体提供了参考。亚利桑那州的指南中明确提出其潜在的服务对象如下：①家长和家庭成员：树立婴幼儿发展的意识，增加父母和其他照顾者之间的沟通，提高婴幼儿护理和教育质量意识；②护理人员、教师和其他早期学习提供者：指导对学习经历的规划以及指导照顾者和教师的角色，为婴儿和幼儿的发展作出适当评估提供指导，为照顾者和教师的发展及培训提供内容；③社区成员：帮助组织社区内的宣传工作；④政策制定者：评估公共政策对婴幼儿及其家庭的影响，加强公众对婴幼儿发展的理解。

3. 尊重个体差异

早期学习标准或指南旨在帮助婴幼儿更好地成长和发展，因此很多州强调其主要原则之一是要尊重婴幼儿的个体差异，确保每一位婴幼儿都能够在政府力所能及的范围内得到充分的发展。

4. 各发展领域之间相互影响

早期学习标准或指南将婴幼儿发展划分为多个领域，这些领域比较全面地概括了婴幼儿发展的各个方面，力求婴幼儿发展的均衡。同时，各个领域之间也不是完全割裂，毫无关系的。各州在文件中指出一个领域的发展影响其他领域的发展并受其他领域发展的影响。所有发展和学习领域都同样重要，并影响孩子的生活和入学准备。虽然早期教育专业人员经常提到不同的发展和学习领域，但这些领域其实是相互关联和重叠的。

5. 强调早期学习标准或指南要与 K-12 课程相衔接

儿童的能力发展是连续性的，在 0 ～ 3 岁阶段或 0 ～ 5 岁阶段发展的能力对后续学习会产生重要的影响，各州在制定早期学习标准或指南时肯定了儿童能力发展的连续性。马萨诸塞州通过协调婴幼儿指导方针、学前指导方针和幼儿园课程框架，将早期教育和照料与后续在学校学习（K-12）联系起来。认为儿童的发展是连续的，儿童接受的教育应与儿童的发展相适应，每一个阶段的学习都要为下一个阶段做好准备，让儿童在连续的、衔接的环境中成长，这是美国早期学习标准或指南的重要特点。

（三）师资与环境

托育服务从业人员在确保婴幼儿健康发展和学习方面发挥着关键性作用。托育服务的质量在很大程度上取决于从业人员是否有能力创造出一个高质量的教育环境，如何让婴幼儿参与活动，如何促进婴幼儿之间的互动，以及如何使用不同的脚手架搭建策略。而更专业化的师资培养和培训则使这种高质量的教育环境更加稳定和安全。除此之外，托育服务环境还包括托育服务机构，具体分为机构类型、机构物理环境和心理环境、师生比、机构认证标准等。此外，关于机构的课程安排，在美国没有统一的课程体系，但是国家政府出台了一些指南性文件，如前文所述，大多数州都出台了自己的早期学习与发展指南。一般来讲，这些指南性文件强调促进婴幼儿全面而平衡地发展。

1. 托育机构的类型

美国约有 24.9% 的 0 ～ 3 岁婴幼儿接受了日托中心或者注册家庭日托中心的早期托育服务。美国的早期教育机构具有公立、私立、个体等不同的形式，0 ～ 3 岁托育机构主要有日托中心和家庭日托。① 日托中心是全美最为普遍的早教机构，主要的服务形式大致可以分为两种：中心形式的日托以及家庭形式的日托。中心形式的日托机构即日托中心或其他非家庭的托育机构。家庭形式的日托指的是在私人家庭中提供的日托服务。项目形式多样，有的项目是全天的，有的是半天的。日托中心是美国最受欢迎的托育形式，除了为婴幼儿提供保育，还会提供一些学习经验，主要招收 0 ～ 4 岁的婴幼儿，费用主要由家长承担，一些企业雇主也会为家长承担一部分托育费用。家庭日托是在私人家中进行的托育服务，通常是婴幼儿保育提供者在自己家中为 3 ～ 12 个婴幼儿提供服务，看护人一般为 1 ～ 3 个。除了这两种较为普遍的托育形式，一些家庭会选择私人保姆，不过费用通常较高，在美国不具有普遍性。

除了这些收费性质的托育机构，美国也有免费的 0 ～ 3 岁婴幼儿托育服务，主要面向低收入家庭或者有特殊需要的婴幼儿，如早期开端计划就是由联邦政府资助的服务于低收入家庭婴幼儿的早期保育和教育项目。

此外，美国企业也积极支持托育机构的发展，通过建立专项资金、提供托育补贴等方式为本单位的员工提供托育福利，解决员工的后顾之忧。

2. 托育机构的环境设置

（1）班额和师生比。关于托育机构的班额和师生比，美国政府并没有一个统一的规定，由各个州自己决定，但是大多数州的规定与美国公共卫生协会、美国小儿科学会以及美国幼儿教育协会联合制定的规定一致，如表 2-1 所示。

① 朱彦蓉．中美早期教育中家长参与现状的比较研究 [J]. 亚太教育，2015（3）：11-12.

表2-1 美国托育机构惯用的班额和师生比

项目	1岁以下	1岁	2岁	3岁
班额/名	8	12	12	17～18
师生比	1∶4	1∶4	1∶10	1∶10

（2）托育机构课程。联邦政府在政策文件中规定，所有托育机构课程都必须提供高质量的早期教育和婴幼儿发展服务，要促进婴幼儿的认知、社会性和情感发展，以便其在以后的学校取得成功。日托中心或家庭儿童保育计划必须嵌入有效的师生互动。家庭计划必须促进建立安全的亲子关系，并为父母提供高质量的早期教育学习体验。所有课程都必须以研究为基础，支持儿童的个性化发展。课程必须涉及语言、文化、数学、社会性和情感、学习品质、科学、身体技能和创造性艺术等，为儿童提供学习文化和语言的适当的课程体验。

NAEYC认为该课程有助于教师识别出重要的概念和技能，掌握促进婴幼儿学习和发展的有效方法。根据教师对每个婴幼儿的了解，通过精心设计的课程可以指导教师规划学习内容，促进婴幼儿在多个发展领域成长。课程还有助于确保教师规划每日时间表，以便通过有效利用时间和材料最大限度地提高婴幼儿获得所需知识和技能的能力，为婴幼儿提供游戏和学习的机会。

对托育机构课程内容的规定一方面有助于托育机构在开发具体课程时有所依据，避免出现个别机构课程内容混杂、质量低下的问题，提升机构整体的服务水平和服务质量；另一方面从政府层面规范课程标准，确保托育机构的课程质量可以有效稳定市场秩序，营造安全的市场氛围，增强家长对市场环境的信心，提高入托率，减轻家庭负担。

（3）托育机构的物理环境。除了课程，托育机构的物理环境应该是多元的、自由的和包容的，能够允许婴幼儿在安全的前提下进行自我探索、发现和互动。为了提高婴幼儿的学习兴趣和能力水平，机构内的材料和设备可以随着时间的推移而变化，以反映当前的课程概念和内容。NAEYC在2018年开始实行的《NAEYC早期学习计划认证标准和评估项目》中对托育机构的环境进行了详细的规定，并制定了相应的标准：户外学习环境包括三个或多个儿童可以与之交互的自然元素，如草、沙、岩石、植物（包括花园）以及地面高度的变化；沙箱至少有一半是沙子；户外学习环境没有绊倒儿童的危险；户外学习环境包含一个或多个保护儿童免受该地区常见的有害天气因素的影响，如过度的风或强烈的阳光直射。

3. 对托育服务从业人员的资历要求

有学者指出，美国的托育服务从业人员面临着几大困难和挑战：①人口的复杂性带来的文化和语言的多样性，以及贫困人口所占的庞大比例和复杂的现实局面。此外，单亲家庭、移民家庭、低学历家庭也使婴幼儿的健康成长面临很大的困境。②社会对托育服务机构的要求越来越多元化，人们不仅希望有越来越长的看护时间，而且对看护的方式、地点、时间等要求更加灵活。这些现实困境和挑战使托育服务面临严峻的形势，迫切需要通过突破和改革满足更多群体的需求。美国幼儿教育协会（NAEYC）早在 1991 年就制定了美国 0 ～ 8 岁儿童教师的任职资格标准，其将教师划分为几个等级：正式教师、助理教师、代理教师和志愿者。随着托育服务发展的完善，其对从业人员的培养逐步系统化、规范化。综合美国的政策，对从业人员的资格要求和规定主要集中在以下几个项目或者文件中：

（1）美国幼儿教育协会对从业人员资格的认定。NAEYC 的使命主要是为家庭和儿童提供教育服务和资源，满足所有儿童的需求，保障他们的权益，并提供福祉。NAEYC 有三大目标：①改善幼儿教育的专业实践和工作条件；②通过努力实现高质量的幼儿教育体系，支持幼儿教育计划；③建立一个致力于促进幼儿教育的高效、具有包容性的团体和组织。第三个目标中的团体和组织是指从业人员团队。NAEYC 将建立高效的从业人员团队作为目标之一，是与社会的发展要求相一致的，强调了教师在儿童发展中的重要地位。除了 1991 年的教师任职资格标准之外，NAEYC 进一步规定了教师职前培训的评价细则和标准：促进儿童的发展和学习；建立家庭和社区的关系；通过观察、记录和评估支持儿童的家庭；通过适当、有效的方法建立与儿童和家庭的联系；利用自身知识体系建构有意义的课程；成为早期教育的专业者。此外，NAEYC 还设计了 2 年制和 4 年制的学习计划，适合从事婴儿、学步儿和学前儿童保育的人员。[①]

（2）Early Head Start 计划对从业人员资格的认定。开端计划（Head

① 张敏 . 美国发展 0-3 岁早期教育的经验及启示 [J]. 宁波大学学报（教育科学版），2012，34（4）：54-59.

Start）开始于1965年，主要为贫困家庭中3～4岁的儿童服务，为他们提供受教育的机会。1994年，联邦政府开始实施早期开端计划（Early Head Start，EHS），作为开端计划的一部分，EHS主要为低收入家庭、婴幼儿、孕妇及其家人提供全面的儿童发展和家庭支持服务。对EHS的员工（托育服务从业人员）进行培训是提高早期开端计划质量的重要方法，也是EHS中不可或缺的评估标准之一。对员工的培训可以分为联邦政府和州政府两个层面。

首先，在联邦政府层面对从业人员的资质进行了规定：①身心健康；②无犯罪记录；③熟悉非英语母语家庭的语言文化背景，能够很好地服务非英语母语的家庭和儿童；④具有一定的工作和培训经验，具备儿童发展的知识和理论、急救知识、护理知识等，必须经过专业、系统的岗前培训；⑤要具备儿童发展助理证书（CDA证书）。

其次，在州政府层面，每个州在联邦政府规定的基础上制订了基于本州需求的培训计划。2002年，肯塔基州制定了全州早期儿童专业发展框架（The Kentucky Early Childhood Professional Development Framework），其中包括满足肯塔基州早期护理、干预和关于教育从业人员的教育、培训和资格认证需求的关键内容。在文件中指出从业人员的专业发展包括支持知识和技能的获取所需要的结构化的教学经验，是一个持续改进的过程。专业发展的总体目标是支持与儿童和家庭一起工作的从业人员的专业成长和发展。具体可分为三个部分：①结构化的教育经验；②结构化的技术援助和支持；③自我引导的学习。根据专业发展的核心知识，将从业人员的能力和水平划分为五个级别。除了儿童发展助理证书（CDA证书），肯塔基州还提供三种特定的证书：儿童保育证书、主任证书、早期护理和教育培训师证书。

（3）CDA培训课程对从业人员的要求。儿童发展助理（CDA）是基于一套核心能力标准，指导托育服务从业人员努力成为合格的儿童教师。在过去的40年中，超过30万名教育工作者获得了学前班、婴儿/幼儿、家庭托儿所儿童发展助理（CDA）证书。CDA证书早在20世纪70年代就已经得到欧洲委员会、美国等的认可并得以实施。经过不断地探索和革新，2013年CDA进入2.0时代，更新后的CDA内容更加丰富，程序得到了简化，更能满足不同群体的需求，使其更容易理解。

CDA课程对申请者进行了门槛的设置，包括学历、能力等，具体内容主要是关于儿童的基本理论知识，在课程结束时会进行考核，对于考核合格者会颁发 CDA 证书。CDA 的培训比较系统和全面，因此在联邦政府和很多州政府的从业人员培训课程中都对从业人员具备 CDA 证书进行了要求。CDA 考试根据从业人员将要服务的儿童的年龄分为两种：0 ～ 5 岁儿童的考试和 0 ～ 3 岁婴幼儿的考试。同时，CDA 也服务于不同类型托育机构的从业人员资格认定，对 0 ～ 3 岁阶段来说主要包括日托中心和家庭托儿所。

当然，这几种培训的计划或项目并不是完全独立的，而是相互交叉的。从整体来说，NAEYC 的教师培训细则为其他项目中教师培训方案的制订提供了参考和标准，为所有教师专业发展系统和计划提供了一个总体的框架。而 CDA 是教师专业发展道路上的关键垫脚石。如早期开端计划中规定教师也要同时具备 CDA 证书才能完成培训。

除了对从业人员进行职前培训、能力培养之外，多样的职后培训和指导也对从业人员保持专业性、敏感性发挥了积极的作用。在一些州除了基本的理论学习之外，州政府联合社区大学、托育机构对从业人员进行实践方面的训练，使从业人员做到理论与实践结合、知识与技能并重，真正成为与儿童亲密互动、充分合作的保教人员，成为托育服务领域的教育专家。

（四）家庭与社区

1. 福利制度

首先，政府资助。1990 年，乔治 · H.W. 布什制订了第一个儿童保育补贴计划，他认为帮助低收入父母为孩子提供安全的环境是创造“更好的美国”的一部分。作为 2001 年全面税制改革的一部分，乔治 · H.W. 布什扩大了儿童和受抚养人信贷，以支付更多中低收入家庭的儿童保育费用和儿童税收抵免，为低收入者（有孩子的工作家庭）提供更多的税收减免。这些努力为低收入和中等收入的家庭建立了政府支持的儿童保育制度。截至目前，联邦政府为美国家庭提供的儿童保育援助主要涉及以下方案：儿童保育与发展专款（CCDF）和贫困家庭临时援助（TANF）的直接补贴方案、儿童和受抚养人信贷以及灵活支出账户提供的税收援助。早期儿童计划，如 Head Start，也可以被视为儿童保育援助系统的一部分。每个州都有相应的福利措施，如儿童保育补贴（也称为代金券和费用援助），每个州都能从联邦政府获得资金用于州儿童保育补贴计划。这些计划帮助低收入家庭支付儿童保育费用，以便他们可以上班或上学。

其次，带薪休假。为了能让家长更好地参与到早期教育中去，美国也制定了相应的产假制度。2018 年，马萨诸塞州通过了《带薪家庭和医疗休假法》，成为美国第六个通过此类立法的州。该法案允许员工花费长达 12 周的带薪休假时间与新生婴儿或新近寄养的儿童保持联系，或用于照顾生病的家庭成员，而不必担心失去工作或承担沉重的经济负担。该计划通过 0.63% 的工资税提供资金，该工资税在雇主和雇员之间分配承担，福利按雇员工资的百分比支付，每周 850 美元的上限。其他有《带薪家庭和医疗休假法》的州包括加利福尼亚州、新泽西州、罗得岛州、纽约州和华盛顿州以及华盛顿特区。

2. 家庭参与

研究表明，家长参与婴幼儿早期教育可以增强儿童的归属感、安全感，并对儿童以后的社会性发展产生重大的影响。

美国十分重视家长在婴幼儿早期教育活动中的积极参与，上自联邦政府，下至地方政府，以学校为核心，以社区为资源集散点，共同制定早期教育政策并采取相应措施，以提高家长参与托育服务机构活动的意识，指导家长参与活动的方式与方法，进而从根本上促进早期教育事业的快速发展。[①]

联邦政府和州政府对家庭实施的福利制度也在一定程度上为家庭参与婴幼儿成长提供了途径，如带薪产假、上门指导、儿童津贴等，这些形式确保家长在时间、能力、物质具备的情况下更好地参与儿童的成长与发展。

3. 社区指导

为了提升家长参与儿童发展的积极性和教育水平，满足个别化需求，美国在二十世纪八九十年代提出开展“入户指导”形式的家庭教养指导，主要包括早期开端计划、家长教师项目、美国学前儿童家庭教育指导项目、美国健康家庭项目以及亲子之家项目等。

2010 年，联邦政府制订孕产妇、婴儿和儿童早期家庭访问（MIECHV）计划，旨在通过家访的方式来创建满足家庭需求的强大服务系统。MIECHV 项目建立在数十年的科学研究的基础上。研究表明，护士、社会工作者、幼儿教育工作者或其他受过培训的专业人员在孕妇怀孕期和幼儿期进行家访可改善儿童和家庭的生活。家访有助于防止虐待和忽视儿童，支持积极的养

① 朱彦蓉．中美早期教育中家长参与现状的比较研究 [J]. 亚太教育，2015（3）：11-12.

育，改善妇幼健康，促进儿童发展和入学准备。

2018 年，国会通过两党预算，每年资助 MIECHV 项目 4 亿美元，为期 5 年。一些州还加强了对家访计划的投资。加利福尼亚州拨款 1.58 亿美元用于新的贫困家庭临时援助家庭访问计划，宾夕法尼亚州的预算增加了 670 万美元以实施家庭访问计划。

2017 财年，MIECHV 项目为美国 80 000 个家庭约 156 000 名家长和儿童提供服务。MIECHV 项目服务于许多贫弱的人群。2017 财年的调查中发现，72% 的参与家庭的家庭收入等于或低于联邦扶贫指南的 100%；42% 的家庭收入等于或低于这些指南的 50%，65% 的成人课程参与者受过高中或更低水平的教育，22% 的人存在虐待儿童的历史，15% 的人是怀孕的青少年。

除此之外，PAT（Parents as Teacher）项目、HAPPYA 计划均是以家庭参与为基础的早期教育服务。PAT 是指“父母作为老师”的项目，主要是工作人员每月对家庭进行一个小时的家访和面对面培训，指导家长科学育儿。

第二节　日本托育服务政策体系

一、日本托育服务政策的发展变革

日本的托育服务政策对托育服务的定位以保育为主，强调家庭功能。对日本托育服务政策影响最深的是“少子化”和“待机儿童”，历任首相和政府组织都将缓解社会问题、提高生育率作为工作重点，这也影响着托育服务政策制定的内容和方向。

（一）19 世纪末—20 世纪 20 年代，托育服务依托社会发展而生

日本的托育服务起源于 1890 年的一所私塾学校，当时的贫困学生上学时经常带着家中的幼小弟妹，因此私塾就承担着临时照看儿童的责任。同时，在一些工厂中出现了以照顾因女性职工上班而无人看管的儿童为主的保育所，这是日本最早的员工托育福利。1904 年，日俄战争爆发，一些战争遗孤被安置到一所专门针对军人开设的保育所中。1919 年，日本出现了第

一所公立的保育所，同时在农村还出现了在农忙时期照看儿童的“农忙期季节保育所”。同年的地震使得保育所数量增加。从这些历史事件中不难看出日本早期的托育服务具有照顾贫弱的功能，大多是伴随着社会的重大历史事件而产生的，政府对保育所的功能定位也以照顾儿童为主。

（二）20 世纪 20 年代—20 世纪末期，托育服务得到初步规范

1929 年的全球经济危机以及第二次世界大战，使得父母外出工作、婴幼儿无人照看的比率提高，对保育所的需求也相对提高。不过保育所仍然属于福利机构，主要照顾家庭困难的儿童。

第二次世界大战后，日本在联合国的监督下颁布了《儿童福祉法》，并将托育机构的名称改成保育所，此后日本的“保育所”正式成为受到法律规范，并具保护、照顾儿童功能的福祉机构。随后，日本颁布了《儿童福祉设施最低基准》，与《儿童福祉法》相呼应，对保育所的设施、师资、人员配置、保育时间与保育内容的最低标准进行了明确的规定，奠定了日本保育所制度的基础。此后，《儿童福祉法》经过一定程度的修订，但是保育所福利照顾的性质始终未改变。

随着第二次世界大战结束，日本的经济、生产得到快速复兴和发展，劳动力需求增加，保育所成为家庭的首要选择。战后婴儿潮也使得日本迎来了两次相对高的婴儿出生率，保育所的数量也随着婴儿潮的到来迅速增加，以满足越来越多的就业家庭的需要。

（三）20 世纪末至今，“少子化”改变托育服务方向

20 世纪末期，随着民众生活水平的提升、观念的转变以及日益增大的生活压力，很多年轻群体选择不婚、晚婚或者少生，日本逐渐陷入了“少子化”的泥沼。政府开始提出通过托育服务改革、转变福利政策方向来缓解“少子化”问题，提出建立“你来生，社会来照顾”的育儿、工作两得意的福祉社会。此后，日本颁布一系列政策法规，对托育服务进行完善，创办民众满意的托育服务体系，主要包括扩充保育所数量、将社区纳入托育服务系统、提高托育服务从业人员的整体素质、增强托育服务的教育功能、提高托育服务质量等。同时，日本还倡导将保育所与幼儿园进行合并，从“幼保一元化”向“幼保一体化”转变。

二、日本托育服务政策的内容体系

（一）目标与法规

1. 政策目标

日本的托育服务从整体来说保育的功能大于教育的功能，是托育服务较发达的国家和地区中为数不多的以保育为主的国家。不过随着日本国内“少子化”、“老龄化”以及“待机儿童”问题的日益凸显，政府在着手解决这些问题的同时，将托育服务的含义和作用进行了延伸，提出“量”与“质”并行的口号，试图为国民提供更优质的托育服务，增强国民结婚、生育的意愿。

2. 管理机构

日本的政府组织分国家、都道府县、市町村三级。国家行政机关主管教育的是文部科学省，主管福祉事务的是厚生劳动省。日本行政部门分为国家行政和地方行政两个层次。日本教育行政属于中央教育行政和地方教育行政合作型。按照职能进行划分，国家（中央政府）制定儿童福祉相关法规，都道府县政府拟订地方儿童福祉工作计划及规范，市町村是托儿所事业的实施主体。

3. 政策法规

日本的托育服务发展具有强烈的社会属性。1938 年，日本政府颁布《社会事业法》，将托儿所作为社会事业设施，这标志着日本从早期便将托育服务附加了社会属性，作为一项社会公共事业。1947 年的《儿童福祉法》将所有的托育服务机构统一命名为“保育所”，标志着日本对托育服务机构开始进行政府干预下的行业规范，也是日本重视托育服务的重要表现。同时，该法案强调了保育所的保育性质，提出将保育所纳入儿童的福祉事业中。这部法案的颁布开启了日本托育服务的新篇章，此后日本政府开始重视托育服务，通过对设施、人员、管理机构、经费等的规定，对保育所的定位和功能逐步明晰，同时明确了保育所与幼儿园的区别和共性，建立了保育所与幼儿园并行的早期教育体系。20 世纪末期，日本的托育服务有了明显的转变，立足于日本的国情，重点解决“少子化”等问题，提出在幼儿园和保育所之外建立认定儿童园，将保育和教育合并，实行“幼保一体化”和“质”“量”

并行的、符合日本国民意愿的托育服务体系。如2006年日本政府颁布《关于“认定儿童园”的国家方针》，对认定儿童园的主要内容、师资配备、设施设备等进行规范。

从整体来说，日本的托育服务政策呈现出以下主要特点：①建立系统的托育服务体系，涵盖托育服务发展的方方面面。从宏观层面上对托育服务的理念、目标、发展方向的明确到中观层面上对托育服务机构、儿童发展指标等的规范，再到微观层面上对机构环境、师资培养、家庭指导等的细化，政府都颁布了相应的法规予以规范，使托育服务发展方向始终在政府、社会的意愿和调控中，可操作性强。②政策体现了较强的时代特征。从最开始的将托育服务定义为社会福祉、以保育为主到“少子化”等问题的出现，政府改变政策方向，提出幼稚园、保育所、“认定儿童园”并行的保育和教育并重的新的托育服务模式和理念。托育服务政策在不断探索和适应社会发展与国民需求中进行教育理念和教育价值观的更新，体现了政策的社会性特征。

（二）课程与标准

日本的托育服务有保育所和幼稚园两种不同的模式，保育所的儿童为0～5岁，幼稚园的儿童为3～5岁，由于在日本历史上最开始将保育所的功能定位为保育，而幼稚园更多的是教育，所以尽管后来日本的托育模式有将其进行融合的趋势，但是两种服务系统仍然分别存在着不同的课程标准。不过，随着托育服务的发展，日本政府为了保证两种系统中的儿童接受保育和教育内容的统一性，使儿童的发展模式和发展水平均衡，更好地衔接小学阶段以后的教育，因此在课程制定的过程中尽量保持着3～5岁阶段内容的统一性。

1965年，日本颁布了第一部《保育所保育指针》，提出保育所的主要任务是培养具有丰富人性的儿童。随后《保育所保育指针》分别经过1990年、1999年、2008年和2017年的修订，逐渐将保育所的功能从以保育为主转变为保教并重。

《保育所保育指针》是关于保育所保育的基本思路、目标及内容等，以及与保育的实施有关的事项及与此相关的运营事项。日本政府出台的《保育所保育指针（2017年）解说》中指出《保育所保育指针》不仅仅适用于保育所，对于小规模的保育、家庭保育等的地域型保育事业同样适用，必须按照《保育所保育指针》的内容进行保育。

2017 年版的《保育所保育指针》在儿童年龄划分上更为细致，分别从 0～1 岁、1～3 岁和 3～5 岁介绍课程内容和目标，具体内容如表 2–2 所示，同时列出每一个目标的主要教育内容和儿童应该达到的发展水平，以及在保育和教育中的注意事项。

表2–2　《保育所保育指针》对课程内容的规定

儿童年龄段	主要课程内容
0 ～ 1 岁	培养健康的身心；培养与熟悉的人的交往能力；在熟悉的环境中培养兴趣和好奇心
1 ～ 3 岁	健康；人际关系；环境；语言；表达表现
3 ～ 5 岁	健康；人际关系；环境；语言；表达表现

此外，《保育所保育指针》指出 0 ～ 5 岁是对儿童一生的发展极为重要的时期，因此保育所的教育必须以与后续的学习和生活衔接为目标，为儿童创造理想的未来打下坚实的基础。同时，保育所必须接受入所儿童的监护人的意向，发挥保育所的特性和保育员等的专业性，对儿童和家长进行保育援助。该文件不仅规定了课程内容，还对儿童的健康与安全、相关的育儿支持、从业人员的素质进行了详细的规定和说明，确保保育所在国家统一标准下开办和实施，有助于提高保育所的保育质量，增强家长让孩子入托的意愿。

《幼稚园教育纲领》是基于国家学校教育标准的指导方针，以确保全国范围内早期教育的一致性，并确保平等的教育机会。到目前为止，《幼稚园教育纲领》每 10 年修订一次。最早的《幼稚园教育纲领》由文部省颁发于 1948 年，作为幼稚园、保育所和家庭中幼儿教育的指南，2008 年由文部科学省负责进行了一次修订，2017 年文部科学省颁布了最新的《幼稚园教育纲领》。

修订后的《幼稚园教育纲领》内容更加细致，增加了对儿童发展水平的预期、指导计划、评价、对特殊儿童的指导、幼稚园的运营等诸多方面内容。在对幼稚园课程内容的规定上，《幼稚园教育纲领》基本保持了与修订前的一致性，将儿童发展的内容分为五大领域：健康、人际关系、环境、语言、表达表现。

虽然《保育所保育指针》与《幼稚园教育纲领》指导不同的托育服务模式，但是随着对托育服务的完善，日本政府关注到0～5岁阶段教育的一致性，所以对两种模式下的运行内容尽可能地保持一致，建立共通的教育理念和价值观。从这个层面上来说，两者呈现出如下特点：①重视环境在教育中的作用。《幼稚园教育纲领》指出环境在教育过程中发挥着重要的作用，不仅包括物理环境，还包括教师及伙伴这样的心理环境。《保育所保育指针》指出保育人员要重视环境的创设，让儿童能够在轻松、愉快的环境中进行体验和交往活动。②将游戏作为儿童学习的主要手段。让儿童在享受游戏的过程中发展身体、人际交往能力、语言能力等，体验游戏学习的快乐。③建立与家庭、社区等地域性团体的联系。保育所在看护儿童的同时，还承担着谋求与家庭、地域等社会资源联合及对家庭进行育儿支援的责任。幼稚园要提高家庭、社区的参与能力和水平，充分利用社会资源进行早期教育。

（三）师资与环境

1.托育机构的类型

根据2016年修订的《儿童及育儿援助新制度》的规定，日本托育服务机构总共可分为四种类型：保育所、幼稚园、认定儿童园和地域型保育。这四种类型的托育机构在儿童年龄段、服务时间、主管机构、保育内容等方面存在一定的区别，具体如表2-3示。同时，日本还增加了企业主导型的保育事业，为员工提供每周两天（包括夜间和休息日）的托育服务，还进行托育服务费用援助。除了这些较为固定和系统的托育服务机构以外，《儿童及育儿援助新制度》还提供了针对育儿家庭多样需求的育儿支持，主要包括利用者支援、临时保管、病儿保育、家庭支持中心、地域育儿支援基地、育儿短期支持、婴儿家访、育儿支援访问和孕妇健康检查等。

表2-3　日本托育机构的类型

托育机构类型	细分类别	儿童年龄段	服务时间	功能
幼稚园	—	3～5岁	除了中午，园内还实施下午、周六、暑假等长期的保育	为小学入学打好教育基础，注重幼儿期的学校教育

（续 表）

托育机构类型	细分类别	儿童年龄段	服务时间	功能
保育所	—	0 ～ 5 岁	除保育至傍晚外，还提供延时的托育服务	代替因工作等而不能进行家庭保育的家长提供保育服务
认定儿童园	—	0 ～ 5 岁	—	集幼稚园和保育所的功能及优点于一身，还是地区育儿援助的设施
地域型保育	家庭保育	0 ～ 2 岁	—	在家庭式的氛围里，以少数人（定员 5 人以下）为对象进行细致的保育
	小规模保育		—	以少数人（定员 6 ～ 19 人）为对象，在近似家庭式的保育氛围里，进行细致的保育
	事业所内保育		—	在公司事业所的保育设施等，将公司职员的子女与地区儿童一起进行保育
	住宅访问型保育		—	由于残疾或疾病等原因需要个别照看时，或在没有保育设施的地区维持保育等，在儿童的家里进行 1 对 1 的保育

2. 托育机构的环境设置

1948 年，日本卫生和福利部颁布了第一个有关托育机构环境设置的文件《关于儿童福利设施的设置及管理的标准》，对托育机构的设施设备、人员配置、质量评估、与监护人的联系等诸多方面进行了详细的说明，并设置了最低的标准。随着日本对托育服务的不断完善，在“托幼一体化”的趋势下重新拟定更为适宜的最低标准，成为提高日本 21 世纪托育服务质量的重要举措。

2017 年，日本颁布了新的《关于儿童福利设施的设备及运营基准的规定条例》。该条例对托育机构的规定更为严格和具体，分别对婴儿院、母子生活支援事业、保育所、儿童福利设施、幼稚园以及福利型残疾儿童入所设施与不同群体的托育机构设备标准作出了详细的规定，主要包括空间安排、师生比例、早期教育从业者的资质、安全保障、与监护人和当地社区的合作等，同时强调该条例是托育机构设施的最低标准。如在儿童人均面积上，规定保育所婴儿室的人均面积不低于 3.3 m²。

从最新的《关于儿童福利设施的设备及运营基准的规定条例》中不难看出日本对托育服务机构的质量要求越来越高，而且更加强调外部环境在托育机构运营中的重要作用，强调托育机构应当加强与当地社区的交流与合作，要向儿童的监护人及地域社会说明儿童福利设施的运营内容。关于托育机构的师生比，《儿童及育儿援助新制度》作出了详细的规定，具体见表 2-4。

表2-4　日本托育机构的师生比

托育机构类型	细分类型	师生比
保育所	—	0 岁 3 ： 1 1 ～ 2 岁 6 ： 1
小规模保育事业	A 型	保育所配置基准 +1 名
	B 型	保育所配置基准 +1 名
	C 型	0 ～ 2 岁 3 ： 1（有助教的情况下，5 ： 2）
家庭式保育事业	—	0 ～ 2 岁 3 ： 1(有家庭保育助教的情况下 ,5 ： 2)
企业内保育事业	—	人数 20 名以上，和保育所基准一样
住宅访问型保育事业	—	0 ～ 2 岁 1 ： 1，保育所配置基准 +1 名

3. 托育服务从业人员的资历要求

日本的托育服务从业人员统称为保育士。日本对保育士的资质认定从 20 世纪中期便已开始。1948 年的《儿童福祉法实施令》规定：“保姆应毕业于厚生劳动省指定的保姆养成学校或者通过保姆考试。”这是日本早期对保育士资质的规定，这个时期对保育士的角色定位仅限于受雇主所托照看婴幼儿，所以保育士的门槛相对较低。在日本托育服务经过制度化和体系化的发展之后，确保托育服务质量成为日本教育的重中之重，对保育士的要求也越来越高。2001 年的《儿童福祉法》修订将保育士资格法定化，保育士从此被定义为“具备专门的知识及技术，对儿童的保育及儿童的家长 / 监护人进行托育相关指导，并以之为职业者”。从此保育士的专业地位得到提升，保育士不仅成为照看者，还要承担起教育婴幼儿、指导家长、提高托育服务质量的责任。

长期以来，日本在保育士专业化制度的建设中取得了显著的成效，具体体现在多元化的保育士培养体制、保育士国家考试制度、保育士资格证书制度、政府严格监管与高度自主并存且与政府财政补助挂钩的在职研修制度等方面。①

首先，关于保育士资格的规定，2001 年通过日本国会确立了保育士专业资格制度。随后《儿童福祉法》《关于儿童福利设施的设备及运营基准的规定条例》中对保育士是从事儿童保育及对家长进行保育指导的专业人员的身份予以确认，并要求保育士必须是从学校教育法规定的高中或中等学校毕业并进入大学完成规定课程、持有“保育士资格课程毕业证书”或“保育士考试合格通知书”的人员，同时对保育士应具备的职业道德、职业责任进行了明确的阐述，从法律上确保了保育士的社会地位和专业化水平，标志着日本保育士专业化制度的建设更加完善和规范。

其次，保育士职前培养制度，将学历教育与资格证制度相结合，在高等院校开设相关专业课程，完成学分规定内的学习内容，主要涉及教育学、心理学、社会福利学、社会学等，最后取得学位证书。此外，日本还建立了国家考试制度，志愿成为保育士的人员可参加除了学位证书课程之外的国家考试，取得保育士资格证书。

最后，保育士在职研修制度，《保育所保育指针》中明确规定要建立保育士职业发展路径，制订保育士职业进修计划。2017 年日本颁布的《保育士职业生涯研修指针》确立了保育士在职研修制度，促进保育士专业化制度的建设。由都道府县或者都道府县知事指定的研修实施机关（包括市町村）作为研修的主管机构。研修分为专门领域研修、管理研修及保育实践研修，分别针对不同的研修对象。此外，根据《儿童及育儿支援法》，从 2017 年开始增加保育所的费用，用于改善保育士的待遇，增加保育士在职研修的机会和途径。

（四）家庭与社区

1. 福利制度

日本是亚洲福利制度发展比较完善的国家，以家庭为中心是福利制度最大的特色，同时涵盖了政府、民间团体、企业等多个供给主体，推动日本托育服务的质量提升。

最早的福利政策是 20 世纪中期颁布的《儿童福祉法》，确定了日本托

① 何京玉，孙玉洁，权赫虹．日本保育士专业化制度建设及其成效 [J]. 外国教育研究，2018，45（2）：116-128.

育的福利服务的性质。2017年，日本颁布了最新的《儿童福祉法》，在推动父母及其他监护人对育儿有一定的责任的基本认识下，对抚养儿童的人发放补助，帮助其家庭生活安定和儿童健康成长。以内阁府管理的儿童津贴为例，政府将其定位为一项旨在保障家庭生活稳定和儿童健康发展的福利。

日本的福利制度主要通过法律文件予以确认和保障，从20世纪中期开始日本颁布了一系列政策文件丰富和完善福利制度，如1991年的《育儿休假法》、1994年的《关于今后育儿支援的基本方向》和《天使计划》、1995年的《紧急保育对策5年计划》、1997年的《儿童福利法》、1999年的《关于应重点推进的少子化对策的具体实施计划》、2000年的《儿童虐待防止法》、2003年的《少子化社会对策基本法》和《下一代培育支援对策推进法》、2004年的《少子化社会对策大纲》等，很多政策文件又经过了新的修订，变得更加完备。这些政策文件大多从社会服务、父母就业、儿童发展、社区组织等几个方面为儿童提供系统的、规范的、可操作的、适应性强的儿童福利政策，既有对正常儿童的福利支持，也有对残障儿童和受虐待儿童的帮助。厚生劳动省将每年的11月定为“防止虐待儿童月”，此举已引起家庭、社会对受虐待儿童问题的重视和关注。此外，对于父母产假制度，厚生劳动省2017年修订的《育儿·护理休假法》中给予了详细的阐述，产假主要为14周的带薪产假，产前6周，产后8周，如果是多胞胎，还可以适当延长。

2. 家庭和社区的广泛参与

21世纪，日本托育服务的重点是缓解“少子化”问题，解决“待机儿童”问题。为此，日本政府倡导建立安全、稳定的托育环境，让年轻父母敢生、能生，让每一个家庭都能得到政府提供的托育服务。加之日本受到中国儒道文化的影响，家庭观念深入人心，因此日本托育服务的一个重要特征是政府主导托育市场环境，家庭广泛参与托育服务，建立以家庭为中心、以家庭为本位的托育服务，在此基础上，将社区、社会资源纳入托育服务体系，建立更广泛、更全面、更多元的服务系统，满足不同家庭群体的托育服务需求。

2004年，日本政府颁布《幼儿·育儿支援计划》，提出要扩大保育所招生数量，建立育儿中心，并强调保育所要加强与家庭和社区的联系，为其提供专业的育儿支援。在托育机构上，日本政府也有针对性地建立了地区型保育。2016年修订的《儿童及育儿援助新制度》将地区型保育加入保育制度中。要求将其作为市町村认可的事业，以等待入托儿童较多的 0 ～ 2 岁儿童为对象，主要面对缺少新设保育设施场所的城市及儿童减少的地区等，在综合各地区不同状况的基础上确保保育的场所。新制度不仅援助所有家庭，还增加了家庭参与的可能性。政府在各地区设置“地区育儿支援据点”用于亲子交流、咨询育儿信息；“家庭援助中心”用于协助家长间互帮互助活动的联络及调整工作；“养育援助访问”用于访问需要养育援助的家庭，进行养育的相关指导和提供建议等；“婴儿家庭全数访问”用于协助对出生 4 个月以内的婴儿家庭全数家访，提供育儿援助相关信息以及掌握其养育环境等。同时，注重以居民近旁的市町村为中心推进工作，准确掌握地区内育儿家庭的状况以及育儿援助的需求，从 2015 年开始制订“市町村儿童及育儿援助事业计划”，以 5 年为期限。

第三节　英国托育服务政策体系

一、英国托育服务政策的发展变革

英国的托育服务伴随着工业革命的发展而产生，所以托育服务具有较为明显的社会服务特征。随着政府对托育服务的重视，保教趋向于制度化、体系化和规范化，逐渐形成如今较为完善的服务模式。从严格意义上划分，英国的托育服务发展存在一个重要的分水岭，即 1998 年的《应对保育挑战》的出台，这一政策的颁布使英国托育服务有了明显变化，即从保教分离向保教一体化转变。

（一）19 世纪前，政府采取自由、放任的教育政策

在早期的教育中，家庭一直担任最重要的角色，很多教育都是在家庭当中进行的，教育的政治化和社会化尚未凸显，国家很少过问教育事务，这也是大多数国家教育的普遍特征。

（二）19 世纪初—20 世纪 90 年代，托育服务初具社会服务功能

这一时期对英国影响最大的莫过于工业革命和第二次世界大战。工业革

命在推动生产力快速发展的同时，对教育也产生了重要而广泛的影响，具体表现为教育的制度化和社会化。第二次世界大战成为托育服务初具社会性的重要开端。

《初等教育法》的颁布确立了 5 岁以上儿童接受义务教育的体制，但是随之而来的 5 岁以下儿童的教育和照看问题成为社会关注的焦点。1905 年英国公布了《关于公立小学不满 5 岁儿童的报告》，提出要为 3 ～ 5 岁的儿童设立“保育学校（Nursery School）”。1913 年“保育学校”正式成立，为 5 岁以下的儿童提供适宜的环境以增进其健康。此后的《费舍教育法》《哈多报告》《巴特勒法案》等逐步对 0 ～ 5 岁儿童的教育进行了规定和明确。第二次世界大战衍生出以照看婴幼儿为主要职能的托儿所，第二次世界大战之后，这些托儿所服务于因父母外出工作而无人照管的 5 岁以下儿童。

20 世纪 60 年代以后，政府通过《普洛登报告书》《教育白皮书》再次肯定了 5 岁以下儿童教育的重要性，并希望通过政策的形式予以确认。但是这一时期，托育服务尚未有较快的发展，其社会性质较为明显，主要是为贫困家庭和工作家庭提供临时和短暂的照看，尚未形成比较统一和规范的体系，不平衡性和差异性较大。

（三）19 世纪 90 年代至今，托育服务保教一体化形成

1997 年工党上台执政后，开始改变英国多年来的托育服务模式，将托育服务的普及和扩大化作为政府政策的一项重要内容。一场被人们称为“静悄悄的革命”在英国托育服务领域展开。

1998 年，政府在《应对保育挑战》的绿皮书里指出要改变英国当时保育和教育分离的状况，强调保育和教育的关系，把保教一体化作为国家在早期教育方面的战略重点。这“是政府第一次从整体上看待儿童保育问题”①。自此，英国的保育一体化开始形成。2004 年，英国政府推出“儿童保育十年战略”，强调“每一个儿童都很重要”；同年 12 月，颁布《价值的选择与儿童最好的开端：儿童保育十年战略》，提出 2005 年实施“早期奠基阶段”规划，通过整合 0 ～ 3 岁早期保教框架、“基础阶段计划”以及“8 岁以下日间看护国家标准”的政策和实践，在英国建立一个从出生开始的统一的、连续的和灵活的早教系统。2008 年，英国颁布《早期教育阶段法定框架》，

① 周采，杨汉麟 . 外国学前教育史 [M]. 北京：北京师范大学出版社，1999.

正式确立了英国0～5岁保教一体化的教育模式。此后，英国的托育服务不断发展和完善，但是保教一体化始终是其发展、改革的指南和导向。

二、英国托育服务政策的内容体系

（一）目标与法规

1. 政策目标

英国托育服务在历史的发展过程中，逐渐形成了具有自身特色的、完整的托育服务模式，其托育服务以“全纳教育”为宗旨，提倡教育公平和儿童平等。“全纳教育”也称为“融合教育”，是倡导以儿童为中心的、所有儿童都参与的教育模式。全纳教育旨在通过有效、尊重和支持的方式满足各种教育需求，确保所有儿童都能获得优质教育。儿童在共同的学习环境中参与教育计划，减少和消除可能导致排斥的障碍。

2. 管理机构

在管理部门的安排上，保教一体化使英国的多个部门联合，主要由教育与技术部负责儿童保教事务，同时卫计委、健康部、安全与家庭福利部等多部门协同合作，地方政府主要负责本地区的托育服务运行和实施。明确的职能分工有效规避了责任不明、执行不力的混乱情况，确保政府的政策得到有效落实，推动托育服务更好、更快发展。

3. 政策法规

英国对婴幼儿托育服务的重视开始于20世纪90年代，也是从这个时间开始，英国政府对托育服务的介入和干预随着国际竞争的日益激烈而逐渐明晰。在政府颁布的一系列文件法规中都将提高托育质量、扩充师资、增强父母参与等作为政策关注的重点内容。

首先，在政策不断完善和丰富的过程中，政府在托育服务中的角色越来越清晰。一方面强化中央政府的教育责任，同时进一步明确地方政府的早期教育发展责任；另一方面明确政府部门在发展早期教育中的职责并强调重要部门的关键领导者的权力和责任。其次，构建以家庭为主要阵地、多方协调的托育服务系统，将社区作为托育服务实施的重要场所，积极促进家庭与社区的有效合作。再次，广泛关注和建立托育服务质量监督和监管机制，2005年颁布的《早期基础阶段规划》（The Early Years Foundation Stage，EYFS）

中提出要加强对托育机构的监督和指导，确保儿童接受高质量的托育服务。最后，政府是托育服务经费的主要来源。一方面，政府直接拨款支持教育部门下设的托育机构的发展；另一方面，对地方政府进行财政扶持。

（二）课程与标准

英国托育服务课程标准以《早期基础阶段法定框架》为主要内容，从2008年颁布伊始就成为英国托育服务的重要政策文件，它详细规定了0～5岁儿童的学习、生活和发展标准，使早期教育与保育有了统一的标准。它通过提供一种以游戏为基础的和促进成长的适当的课程，融合了儿童早期教育和保育，消除了它们之间的界限，这正是《早期基础阶段法定框架》的核心。《早期基础阶段法定框架》经历了多个版本的修订，每一个版本较之前一个版本都经过一定程度的修订而日臻完善，但贯穿其中的“全人教育”的理念始终未变，得到了坚定不移的执行和实施。以最新的《早期基础阶段法定框架》为例，其主要包含三个部分的内容：学习和发展要求、评估以及保障和福利要求。

《早期基础阶段法定框架》规定该框架适用于英国所有的儿童教育提供者，包括公立的托育服务机构和私立的托育服务机构，课程的制定以《早期基础阶段法定框架》为最终标准和指南。其目标是，保证托育服务环境的质量和一致性，为儿童的学校生活和未来发展奠定基础，构建从业者与父母和/或照顾者之间的伙伴关系，为每位儿童提供公平的机会。同时，以儿童的独一无二性、伙伴关系的正向性、环境的激发性和儿童的差异性为四大原则，创造安全、健康、快乐的环境，使良好的养育和高质量的早期学习共同为儿童在成长过程中充分发挥自己的能力和才能奠定基础。

《早期基础阶段法定框架》将0～5岁的儿童按照0～11个月、8～20个月、16～26个月、22～36个月、30～50个月、50～60个月进行年龄划分，按照17个子领域，从一个独特的儿童（观察儿童是如何学习的）、积极关系（成人可以做些什么）、有利环境（成人可以提供什么）三个方面对各月龄儿童进行观察、指导并提出教育建议。

从整体来看，《早期基础阶段法定框架》对儿童学习内容和主要发展领域的规定呈现出几个主要的特点：①全面发展，重点突出。将儿童发展的内容分为七大领域，涉及身体素质、学习品质、探索世界、人际关系、技能等领域，内容广泛、丰富，既涉及儿童发展的一般要求，如语言和表达，又能帮助儿童更快、更好地适应社会生活，如人际关系、探索世界等。与此同时，《早期基础阶段法定框架》将沟通和语言，身体发育，个性、社会性和情感发展作为儿童发展的重点，认为这三个领域对激发儿童的好奇心和学习热情、促进他们学习、建立人际关系和发展能力至关重要。②重视游戏在儿童发展中的重要作用。游戏对儿童的发展至关重要，儿童通过游戏在学习探索、思考问题和建立同伴关系时能够增强自信心。玩耍和探索是儿童有效学习和教师有效教学的重要特征。

《早期基础阶段法定框架》在对儿童学习内容和发展领域进行规定的同时，指出要分别在儿童 2 岁和 5 岁时进行评估，了解儿童的需求和兴趣，并能及时根据个别儿童的情况进行教育方向和重点领域的调整。《早期基础阶段法定框架》中还提出了儿童发展的保障和福利要求，主要对儿童的安全和健康、托育机构环境、从业人员资格和培训、师生比等进行了详细的规定，旨在帮助托育服务提供者创造受儿童欢迎、安全和具有促进成长作用的高质量环境，帮助儿童快乐、自信地学习和成长。

（三）师资与环境

1. 托育机构的类型

英国的托育机构有公立和私立之分。公立的有保育学校，招收 3 ～ 4 岁的儿童；保育班是地方教育当局保育班的简称，附设在初等学校中，招收 3 ～ 4 岁儿童；小学附设预收班招收 4 ～ 5 岁儿童；日托中心是地方公立日托中心的简称，招收 0 ～ 5 岁的儿童。私立的机构有游戏小组，招收 2 ～ 5 岁儿童；日间托儿所是私立日间托儿所的简称，招收 0 ～ 5 岁儿童。

有学者将英国复杂的托育机构种类划分为三种类型：普通托育机构、学校附设的托育机构和儿童照料者。调查显示，儿童照料者占据英国托育机构的 52%，而学校附设的托育机构虽然占比只有 20% 左右，但是每年的招生人数却是最多的。

虽然英国的托育机构种类繁多，但是所有的托育机构都要定期接受检查和评估，同时课程内容也要以《早期基础阶段法定框架》的课程标准为原则，一方面确保保教一体化的教育理念在英国得到全面落实和执行，另一方面采用第三方监管机制有利于提高托育机构的服务质量，提升服务效果。

2. 托育机构的环境设置

（1）师生比例、关键人员配置与资格要求。《早期基础阶段法定框架》中特别要求为每个儿童都指定一个关键人，关键人承担着照看儿童、与家长沟通的任务。除了关键人之外，《早期基础阶段法定框架》对保育员也做了明确的要求，特别对保育员能够照顾儿童的数量进行了明确的规定，具体如表 2-5 所示。

表2-5　年龄段与师生比例

儿童年龄段	师生比
2 岁以下	1 ∶ 3
2 岁	1 ∶ 4
3 岁及以上	1 ∶ 5

（2）托育机构的场地要求。科学、安全、健康的托育服务机构必须确保机构环境的安全性和适宜性，要制定火灾等紧急情况预案，必须有禁烟规定。此外，还要求设施要为残疾儿童和特殊需求儿童服务。

3. 托育服务从业人员的资历要求

21 世纪英国学前教育改革的主要内容之一就是提高托育服务从业人员队伍的整体素质，用教师的专业化水平促进早期教育质量的提升。2007 年，英国政府认可的早期教育职业地位（Early Years Professional Status，EYPS）认证正式启动，在早期教育领域打造出一支由毕业生领导的高素质的教师队伍。这是通过政府认证的形式对托育服务从业人员进行身份确认，确保其在教育领域中的地位。为实现该改革目标，2012 年 5 月英国政府颁布了《早期教育专业教师身份标准》，并实施了早期教育专业教师的 EYPS 培训。该标准已成为英国政府用于培养早期教育专业教师的主要依据。2012 年，政府颁布了新的《早期教育专业教师身份标准》，目的是培养更多的研究生领导者。EYPS 要求教师能够促进指导、反思和与父母 / 护理人员及专业人员合作，以确保有效的早期教育和护理，并认为高质量的教师必须具备以下素质：①支持儿童从出生到 5 岁的健康成长和发展。②与儿童直接合作，与家人合作，促进儿童学习和发展；③保障和促进儿童福利。④设定高期望激励每个儿童；⑤利用观察和评估来满足每个儿童的发展需求；⑥考虑到每个儿童的个人需求并制订计划；⑦通过建立积极的伙伴关系来支持儿童，履行更广泛的职业责任；⑧领导实践，并培养持续改进的文化。

托育服务从业人员资格认定的发展过程体现出英国对世界教育发展趋势的回应，从提高教师准入门槛到提供多样化的培训路径，政府对托育服务从业人员的要求不断上升，这是教师专业化发展的必经之路，也是托育服务质量提升的必然手段。除此之外，政府还提供一定的财政援助致力于教师素质的提升。

（四）家庭与社区

1. 福利制度

英国是欧洲主要的福利国家，其托育服务的福利制度种类丰富，受众广泛，既有针对儿童的福利保障，又有对家长的福利支持。同时，福利制度起步早，发展迅速，目前形成了“儿童与家长共享、财政与资助并行”的局面。

（1）颁布政策催生新的福利措施。1998 年，英国政府为了解决托育成本高、质量低下、家长获取信息的途径难等问题，提出了“全国儿童保育战略”，其中为了解决托育成本高的困境，提出通过税收和优惠制度帮助工薪阶层的家庭，对于每周工作 16 小时以上的家庭减免税收。2004 年，政府颁布《家长的选择与儿童最好的开端：儿童保育十年战略》，确保每一个家庭和每一位儿童都能获取负担得起的、高质量的托育服务。同时，通过延长母亲带薪休假的时间（9 ～ 12 个月）、增加母亲带薪休假的薪酬、增加儿童工作税贷款额度（每个儿童 175 英镑）、延长儿童免费托育服务的时间（每年 38 周，每周 15 个小时）等措施增加亲子共度的时间，凸显父母在托育中的重要地位。

（2）为儿童和家长提供充足的免费托育服务时间。从 2013 年 9 月开始，英国政府将所有接受免费学校膳食标准的家庭（约 13 万名儿童）中的 2 岁儿童免费教育延长至每周 15 小时。从 2014 年 9 月起，进一步扩大 2 岁儿童的早期学习名额，约为 26 万名儿童。从 2017 年 9 月开始，为 3 ～ 4 岁儿童的工作父母额外提供 30 小时免费服务，每周增加 15 小时（除所有 3 ～ 4 岁儿童每周 15 小时的普遍权利外）。这些举措从另一层面上巩固和增强了政府的福利制度，这也是英国政府较为独特的福利模式。

（3）为家庭制定产假和休假制度。英国的产假和带薪休假制度较为完善和详细，不仅给予津贴补助，还在医疗、课程、权利等方面都给予了明确的规定，可操作性强。英国的法定产假为 52 周，法定产假工资（SMP）最多支付 39 周。怀孕的员工有 4 项主要法定权利：产前保健的带薪休假；产假；产假工资或产假津贴；防止不公平待遇、歧视或解雇。同时，可以在分娩后获得 18 周的无薪育儿假。此外，还有一定的经济资助，具体如表 2-6 所示。

表2-6　政府对怀孕家庭的经济资助

税收抵免	具体措施
儿童税收抵免	每年高达 3 325 英镑
工作时的儿童保育税收抵免	每周最高 122.50 英镑（1 名儿童） 每周最多 210 英镑（2 名或更多儿童） 无法获得 100% 的儿童保育费用
工作税收抵免	每年高达 1 960 英镑

除了女性的产假之外，英国还给予男性一定的陪产假和休假，通常为 1 周或 2 周的带薪陪产假、共享育儿假。这一举措在很大程度上弥补了父亲角色在儿童成长过程中的缺失。男性参与托育服务一直是近年来世界各国普遍关注和热议的焦点，越来越多的研究表明父亲在儿童成长过程中发挥着不可替代的作用。

除此之外，英国还为单亲家庭提供每周 560 英镑的给付，提供家庭补助与税费抵扣。从 2015 年秋季开始推出免税儿童保育计划，向近 200 万个家庭开放。为工作家庭提供 20% 的儿童保育费用，每名儿童每年最多可获得 2 000 英镑。

2. 家庭指导

由 1998 年开始的“确保开端（Sure Start）”项目，强调父母与儿童的合作。此外，为家长参与提供支持材料。英国相关研究显示，增加家长与儿童直接的互动对儿童发展最为有益。

第四节　澳大利亚托育服务政策体系

一、澳大利亚托育服务政策的发展变革

从澳大利亚托育服务政策的发展历史来看，其最重要的特点是市场化机

制占主导。除此之外，与其他西方发达国家共同的背景是受到工业化发展的影响较为明显。有学者指出，澳大利亚托育政策的演变历史其实是一部澳大利亚政府财政投入的变化史，其政策的发展主要集中体现在政府对托育机构的财政投入上。

（一）19 世纪末—第二次世界大战时期，托育服务大多具有慈善性质

19 世纪 90 年代末，福禄培尔（Froebel）和裴斯泰洛齐（Pestalozzi）等教育思想家的影响以及欧洲和美国幼儿园运动的相关发展在澳大利亚崭露头角。新南威尔士州的 Maybanke Anderson 和南澳大利亚的 Lillian de Lissa 等女性领导该运动成为澳大利亚早期保育与教育的先驱。此时的托育机构大都是为富裕家庭的儿童服务的，而工薪阶层和贫困社区的孩子选择有限。为了应对这种情况，一场慈善幼儿园运动于1895年兴起，新南威尔士州幼儿园联盟成立。幼儿园被视为城市社会改革和教育改革的工具。然而，这一改革的动力主要与幼儿的教育和社会化有关，而不是向有工作的母亲提供帮助。大多数幼儿园只在上午 9 点到中午 12 点开放，只有 3 岁以上的儿童可以进入。为应对工人阶级就业母亲的困境，日间托儿所运动在 20 世纪初出现。日间托儿所开放时间较长（上午 7 点至下午 6 点），可以接纳婴儿。日间托儿所运动强调教师培训，并建立了自己的教学学院，而 Day Nurseries 则强调身体健康和福祉，最初由护士组成。两次运动的发展表明了护理和教育之间存在分歧，这种二分法在随后的许多辩论和政策倡议中产生了共鸣。

多年来，幼儿园和日间托儿所的建立和管理在很大程度上仍然是一个慈善事业。1938 年，联邦参与提供早期儿童设施，都有示范儿童教育和保健中心——Lady Gowrie 儿童保育中心，这些中心主要关注贫困家庭的子女。

（二）第二次世界大战后—20 世纪 90 年代，联邦政府开始介入托育服务

第二次世界大战后，中产阶级家庭开始对幼儿园产生兴趣。在 20 世纪 40 年代和 50 年代，幼儿园开始出现在中产阶级郊区，并且经常由当地父母管理。在 20 世纪 60 年代和 20 世纪 70 年代，一些州政府参与提供学前服务，如塔斯马尼亚州政府将幼儿园纳入教育部门。

虽然学前教育提供和使用很普遍，但幼儿园在很大程度上无法满足职业

母亲的需求。大力推动提供儿童保育服务，以支持20世纪60年代末至70年代初的职业妇女成为这一时期托育服务的主要内容。女性主义者倡导妇女寻求和保持有偿就业的权利。由于父母的工作需要而没有得到充分监督的儿童以及劳动力市场对妇女的需求成为政府认真对待儿童保育服务的强大动力。

因此，在1972年联邦劳工和国民服务部颁布了《儿童保育法案》，联邦政府开始参与为Lady Gowrie儿童保育中心以外的儿童保育计划提供资金。该法案强调了优质医疗服务的重要性，以满足儿童的发展需求，而父母又负担得起。

根据联邦政府1983—1990年的规定，提供儿童保育服务被视为社会工资的一部分（政府提供福利和服务），重点是增加可用的儿童保育场所的数量，增加儿童保育支出。

（三）20世纪90年代至今，政府转变对托育服务的投资方向

在20世纪90年代之前，政府主要对非营利性的幼儿保育机构进行财政投资。1990年，联邦政府向使用营利性服务的家庭提供费用补贴。这一政策转变旨在削减政府在建立新服务方面的资本支出，刺激私营部门对儿童保育的投资，并为使用私人儿童保育的父母提供公平性。不过这同时引发了公众更多地关注营利性机构的利润动机对提供幼儿保育服务的影响。

目前，政府将直接服务补贴（称为运营补贴）改为非营利的长期日托和课余时间照护，从而进行进一步的政策转变。如今，澳大利亚依赖营利和非营利的托育服务。私营部门更多地参与提供托育服务的趋势可能会继续下去，从2001年1月起，家庭日托和校外学时护理的新场所将向私营部门开放。

二、澳大利亚托育服务政策的内容体系

（一）目标与法规

1.政策目标

澳大利亚托育服务的主要目标是使家长能够外出工作赚钱，为家长和儿

童提供短暂的休息，以及支持困境中的家庭。这与澳大利亚托育服务发展的历程相呼应，最初的托育服务是为了解决妇女因工作而无法照看儿童的问题。随着社会的发展，提供托育服务的机构种类增多，服务对象更加多元化。同时，托育服务已不仅仅是对社会问题的反馈，而更多的是提升国家的国际地位，提高保教质量，为儿童以后的学习打下坚实的基础。

2. 管理机构

澳大利亚托育服务的主要管理机构自上而下可分为三级：①联邦政府，2008 年以前实行教育和保育分开的模式，托育服务分属于教育、科学和培训部与家庭社区和原住民服务部主管。2008 年之后，实行保教一体化，澳大利亚成立了早期教育与儿童保育办公室（OECECC），在联邦层面统一负责澳大利亚幼儿保教事务，旨在为所有澳大利亚儿童和家庭提供全国一致的、便利的、负担得起的和高质量的儿童教育和保育服务。OECECC 位于教育、就业和劳资关系部（DEEWR）内，负责履行澳大利亚政府关于儿童教育和保育的关键承诺，并指导国家层面的重大政策改革。②省政府、领地政府，主要职能是制定政策与提供经费。③地方政府，主要负责为家庭提供各种具体的托育服务，如进行家庭指导等。

3. 政策法规

1972 年，澳大利亚政府颁布了《儿童保育法案》（Child Care Act），这是政府首次明确了对儿童保育的义务与保障，同时开始为非营利的全日托中心提供一定的财务支持。截止到 20 世纪八九十年代，澳大利亚政府逐渐形成了以儿童保育福利，儿童保育返还，工作、教育和培训费用资助为主体的针对工作家庭的资助政策。

为了更有效地提高澳大利亚儿童早期教育的质量，澳大利亚各级政府于 2009 年 12 月建立了《早期儿童教育和保育国家质量框架》（National Quality Framework for Early Childhood Education and Care），并于 2012 年 1 月起正式实施。2017 年，政府着手对国家质量框架（National Quality Framework，NQF）进行修订，以确保澳大利亚的优质教育和护理以最有效的方式继续改进。该框架规定了一系列儿童早期教育领域的国家质量标准。NQF 的制定标志着联邦政府开始高度重视儿童早期教育并进行强有力的干预。

同时，联邦政府也通过立法进行财政支持。澳大利亚政府是该行业最大的资助者，每年的支出超过 50 亿美元并且还在增长。最新的研究资料显示，澳大利亚政府近年增加了35亿澳元的财政投入，用以支持《儿童保育一揽子计划》。此外，在对特殊儿童的资助上，以“残疾儿童更好的开端（Better Start for Children with a Disability）”计划为例，家庭中7岁以下的特殊儿童最高可获得12 000美元的资金，每个财政年度最多可使用6 000美元。这笔资金用于支付服务提供商提供的早期干预服务和治疗。其中，35%的资金可用于购买持续提供早期干预疗法的资源或设备。所有资源必须在购买前由儿童早期干预提供者推荐。居住在澳大利亚区域和偏远地区的家庭将额外获得2 000美元用于支付额外费用，如与获取服务相关的家访。西澳大利亚为具有发育迟缓或残疾的儿童提供超过2 500万美元的投资，以便在全国残疾保险计划（NDIS）下提供早期儿童早期干预（ECEI）服务。

（二）课程与标准

《归属、存在和成长：澳大利亚儿童早期学习框架》（Belonging, Being, Becoming : Early Years Learning Framework for Australia，EYLF）是由澳大利亚政府间理事会在2009年颁发并推广的澳大利亚第一部面向幼儿教育工作者的全国幼儿教育框架，描述了支持和加强儿童从出生到5岁学习以及过渡到学校的原则、实践和结果。该框架从“归属”、“存在”与“成长”三个方面看待儿童生活。其中，“归属”是指了解自己属于哪里、与谁相关，帮助儿童确立自身的独立性，是存在与成长的核心，决定着儿童是谁以及会成为什么样的人。“存在”是儿童进行自我认知建构、建立人际关系的过程。“成长”体现了儿童的成长过程、积极地参与社会生活的过程。具体而言，该框架包含原则、实践和学习成果三个要素，以帮助幼儿教育者制定课程大纲并实现教育愿景。该框架旨在使全体幼儿实现五种学习成果：①儿童形成强烈的身份认同；②儿童能与周围世界相联系并做出贡献；③儿童形成强烈的幸福感；④儿童成为自信、投入的学习者；⑤儿童能够有效地沟通交流。澳大利亚政府希望教育者能够了解、参与并促进儿童的学习，了解每个儿童的优势与能力，最大限度地确保全体儿童都能以最优化其学习成效的方式参与所有学习体验。

除EYLF之外，澳大利亚还出台了《早期学习框架教育者实践指南》，旨在帮助早期教育工作者更好地领会和实施早期学习框架，主要应用于澳大利亚的日托中心、家庭日托、学前班和校外看护中心。澳大利亚幼儿早期学习框架的提出能够高效融合幼儿自身、家庭、社区以及幼教工作者和其他专业人士的力量，共同促进澳大利亚婴幼儿早期教育的发展。

（三）师资与环境

1.托育机构的类型

经澳大利亚联邦政府批准的托育机构通常分为四类，分别是全日托中心（Long Day Care）、家庭日托与家中护理（Family Day Care and In-Home Care）、临时托管机构（Occasional Care）和校外托管机构（Outside School Hours Care），其中前三种机构包含 0 ～ 3 岁儿童的托育服务，这些机构由联邦政府根据相关的标准和要求进行审批。

2016 年 9 月，澳大利亚联邦政府在报告中指出，全国共有 18 187 家儿童托育机构，其中全日托中心有 7 027 家，占总数的 38.6%，校外托管机构有 10 136 家，占总数的 55.7%，另外两种形式的保育机构分别有 914 家和 110 家。0 ～ 12 岁儿童接受托育服务的机构以全日托中心为主，占比在 52% 左右，只有 0.49% 的儿童选择临时托管机构。

（1）全日托中心主要为 0 ～ 6 岁儿童提供基于中心的全天或部分时间保育，是参照《早期儿童教育和保育国家质量框架》的要求，围绕幼儿的发展需要、兴趣和经验创建的一种保育服务形式。全日托中心通常提供每天 8 小时的服务，且每年至少 48 周，主要由私营企业、地方委员会、社区组织、个人和非营利性组织经营。全日托中心的保育服务是澳大利亚儿童接受最多的一种保育服务类型，约 52% 的幼儿会选择全日托中心。

（2）家庭日托与家中护理。家庭日托是保育员在家中为 0 ～ 6 岁儿童提供的灵活保育服务，获得教育资格的保育员在《早期儿童教育和保育国家质量框架》的标准下可以在家庭日托系统中注册开办小团体的保育服务机构，并且在澳大利亚的某些州也允许保育员单独经营家庭日托机构。家中护理是一种由获得许可的保育员到儿童家里为其提供保育服务的一种保育模式，适用于父母工作或家庭偏远等造成的不能进入保育机构的儿童。澳大利亚约有 16.4% 的儿童选择家庭日托或家中护理的形式接受保育服务。

（3）临时托管机构。临时托管机构是在父母在赴约、临时有事或从事兼职工作等情况下为 0 ～ 6 岁儿童提供短暂保育服务，通常设立在体育娱乐中心或社区中心，可以独立经营或隶属于全日托中心或学前班。在澳大利亚，这种临时托管机构的数量远低于其他几种保育机构，0.49% 的儿童选择了这种类型的保育服务。

2. 托育机构的环境设置

（1）师生比例及关键人员配置。澳大利亚《早期儿童教育和保育国家质量框架》是澳大利亚联邦政府幼儿保育教育的重要议程，实现了从国家层面对幼儿保育教育质量标准的设定与评估。该框架于 2012 年 1 月生效，各个州根据内容制定相关的法律，其中规定了保教机构教师与幼儿的比例以及关键人员配置、教师资格等。

以新南威尔士州（New South Wales，NSW，简称新州）为例，《教育保育法规》（Education and Care Services National Regulations）的第 126 条规定保育服务中心（通常指全日托中心）必须按照一定的比例雇用最低限度以上的保育服务人员，具体见表 2–7。

表 2–7　澳大利亚新州保育服务师生配比

幼儿年龄	师生比
从出生至 24 个月	每 4 名幼儿配 1 位老师
24 个月至 36 个月	每 5 名幼儿配 1 位老师
36 个月至学龄前	每 11 名幼儿配 1 位老师
学龄前儿童	每 15 名幼儿配 1 位老师

此外，对于家庭日托与家中护理，除个别特殊情况外，每一位保育员不得招收超过 7 名幼儿。并且在家庭日托为幼儿开始提供保育服务的前 12 个月内，每 15 名家庭日托保育员必须配备 1 名全日制协调员，之后每 25 名家庭日托保育员必须配备 1 名全日制协调员。

（2）对托育机构的场地要求。澳大利亚的《教育保育法规》中对保育机构的物理环境进行了规定，其中第 103 条规定保育服务中心提供教育保育的服务场所内所有设备与家具必须保证安全、清洁且维修良好，违者将被处以 2 000 澳元的罚款。对澳大利亚的幼儿保育服务中心而言，该法规的第 107 条与第 108 条还规定了每位幼儿至少拥有的室内空间与室外空间大小。其中每位幼儿至少拥有 3.25 m^2 的通风良好、自然光线充足且温度适宜的室内空间（不包括任何通道、卫生间、办公区域等非幼儿使用的空间），同时每位幼儿还必须拥有至少 7 m^2 的无障碍的、能够让儿童探索和体验自然环境，还能提供适当阴影以保护幼儿免受紫外线辐射过度照射的室外空间（不包括通道、停车场、储存棚等非幼儿使用空间）。违背上述规定的机构将被处以 2 000 澳元的罚款。

而经批准的家庭日托服务提供者还需遵守额外的附加规定，每年至少进行一次日托服务场所的评估（包括风险评估），以确保幼儿的健康、安全受到保育服务的保护。违背规定的家庭日托服务提供者也将受到 2 000 澳元的处罚。

3. 对托育服务从业人员的资历要求

澳大利亚对从事托育服务工作的从业者有着职业资格认证体系与从业资格标准。澳大利亚国家主管部门规定托育服务从业人员必须同时具备一般儿童或特定年龄的教育保育资格、已获批准的教育保育相关文凭、已获批准的教育保育三级资格证书、合格人员的核定资格认证、急救资格和相关紧急事件的培训认证等多项资格认证，才可以从事幼儿保育服务工作。此外，国家主管部门必须在其官网上公开获得从业资格的名单，确保保育服务从业人员的资历能够公开透明，受到政府与外界的共同监管。

不仅如此，对从业人员的专业性考核也成为澳大利亚评估托育服务质量的重要内容，《早期儿童教育与保育国家质量标准》指出："更新和维护教育者的知识是一项共同的责任，需要专业的学习机会来丰富教育者现有的教育思维。"相关研究者认为，从业人员专业提升的重要途径是提高自身的理论素养，并在实践中不断检验和反思理论。

（四）家庭与社区

1. 福利制度

（1）保育补贴。在过去的几十年里，澳大利亚联邦政府主要通过对家庭进行资助体现儿童保育的福利。并且据统计，澳大利亚家庭仅需要支付 37% 的保育费用，其他的 63% 则通过上述几种儿童福利由政府买单。

2018 年，澳大利亚启动新的儿童保育补贴政策替代原有的政策，将补贴直接给予儿童保育提供者。这一新的政策更加简便，可操作性更强，同时更有针对性，可以给予中低收入家庭更多的福利支持。此外，家庭获得的补贴时数具有阶梯性，根据父母每周工作时长的不同给予不同的补贴时数。例如，家长每两周参与工作等活动的时长达 8 ～ 16 小时，最高可获得每两周 36 小时的保育补贴。而具体的资助金额主要依据家庭收入水平确定。

（2）带薪产假。澳大利亚政府目前为符合条件的新生儿家长提供 18 周的带薪产假（Parental Leave Pay）。此外，政府为了能够支持父亲对新生儿的照顾，提出了 2 周的带薪亲职假。带薪产假的社会福利政策能够有效减轻家庭因为养育子女而造成的经济负担，鼓励了适龄家庭生育孩子的意愿。

（3）税收优惠。澳大利亚政府为了帮助家庭减轻抚养孩子的负担，制定了一系列关于家庭税收优惠（Family Tax Benefit）的政策。家庭税收优惠由两部分组成，分别是新生儿预付款和新生儿补助以及为单亲家庭、非父母照料者（包括祖父母）家庭和夫妻双方只有一方为主收入来源的家庭提供额外帮助。家长可以向澳大利亚政府民政服务部提出相应申请，民政服务部会根据家庭的具体情况计算出税收减免的金额，为家庭给予相应的补贴。

2. 家庭指导

（1）上门指导。澳大利亚的联邦家庭、住房、社区服务和原住民事务部是以儿童和家庭为主要支持和帮助对象的政府部门，该部门的主要职责之一就是执行联邦政府制定的国家儿童保护框架以及政策。例如，2009 年 4 月，联邦政府制定了《2009—2020 澳大利亚儿童保护国家框架》。该部门在框架执行中起到了关键的作用，例如，通过与儿童抚养局、联邦医疗保险等部门签署信息共享协议推动家庭外儿童抚养标准的完善，提升服务提供者了解儿童及家庭需要的能力，从根本上预防虐待和忽视儿童案件。除此之外，该部门还可以直接向家庭或者幼儿照料机构提供资金支持，保证儿童获得恰当的照顾，还会对处境困难以及风险中的儿童和父母提供深入、有针对性的服务，以社区为基础为儿童提供早期干预与服务支持。

（2）通过政府网站提供育儿支持信息。澳大利亚的不同州和地区都会利用网络为家庭提供相关的育儿信息指导。比如，首都地区通过 Parent Link ACT 为家庭提供育儿支持与指导，新南威尔士州通过 Families NSW 提供最新的关于新州的家庭服务与支持信息。除此之外，诸如新生儿中心（Centre of Perinatal Excellence，COPE）等非营利组织也会在情绪健康等领域为家庭提供帮助和指导。澳大利亚健康指导（Health Direct Australia）通过电话热线的方式 24 小时为家长提供专业的健康咨询与建议。

3. 社区参与

2004 年，政府宣布继续实施“强化家庭和社区战略（SFCS）”。新的战略保留原始战略的独特特征，如支持社区自助。这一战略加强了家庭和社区的伙伴关系，SFCS 最初资助了四年（2000—2004）。审查发现，该战略有助于建立更强大、更具弹性的家庭和社区。有证据表明，贫困地区的家庭和社区能够持续改善，以更有效的运作解决他们自己的问题。审查还证实了儿童保育倡议的成功，并建议继续提供资金。

第五节　国际托育服务政策对我国的启示

一、对我国制定托育服务政策的战略方针的启示

我国的托育服务事业尚存在很多不完善和不规范的地方，在托育服务探索中问题频现，考验着国家和政府的公信力和执行力。建立具有中国特色、符合中国国情、满足公众需求的托育服务模式是我国当前社会发展的重中之重。因此，应当在借鉴发达国家托育服务政策建设经验的同时不断探索，建立与世界接轨的中国特色托育服务政策新模式。

参考国外的托育服务，结合目前中国托育服务体系面临的人口复杂、供需不匹配、城乡发展失衡等众多挑战，应从宏观战略指导和中观政策调控两个层面全面把握托育服务的发展方向。

宏观战略指导侧重于从国家整体托育事业发展的层面厘清三个关键问题：①我国托育服务发展的核心理念是什么？②托育服务应该如何正确把握保育和教育之间的关系？③如何应对中国社会建设中长久存在的城乡失衡问题？对这三个问题的回答有助于政府在战略高度上把握全局，制定更完备、细致的相关政策法规。中观政策调控注重对托育服务体系中的制度发展、课程建设、供给侧改革和师资队伍等进行政策、法规方面的规定，这既是一种制度保障，也是对托育服务市场行为的规范。

针对以上提出的三个问题，建立“1+2+3”的托育服务政策宏观战略模式，主要包括一个核心理念、两种服务模式、三条服务道路。图 2–1 展示了该战略模式的基本思路和内容。在核心理念方面，中国托育服务要将可持续发展作为根本宗旨和最终目标，坚持托育服务的公益性和普惠性方向。在服

务模式方面，针对目前国际上普遍出现的保育和教育一体化的趋势，中国的托育服务要明确重点和难点。结合婴幼儿年龄和心理发展特点，应该建立机构重在保育、家庭重在教育的服务模式。同时，将两者有机结合，搭建保育和教育衔接的桥梁，避免保教分离的现象。在服务道路方面，托育服务要重点避免城乡发展不协调的“陷阱”，确保教育公平。

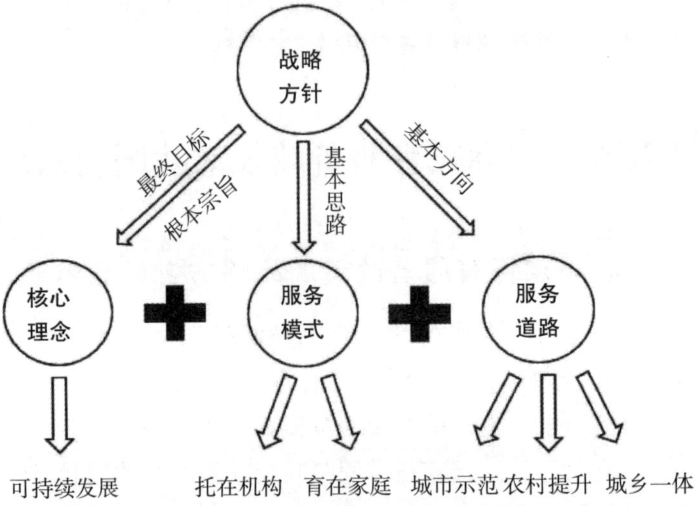

图 2-1　中国托育服务政策宏观战略模式

（一）形成可持续发展的核心理念

“政府是舵，民生是船”，核心理念则是“舵手驾驭船只的指南针”。一个国家的发展离不开政府“拨开迷雾”的精神指引和方向引领。精准的政策决策是保证“民生之船”驶向正确航道的关键，而对核心理念的把握是保证“民生之船”长远行进的根本。

目前，我国一些地方的托育服务市场乱象频生，政府试行的政策措施在复杂的社会和教育环境中显得苍白无力，效果甚微。这一方面归因于我国复杂的社会环境、瞬息万变的教育市场以及多样的家庭需求，另一方面则是由于我国的托育服务缺乏核心理念的指引，尚未形成一套适合中国国情、满足民众需求的托育服务理念，不能对托育服务的实际发展进行理论和观念上的指导，使得托育服务在摸索中前行而不得方向。目前，在北京、上海、山东等托育服务试点开展的尝试也仅仅是实践上的摸索，具有较为明显的地域发展特征，其成果能否在全国不同的地域进行推广尚未可知。这些都迫切要求政府进行大刀阔斧的改革。而改革的第一步便是对托育服务核心理念的重新界定和明确，这是保证政策制定和实施能够最切实推动托育服务发展，满足广大民众需求的根本宗旨，有利于实现教育培养人才、服务社会发展、满足民众需求的功能。

发达国家在探索中逐渐形成了与本土文化相适应、与社会发展相契合的托育服务体系，这离不开政府对托育服务最核心内容的理解和把握。许多国家都制定了一套教育核心理念，用于指导本国托育服务的发展。如美国的发展适宜性实践理念、澳大利亚的全纳教育理念、日本的生活化保教理念等，这些理念始终指导着各国托育服务政策的发展和改革。

基于对托育服务种种问题和现状的分析，结合我国的具体国情，应建立以可持续发展为目标的托育服务核心理念。可持续发展是科学发展观的基本要求之一。1987 年，世界环境与发展委员会将可持续发展定义为“既能满足当代人的需要，又不对后代人满足其需要的能力构成危害的发展”。2002 年中共十六大把“可持续发展能力不断增强”作为全面建设小康社会的目标之一，并对可持续发展的内涵予以明确：①以发展为主题；②强调发展的可持续性；③确保人与人关系的公平性；④实现人与自然的协调共生。[①] 可持续发展是关于自然、科学技术、经济、社会协调发展的理论和战略。托育服务作为一项社会公共服务事业，与我国的经济发展、社会稳定息息相关，理应同样坚持可持续发展的理论和战略。这就要求托育服务不但要满足当代民众的利益诉求，而且要成为惠及千秋万代的长远事业，成为长久存在于中国社会中的国家重要战略规划，最终融合为从出生便持续不断的中国终身教育事业的一部分，成为推动国家整体可持续发展的重要动力。

以可持续发展为理念的托育服务的内涵主要包括三个方面：①坚持以儿童为本；②坚持托育服务公益性和普惠性的发展方向；③坚持教育公平。

首先，坚持以儿童为本，确保儿童发展的可持续性。尽管世界各国的教育理念不尽相同，但是都遵循着以儿童为本的根本宗旨。以儿童为本不仅强调托育服务要将儿童的发展放在首要位置，以给予儿童充分的成长和发展的自由、重视环境对儿童发展的影响、尊重每一位儿童成长的机会等为根本要义。同时，以儿童为本强调了儿童发展的连续性和阶段性。托育服务的发

---

① 奚洁人．科学发展观百科辞典[M]．上海：上海辞书出版社，2007.

展要建立在尊重儿童成长规律的基础上，不能“揠苗助长”，造成托育服务“幼儿园化”，也不能抑制儿童个性的发展，实行千篇一律的教养模式，造成儿童“看上去很美”的假象，影响儿童身心的健康成长。此外，还要确保托育服务与幼儿园教育、义务教育乃至终身教育相衔接，让托育服务成为促进儿童可持续发展的良好开端。

其次，坚持托育服务公益性和普惠性的发展方向，确保托育服务发展的可持续性。一方面，公益性强调了托育服务的全民可接受性；另一方面，普惠性强调了要将托育服务作为一项地区覆盖面广、受益人群多的公共事业。这就要求托育服务政策要合理调配人、财、物等资源，充分发挥社会力量，严格规划区域发展蓝图，深入了解民众诉求，以有限的社会资源办民众最满意的公共教育事业。

最后，坚持教育公平，确保教育成果的可持续性。托育服务是惠及千秋万代的重要公共事业，不能单纯地为了解决当前“老龄化”“少子化”等问题，回应民众的呼声和诉求而将托育服务简单化、片面化和短期化。这就要求我国的托育服务要建立在教育公平的基础上，不仅要确保区域公平，避免城乡发展不平衡的“陷阱”，而且要确保文化公平，尊重不同的民族和不同的宗教信仰，要确保教育机会的公平，包括正常儿童和处境不利儿童、城市儿童和农村儿童等。唯有如此，才能让托育服务“全面开花”，提升教育效果。

（二）创建“家园共育”的托育服务模式

家园共育是指家长和幼儿园共同完成有关孩子的教育，强调幼儿教育并非家长或幼儿园单方面的教育行为。《幼儿园教育指导纲要（试行）》指出：“家庭是幼儿园重要的合作伙伴。应本着尊重、平等、合作的原则，争取家长的理解、支持和主动参与，并积极支持、帮助家长提高教育能力。”家园共育的目的是实现幼儿教育的一致性和统一性，幼儿园将家长作为幼儿教育中重要的合作伙伴，这也意味着3～6岁儿童的教养是由两个主体来承担的，即家长和幼儿园。但是在0～3岁婴幼儿的教养中主体却有所不同。国内外众多研究证明了家庭教育对幼儿成长的重要性，尤其是3岁之前的婴幼儿。0～3岁是儿童生理、心理和能力发展的最初阶段，家庭环境是其发展最重要的影响因素。因此，0～3岁婴幼儿的教养主体应该是家庭。

但是目前社会面临着很多3岁以下婴幼儿在家中无人照看的困境，亟须政府承担起相应的社会责任，通过托育服务的形式改善困境。托育服务主要有两个职能——保育和教育。在当今国际早期教育的趋势下，“保教一体化”成为共识，各国也意识到应在政府、家庭和社会环境中营造“保教一体化”的氛围，共同支持和促进儿童的身体机能和心理机能的和谐发展。但是，在共识之下也存在一个问题，即如何平衡托育服务中的保育和教育。在发达国家中，政府主导、市场调节下的托育服务行为更多地依赖托育机构，这是由其家庭结构决定的。欧美国家大多以核心家庭为主，上班族的家庭儿童无人照看，而昂贵的保姆照顾并非多数人的选择，所以政府购买的托育服务就成为“主力军”。但是在家庭观念较为明显的中国，这一模式显然不太适用。首先，家庭教育的重要性不言而喻，中国的父母意识到亲子陪伴对儿童成长和发展的重要性，尤其是3岁以下婴幼儿。其次，中国的传统文化决定了家庭教养占主体的模式，更多的父母希望亲自参与儿童的成长，而不是让儿童在托育机构中成长。最后，中国除了核心家庭之外，主干家庭也比较常见，尤其是在农村地区儿童大多数是在祖辈身边成长，片面地强调托育机构的作用容易忽视对家庭成员教育能力的培养，造成儿童保教的片段式和脱节式。

因此，结合我国的实际国情，要构建新的“家园合作”模式，即“托在机构，育在家庭”，既解决了儿童无人照看的问题，也有助于提升家庭的整体教养质量和水平。一方面，“托在机构”强调了托育机构的保育功能，通过建立多样的托育机构满足不同群体的家庭需求，主要包括全日托、半日托、钟点日托等，让儿童就近入托，为家长提供便利；另一方面，“育在家庭”将对儿童教育的重心回归家庭，要将家庭作为儿童成长和发展的首要场所，通过家长陪伴、亲子互动和家长教养，培养儿童良好的社会情感和初步的归属感与安全感，为其进入幼儿园打下基础。

虽然“托在机构，育在家庭”强调了两者不同的职能重点，但这并不意味儿童保育和教育就此分离。托育机构依然要承担教育儿童的职责，同时要承担教育父母的职责。虽然大多数家长都能够认识到早期保育教育的重要性，但是家长普遍缺乏科学的养育观念和养育方法，这在祖辈中表现得更为突出。因此，托育机构也承担着家庭育儿指导的职责。托育机构对家庭进行集体和入户育儿指导，传播科学的育儿知识，提高家长的育儿水平。同时，家庭育儿能力的提升可以更好地履行“育在家庭”的职责，也可以更好地配合托育机构的教养工作，使儿童在不同环境中获得发展的一致性。所以，总体来说，两者相辅相成、相互影响，共同推动我国托育服务事业的发展。

新的“家园共育”模式旨在达成以下三个方面的目的：首先，承认0～3岁婴幼儿发展的完整性，确保儿童发展的一致性；其次，明确教养重点，避免家庭和机构教养内容的重复和错位；最后，厘清思路，明确方向，划分职责范围，为我国政府制定更合理和更具针对性的政策提供科学的依据。这也是我国托育服务政策制定中的重要环节和内容，是规范托育服务机构和托育教养行为的基本指导思想。

（三）探索城乡多元发展的托育服务道路

城乡发展失衡是我国经济发展过程中的突出问题，也影响着其他领域发展的平衡性和协调性，是我国当前社会发展的主要矛盾之一。托育服务作为一项全民受益的公共事业，理应将应对城乡发展不平衡的社会主要矛盾作为重要内容，推动中国社会发展。

面对我国城乡发展不平衡的现状，要坚持因地制宜的原则，紧密结合城乡不同的发展模式，走“城市示范、农村提升、城乡一体”的托育服务发展道路，依托城乡不同的社会资源，实现托育服务的本土化和区域特色化。

首先，“城市示范”是指在城市建立一套示范性托育服务模式。城市地区的经济发展水平、家庭社会经济地位较高，家庭教养的理念较为先进，同时托育需求高于农村地区，所以城市地区托育服务的重点是扩大托育服务机构的规模和数量，提高托育机构服务质量。一方面，以社区为单位建立托管点，鼓励家长让孩子就近入托；另一方面，通过政策扶持和监督允许企业创办托管点，扶持私立托育机构的发展。同时，提高托育机构对家长教育的能力和水平，帮助家长更好地进行家庭教育。也可定期在社区或定点托育机构举办公益讲座，解决家长育儿专业知识匮乏的难题。此外，建立托育机构行业准入门槛，制定行业发展细则，严格规范托育机构的行为，让家长放心。

其次，“农村提升”是指在农村地区要重点提升家庭的教养意识和能力。农村地区经济发展水平较低，人均受教育水平相对不高，同时农村地区的留守儿童和贫困儿童也比较普遍，所以提升农村地区的家庭教养意识和能力至关重要。尤其应该加大对孕期产检、母婴保健、母乳喂养、新生儿护理、幼儿早期疾病预防等理念和知识的宣传力度，减少儿童出现营养不良、发育迟缓的现象。一方面，通过政府宣传普及科学的育儿知识和育儿方法，保证政策入户；另一方面，国家及地方政府可以制定相关政策鼓励城市的托育服务项目进入农村，在农村建立托育服务试点，并鼓励托育服务专业人才定期深入农村提供相关服务或指导，形成由城镇到农村的托育服务流动，整体上提高农村及贫困地区的儿童照护服务意识和能力，促进农村及贫困地区托育服务事业的发展。

最后，“城乡一体”是指通过资源的合理和有效流动建立城乡一体化的托育服务。在明确城市和农村托育服务发展重点的同时，也要警惕城乡托育服务不均衡、不衔接的“陷阱”，努力打造城乡一体化的托育服务，实现城乡同步、和谐发展。托育服务城乡一体化具体表现为打破城市和农村的发展壁垒，实现城市和农村托育服务的互相流动和资源共享。一方面，可以利用城市资源集中、丰富的优势为农村提供优质的人力资源和物质资源，帮助农村托育服务改善资源匮乏的情况，尽快实现家庭教养意识和能力的提升；另一方面，农村可以为城市输送大量的劳动力资源，在城市接受系统、严格的托育服务培训，充实托育服务从业人员队伍，部分人员也可以返回农村致力于家乡托育服务工作。城乡一体化有助于优化托育服务供给结构，减小城市与农村的资源配置和托育服务供给质量的差距，实现托育服务的结构性改革，有助于实现我国 0 ～ 3 岁儿童托育服务的地区公平，保障每一位儿童都有机会享有优质的托育设施和服务。

二、对完善我国托育服务政策内容体系的启示

美国、英国、日本和澳大利亚的托育服务政策经历了从探索到完善的过程，目前已经完成了政策制度化和体系化，在世界居于领先地位。各国政府建立了相对完善和系统的决策机制、立法机制和监督机制，规范了政府和市场的托育服务行为，提高了托育服务的质量和水平。国外的托育服务政策经验对我国托育服务政策的制定和完善具有借鉴意义。根据我国的托育服务政策现状，加强中观的政策调控刻不容缓。在借鉴国外有益经验的基础上，提出了对完善我国托育服务政策的建议，主要包括管理体制、早期学习框架、供给侧改革、师资培养等，以期对政府发展和完善托育服务政策具有一定的启示。

（一）明确责任划分，构建管理体制

政策是指国家或政党在一定历史时期为实现一定目标所制定的具体行动纲领和行动准则。它是根据一定的政治路线和国内外形势而制定的，体现统治阶级或一定阶级的利益。从定义中可以看出政策具有明显的阶级性和时效性，是统治阶级为了维护自身利益而制定的。因此，从这一层面来说，政策必然由国家或政党来制定，其颁布、实施和改革都由国家或政党负责。美国主要由州政府负责制定托育服务政策，英国由教育与技术部、卫计委、健康部、安全与家庭福利部等多部门负责，日本由中央教育行政部门和地方教育行政部门联合负责，澳大利亚由自上而下的三级管理部门负责。四国的政府机构分工明确，将儿童的保育和教育工作交由主要的部门分别管理，部门之间联系密切，既避免了相互扯皮的现象，也有助于防止重复和脱节，提高了政府的工作效率。因此，从各国托育服务发展经验来看，明确政策颁布和实施的主体，建立以主要部门为主导、多个部门协同合作的管理体制是关键之举。

我国的托育服务尚处于探索阶段，明确政府部门的责任和分工对政策的制定和执行，促进政策平稳、有序地实施具有重要作用。但是，目前我国的托育服务管理体制分工不明确，对于快速变化的市场行为和民众需求尚未采取足够的应对措施，亟须政府的干预和调控。因此，建立以中央管理部门为核心，统筹地方管理机构，自上而下的托育服务管理体制是首要之举。一方面，政府要尽快确定托育服务的主要管理部门，明确责任划分和职能分工，以有序的职责分配推动托育服务的有效开展；另一方面，建立多部门联合制度，充分发挥教育部门、卫生部门、财政部门等多部门的专业性，共同为托育服务建立一套规范、科学的管理体制，为托育服务政策的制定和完善打下坚实的基础。

（二）完善课程标准，实施评价机制

早期学习标准/框架主要是为托育服务的发展提供理论指导和方向指引。一方面，可以保证托育服务的质量，为家长和儿童提供科学的课程指导和良好的环境；另一方面，可以为托育机构和教师设计课程提供依据，使课程符合儿童身心发展规律，尊重儿童发展的个体差异。美国、英国、日本、澳大利亚四国针对托育服务阶段颁发了专门的课程指导纲要/早期学习标准，制

定了详细的发展目标、发展内容，同时划分出详细的年龄阶段和发展细则，便于托育机构实施以及评价，确保儿童早期教育的一致性和科学性。

2001 年，国务院印发了《中国儿童发展纲要（2001—2010 年）》，该纲要在儿童与教育方面提出要发展 0 ～ 3 岁婴幼儿的早期教养。这是国家第一次在政策文件中明确了对 0 ～ 3 岁婴幼儿教养的要求，但是对具体的发展要求和细则尚未有相关的政策文件出台，目前还处于探索阶段，我国尚缺乏统一的课程大纲和学习标准来指导托育服务。所以，为了提高我国托育服务的质量，严格规范托育服务保育和教育的内容，为评价儿童发展提供科学的依据，制定统一的早期学习标准 / 框架应该成为相关部门的工作重点。

首先，以完善的课程标准引领托育服务的发展。目前，在 3 ～ 6 岁阶段的教育中已建立了系统的课程指导框架，如《3 ～ 6 岁儿童学习与发展指南》作为一份纲领性文件指导着地方教育部门和幼儿园的本土化课程和园本课程建设。上海市出台的《上海市学前教育课程指南（试行稿）》以教育部的《幼儿园教育指导纲要（试行）》为依据，全面推进幼儿园素质教育，为上海市学前教育质量提升提供了重要的参考标准。因此，对于 0 ～ 3 岁婴幼儿托育服务，有必要制定“0 ～ 3 岁婴幼儿托育服务课程指南”，以强制性和规范性的政府文件进行政策保障。中央和地方政府可以与大学等科研机构进行多方合作，成立专门的项目小组，在全国进行大样本数据收集和分析，依据我国的国情，制定出与国际接轨的早期学习标准 / 框架，引领托育服务朝着科学、规范、系统的方向发展。

其次，以严格的评价机制确保课程质量。课程的实施和评价是保障课程质量、提升托育服务整体水平的重要环节。因此，在制定课程标准的同时要建立后续评价与监督机制，包括课程内容评价机制、儿童发展水平测量机制、课程实施效果评价机制、教师评价机制以及课程改革机制等，以系统的评价和监督推动课程标准的实施和改进。

（三）推动供给侧改革，建立监管制度

供给侧是公共托育服务落实的载体，也是与民众最直接相关的场所。目前，我国现有的托育服务机构主要包括社区托管点、早教指导中心以及市场上的早教机构和个别企业设立的托管点。但是，这些机构在数量和质量上均无法满足社会发展的要求。公共托育服务供给严重不足，市场行为下的托育

服务机构质量参差不齐已经成为制约托育服务发展的主要因素，形成了新时代民生领域一个集中且突出的社会矛盾。[①] 因此，加快推进托育服务供给侧改革，调动社会力量参与是政府改革的主要举措。

一些西方发达国家在政府的主导下建立了类型丰富、功能多样的托育服务机构，如基于服务形式的以中心为基础的托育机构、以家庭为依托的托育机构，基于服务时长的半日制、全日制、时间制、24 小时制等托育机构类型，基于幼儿与家庭特殊需求的托育机构类型等，丰富的托育机构类型有助于满足不同民众的个性化需求，更好地发挥政府对市场的调控和监管作用。

针对我国的现实情况，政府要一方面继续推动供给侧改革，扩充托育机构数量，另一方面建立相应的监督机制，严把托育机构质量关，建立让民众放心和满意的托育服务体系。

首先，推动供给侧改革，通过政策吸引和扶持鼓励社会力量参与。一方面，持续推进公办托育点的创办，在城市以社区为中心建立辐射周边区域的早教指导中心。在农村建立以村镇为单位的托管点，同时在各托管点建立定时家访制度，为特殊和个别婴幼儿提供专业指导。另一方面，政府通过政策、文件大力鼓励企业和个人通过多种途径和方式创办托育机构，创新婴幼儿托育服务的提供方式。上海市出台了“1+2”新政，其中包括《上海市 3 岁以下幼儿托育机构管理暂行办法》《上海市 3 岁以下幼儿托育机构设置标准（试行）》，这两个文件对托育机构的创办（包括空间、物理环境、师资、师生比等）进行了严格的规定，为托育机构的创办提供了统一的标准，值得全国其他地方借鉴和学习。总而言之，两种力量并行，对建立“公办民营、公私并举”的托育服务机构模式，创新托育服务供给侧结构具有巨大的推动作用。

其次，严格规范托育服务机构的行为，建立系统的监督制度。市场调节下的托育服务机构需要政府进行相应的约束和监督，确保托育服务能够真正做到“体察民情，顺应民意，改善民生”。因此，政府要联合多部门出台统一、规范、有法律效力的托育机构监督标准，严格行业准入门槛，提高对机构内部资金统筹、人员、环境、服务质量等的监督和管理。同时，健全托育机构筛选和审查制度，根据服务质量对托育机构等级进行评定，对不合格的托育机构进行停业整顿甚至取缔，以政策调节规范市场行为，让所有婴幼儿

① 杨菊华.理论基础、现实依据与改革思路：中国 3 岁以下婴幼儿托育服务发展研究 [J]. 社会科学，2018（9）：89-100.

和家庭都能够享受到公平、优质的托育服务。

（四）加速师资培养，实行职业资格认证制度

师资在托育服务中发挥着重要的作用，是连接儿童和托育服务的桥梁之一。高质量的师资队伍可以更好地落实托育服务的政策措施，为儿童提供更优质的服务内容，促进儿童发展，同时可以为家庭提供更适宜的教育指导，协助家长做好育儿工作。在师资培养方面，国外探索出一套相对完整的师资培养体系，建立了高校人才培养、从业人员资质认证、岗位考核、进修培训等师资培养制度，同时不断提高从业人员准入门槛，确保师资队伍的专业素养和道德素养。

我国现阶段对婴幼儿托育服务从业人员的资历认证尚处于混乱阶段，部分没有职业资格的无关人员也在监管不力的情况下流入人才市场，导致了低质量的托育服务，一方面，我国目前的师资培养体系尚未发展到托育服务阶段，从业人员无法得到系统的知识和技能培训；另一方面，国家尚未建立托育服务从业人员职业资格认证制度，导致托育服务从业门槛低，从业人员缺乏相应的监督和考核。因此应积极借鉴发达国家有关婴幼儿托育服务从业人员资质认证、培养体系以及队伍建设等方面的优秀经验。

首先，在托育服务相关政策文件中加入对师资培养的要求和规定，以政策和立法的形式将托育服务师资培养纳入国家公共事业中。同时，多渠道拓展师资培养模式。一方面，联合高校开设相关专业，制订相应的人才培养方案，确保高校毕业生能够具备婴幼儿早期保育教育的理论与实践能力，成为我国未来婴幼儿托育服务事业的中坚力量；另一方面，依托社会力量，在地方政府的监督和管理下开办从业人员培训机构，通过正规的渠道培养一大批实践能力强、综合素质过硬的从业人员。与此同时，建立政府人才引进机制，为从业人员的就业和职后培训提供广阔的平台和机会。

其次，建立托育服务从业人员职业资格认证制度，对从业人员的入职条件以及资格认证进行规范，比如，可以效仿日本等发达国家，提高对从业人员的学历要求，并且提高职业资格的考核标准。设立“托育服务职业资格证书”，所有从业人员必须持证上岗。同时，定期对从业人员的职业素养、道德素养进行审查，建立职称评定制度，提高从业人员的社会地位和职业认可度，让越来越多的有识之士参与到我国婴幼儿托育服务事业中。

第三章　美洲托育机构设置

第一节　美国密歇根州托育机构认证评价体系设置

自20世纪60年代以来，提升质量成为美国托育服务发展的焦点和主题。为完善托育服务质量保障与评价体系，美国政府出台了相应的政策标准，州政府及相关科研学术机构共同探索构建了国家性或地方性托育机构质量评价体系。美国密歇根州政府作为婴幼儿托育服务探索的重要先行者，一直极为重视婴幼儿托育服务的发展，认为婴幼儿早期教育的质量对儿童有着很大影响，儿童的早期学习与发展将会决定他们以后的学习成就与未来的成功。由于入园前未做好受教育准备，那些在幼儿园阶段就落后的儿童更不可能为后面的学习做好准备。密歇根州即使在经历长达10年之久的财政危机时，也坚持投资早期教育学习发展项目与服务机构。2011年，里奇·辛达（Rick Synder）发言指出："要把密歇根州变成对孩子来说最幸福的地方，为婴幼儿照护建立一个整合、协调的系统。"为提高托育机构的服务质量，密歇根州政府相继出台了《学龄前儿童早期教育质量标准》（Early Childhood Standards of Quality for Prekindergarten）、《婴幼儿项目早期教育质量标准》（Early Childhood Standards of Quality for Infant and Toddler Programs），同时成立了密歇根州教育部质量开端办公室（The Michigan Department of Education Office of Great Start）。该办公室牵头负责协调和整合密歇根州所有早期儿童学习发展项目，以此提升托育机构质量，促进儿童发展。对于托育服务质量的提升，"源头保障"建立机构准入标准也尤为关键，本节重点介绍密歇根州托育机构认证评价体系。

一、资格认证

2014 年 1 月 2 日，美国密歇根州人力资源局儿童及成人许可中心（State of Michigan Department of Human Services Bureau of Children and Adult Licensing）发布《儿童保育中心认证标准》（Licensing Rules for ChildCare Centers）。该标准对托育机构举办者的举办资格提出了以下要求：

第一，举办者要接受州警察犯罪记录检查，确保无犯罪历史以及伤害婴幼儿的倾向。第二，举办者应具有经营托育机构的行政能力，为婴幼儿提供增加福祉的服务与设施。第三，举办者应对婴幼儿家庭做出保证，包括具有一定时效期保障的办学许可证、机构的制度管理手册以及机构从业人员的无犯罪记录核查证明等，且家长均可以随时查看。第四，举办者应对机构从业人员的资格证明以及健康证明进行审查并保留，同时确保所有资料的真实可靠性。

二、人员配备

在托育机构人员配备方面，根据密歇根州《儿童保育中心认证标准》，托育机构应保证婴幼儿的照护者相对固定，婴幼儿 1 周内的照护者不能超过 4 人。该标准还对托育机构人员应具备的相应资质进行了明确规定：

（一）托育机构负责人

托育机构负责人应年满 19 周岁，具有高中（或同等级普通教育）及以上的学历。同时，托育机构负责人应满足表 3-1 要求中的一项，并需要接受过急救与婴幼儿及成人心肺复苏的培训。

表3-1　托育机构负责人资质要求

学历	学前教育、儿童发展或儿童相关领域的课程	工作时间
在学前教育、儿童发展或与儿童有关的领域，获得学士学位或更高学历	—	—
学前教育或儿童发展大专以上学历	—	—
蒙台梭利证书	—	480 h
有效的儿童发展证书	—	480 h
高中文凭 / 同等级普通教育学历证书	12 学时的学期制度	960 h
高中文凭 / 同等级普通教育学历证书	相组合：12 学时或者 18 学时的学期制度，总计 180 学时	1 920 h
高中文凭 / 同等级普通教育学历证书	相组合：6 学时或者 9 学时的学期制度，总计 90 学时	3 840 h

（二）托育机构专业照护人员

《儿童保育中心认证标准》对婴幼儿托育机构专业照护人员配备进行了要求。当班级里有 3 名及以上婴幼儿时，应保证至少有 2 名成人始终在场，其中 1 名成人作为主要照护者，需有能力提供各方面的保育和教育服务。婴幼儿年龄在 30 个月及以下的班级的最大班额应不超过 12 名婴幼儿；婴幼儿年龄在 30 个月至 3 岁的班级的最大班额应不超过 16 名婴幼儿。同时，托育机构教师与婴幼儿人数比例应符合以下标准，如表 3-2 所示。

表3-2　密歇根州托育机构教师与婴幼儿比例要求

婴幼儿年龄	师幼比	最大班额 / 名
30 个月及以下	1 ∶ 4	12
30 个月至 3 岁	1 ∶ 8	16

与此同时，若托育机构设有混龄班，最大班额以及师幼比应根据班级最小婴幼儿的年龄确定。若混龄班婴幼儿每个年龄组的活动是分开进行的，应保证每个活动组的婴幼儿总数以及师幼比符合该组内婴幼儿年龄的配备标准。

在具体的照护人员资质上，《儿童保育中心认证标准》作出了明确规定。

首先，该标准对托育机构照护人员的健康问题进行了重点关注，要求所有每周接触儿童 4 小时及以上且连续两周进行照料的人员需要提供无传染性肺结核的健康证明，健康证明在就业前一年内要得到核实，并由机构存档。

其次，该标准对照护人员的职后学习及培训提出了详细要求。第一，所有人员每年应至少完成 16 小时的专业发展学习，学习主题涉及工作职责，包括但不限于儿童发展和学习，健康、安全和营养，家庭和社区协作，项目管理，教学和学习，观察、记录和评估，互动和指导，专业性，以及儿童照护中心管理规则。第二，所有照护人员需要定期接受在线培训，进行函授课程的学习并进行学习评估。第三，所有照护人员需要全部接受过急救与婴幼儿及成人心肺复苏的培训。

三、建筑布局

（一）活动场地

1. 室内活动场地

依据《儿童保育中心认证标准》，托育机构应为婴幼儿提供适合其年龄特点的活动场地。该标准规定了每名婴幼儿对应的室内面积：年龄在 30 个月及以下的婴幼儿室内活动面积不低于每人 4.65 m^2，年龄在 30 个月至 3 岁的幼儿室内活动面积不低于每人 3.25 m^2。最低平均面积应除去走廊、浴室、接待区和办公区、厨房、存储区与衣帽间以及专门用于照护人员休息、睡觉或进食的区域的面积。

2. 户外活动场地

对于婴幼儿户外活动场地，《儿童保育中心认证标准》规定每天安排进行连续 3 小时及以上户外活动的托育机构，应当具备 111.48 m^2 以上的户外游戏区。当这样的标准不足以容纳机构许可的婴幼儿人数时，机构需要按标准扩大户外游戏区。若托育机构附近没有户外空间，则可以利用公园或其他拥有户外设施的场地作为户外活动场所，但应保证以下原则：第一，该区域应易于通过安全的步行路线到达。第二，每次使用前应检查游戏区，以确保不存在危险。第三，工作人员必须把替代户外游戏区的位置以书面形式向相关部门备案。第四，如有需要，所选择的户外游戏场地应设有遮蔽区域，以保护儿童免遭过度日晒，引起脱水、晒伤等。同时，户外游戏区应位于安全位置。

第五，必要时，工作人员应使用围栏或天然屏障保护户外游戏区免受危险。第六，所选择区域应设有符合婴幼儿年龄及身心发展特点的设施设备，并且户外游戏区和位于中心场地上的任何设备应保证安全。照护者应在每天使用设施设备前进行检查，以确保不存在危险及隐患。

（二）食品储备区

为了保障婴幼儿的健康与安全，《儿童保育中心认证标准》对托育机构的食品储备区提出了如下具体要求：第一，食品准备台接触面应光滑、无毒、易于清洁、耐用、耐腐蚀、不吸收。第二，食品加工区禁止铺地毯。第三，不仅仅是炉子、炉灶、烤箱和烤盘，食品储备区所有的烹饪设备都需要安装通风的设施装备。第四，在托育机构内，禁止使用油炸锅。禁止活着的动物进入食品加工区和就餐区。第五，托育机构食品储备区应有专门用于婴幼儿食品准备和清理的水槽。

（三）供水及管道

第一，托育机构建筑中水系统应符合当地卫生部门的要求。水管的设计、建造、安装及维修必须完善，以防止水管与水系统交叉连接。第二，水槽、盥洗室、饮水机和其他排水装置应配备足够容量的安全水，以满足高峰需求时托育机构的水的供应。第三，每个热水器应配备一个恒温温控器和一个减压阀，它们都应时刻处于良好的工作状态。

（四）厕所与洗手盆

依据《儿童保育中心认证标准》，托育机构设置的厕所与洗手盆应符合如下标准：第一，若婴幼儿每日在托时间少于 5 小时，机构需要为每 20 名婴幼儿提供至少 1 个厕所和 1 个洗手盆；若婴幼儿每日在托时间多于 5 小时，机构需要为每 15 名婴幼儿提供至少 1 个厕所和 1 个洗手盆。第二，托育机构应为婴幼儿设置尿布区，并配有易于接近的指定洗手盆。第三，婴幼儿的盥洗室应确保隐私性。

四、安全防护

（一）玩教具材料及睡眠设施

除了室内及户外场地面积，《儿童保育中心认证标准》还对托育机构内的玩教具材料作出了如下规定：第一，应保障玩教具材料的安全、清洁以及维修良好无损坏；第二，玩教具材料的大小应保证适合婴幼儿使用；第三，应保障婴幼儿每天能接触到包括大小肌肉活动、感官探索、社交与戏剧、探索与研究等领域内容的材料。此外，按照《儿童保育中心认证标准》的要求，0 ～ 3 岁婴幼儿托育机构的睡眠设施应满足以下原则：第一，所有睡眠用品应适合婴幼儿并保持清洁、舒适；第二，须为所有受照顾的婴儿提供婴儿床或便携婴儿床以及垫子、大小合适的床单或毯子；第三，婴儿床或便携婴儿床须有坚固、紧密贴合的防水床垫；第四，婴儿床或便携婴儿床床垫应覆盖紧密安装的底板，无附加衬垫；第五，睡眠用品被弄脏后，应及时清洁、冲洗和消毒，至少每周更换一次。

（二）采暖设施

托育机构应保证婴幼儿使用区域的温度保持在安全舒适的水平，使所照护的婴幼儿不会过热或受冻。同时，婴幼儿使用区域的室内温度应至少为 18 ℃，采暖设施应高于地面 0.6 m。如果温度超过 28 ℃，那么托育机构应马上采取降温措施。

（三）通风设施

第一，若托育机构内没有安装中央空调，机构每间活动室的可开启窗户提供的总通风面积不得少于楼面面积的 45%。第二，若托育机构内的通风依靠机械系统，通风系统需要保证 24 h 开启，并且必须符合具有司法管辖权的主管当局对适用于机械系统的通风标准的规定。第三，托育机构内安置的窗户应保证室内明亮，整个房间应保证至少 6.1 m 烛光的照明。第四，用于通风的门窗应设有不少于 16 目的纱窗，纱窗应保持良好的使用状态。

五、卫生保健

（一）食品准备

在托育机构对婴幼儿食品的准备上，《儿童保育中心认证标准》提出了以下要求：第一，食品应当完好，无变质和其他形式的污染，并能供婴幼儿安全食用；第二，水果及生蔬菜须在被烹煮或端上前接受彻底清洗；第三，从业人员应尽量减少徒手接触将要煮熟的食物；第四，不得徒手调制直接入口的食品，且必须完全煮熟食品；第五，如果没有适当的洗手设施，那么准备和供应食材的工作者应戴上一次性食品卫生服务手套。

（二）食品储存

《儿童保育中心认证标准》针对婴幼儿托育机构对食品的储放提出了如下要求：第一，每台冰箱应具有精确的工作温度计来指示温度；第二，位于食品储存、准备以及服务区周围的所有人工照明装置，清洁食品以及储存器具和设备的地方，应接受适当的遮蔽，以防止灰尘与细菌；第三，应把未包装的散装食品存放在干净的有盖容器中，注明日期，并贴上标签；第四，在食用前无须接受进一步清洗或烹煮的食物，需要被更加妥善地保存，防止受到污染而变质；第五，包装食品不得与水接触储存；第六，食品、食品服务设备和用具不得位于裸露或未受保护的下水道下方；第七，必须把食物及用具存放在离地面至少 15 cm 高的地方。

（三）垃圾处理

《儿童保育中心认证标准》要求托育机构应每天清除机构内产生的垃圾，及时清洗垃圾容器；应把存放在户外的垃圾装在密封的塑料袋中，应把塑料袋装在水密容器中，并盖上连接紧密的盖子，或装在有盖垃圾桶中；应至少每周清理户外垃圾站一次。

第二节 美国加利福尼亚州社区托育中心设置

为全面提高早期教育质量，1965 年，美国联邦政府推出了针对弱势贫困儿童及家庭进行教育补偿的开端计划，改善其在教育、工作、卫生、保健等社会服务方面受到的不公平的待遇。随后服务对象逐渐扩大到非贫困儿童。20 世纪 90 年代，美国政府又重新对开端计划进行了拓展和创新，将开端计划的年龄段向下延伸，推出了为 3 岁以下婴幼儿提供服务的早期开端计划（Early Head Start）以及一系列的家庭服务项目。2011 年 8 月，开端计划办公室推出了《开端计划家长、家庭与社区共同参与框架》（The Head Start Parent，Family and Community Engagement Framework），为所有参加开端计划的服务机构、家庭和社区提供基于研究的、有组织的、行之有效的参考。① 美国也十分重视对早期教育质量的评估，联邦政府制定了多种服务标准和保障政策，各学术团体和协会组织等研发了多样化的早期教育质量保障体系，同时，联邦政府、州政府与科研院所或学术机构合作，构建了一批全国性或地方性的早期教育质量保障和评价体系。

加利福尼亚州（以下简称“加州”）作为开展较早、发展较为完善的先行地区，出台了《加州儿童托育中心许可证管理要求》（California Childcare Center Licensing Regulation Highlights）、《儿童托育中心一般许可要求》（Childcare Center General Licensing Requirements）等托育机构服务标准，在依托社区进行公共托育服务建设方面积累了许多先进经验。本节以美国加州为例，梳理了加州社区托育中心的设置标准。

一、资格认证

加州社区托育中心由社会服务部门负责管理，依据婴幼儿年龄和状态的不同，分为婴儿中心、学步儿中心、幼儿中心、学龄儿童中心和轻度生病儿童看护中心 5 种类型。其中，针对 0 ～ 3 岁婴幼儿的托育中心主要为婴儿中心以及学步儿中心，婴儿中心招收 0 ～ 24 个月的婴幼儿，学步儿中心招收 18 ～ 30 个月的幼儿。依据《加州儿童托育中心许可证管理要求》《儿童托育中心一般许可要求》的相关规定，每种类型的托育中心都应有独立经营

① 陈宇卿，郭力平. 美国早期儿童服务的管理职能：形式与功能的转变 [J]. 外国教育研究，2013，40（10）：109-117.

许可证，个人、社会团体、企业或者其他政府单位等都可以申请举办托育中心，一般要经历筹划与准备、提交申请材料、情况核实、审批与指导4个阶段。具体流程如下：

（一）筹划与准备

在申请开办社区托育中心之前，申请人必须到当地的区域办公室获取一份社区托育中心的申请手册。该手册对申请程序、方法、审批的标准等都给予了详细说明。申请人需要按此要求做好资产证明，人员、卫生、安全等申报材料的准备。同时，申请人要向来自建筑、消防、卫生保健等部门的专业人员请教，或者请他们实地考察，制订社区托育中心的建筑设计计划。

（二）提交申请材料

申请材料包括申请表格和支持性材料。

1. 申请表格

申请表格涵盖了申请人的基本信息、申请人的财务状况、所有工作人员的基本信息、人事情况、托育中心的组织与经营状况、紧急情况处理等基本规划，具体包括以下15份材料：

（1）许可证表。该表用来确认申请人和申请许可证的设施类型，内容涉及申请人的姓名，设施的名称、地址、种类、开放时间，办学规模，招收儿童的年龄范围等项目。

（2）申请人信息表。该表用来确认申请人的身份，内容包括申请人姓名、对该机构投资的种类和份额、已参与的职业协会或技术协会等项目。

（3）责任委派表。审批机构凭此确定社区托育中心的实际负责人。

（4）健康屏障报告表。该表要证明持证人或托育中心负责人身体健康，能有效履行工作要求的职责。该表包括两部分：第一部分由持证人或托育中心负责人填写，第二部分由内科医生填写，确保负责人身体健康。

（5）管理组织表。审批机构凭此表认定该公司内部管理的组织结构。

（6）人事报告表。该表要注明专业人员的数量，社区托育中心运营的所有时间内的人员安排和岗位衔接。该表包括社区托育中心的所有人员的名册，所有人员包括候补人员、志愿人员、管理人员等。

（7）人事记录表。该表是受聘员工的个人材料，员工个人填写完毕后，由社区托育中心归档保存。审批机关可自由查取信息，并且社区托育中心要把任何人事变化及时上报审批机关备案。人事记录的内容包括员工个人的年龄、住址、职位、在岗时间、工作经历、受教育情况、修完的课程、专业和技术资格等。

（8）犯罪记录陈述表。按加州法律规定，社区托育中心的任何人都必须留下指印并公开任何犯罪记录，包括犯罪的指控和判决。

（9）月经营陈述表。该表要反映社区托育中心的所有收入，内容包括儿童的数量、平均缴费和缴费总额、其他经营活动的收入、各种投资和赞助等。

（10）收支表。该表记录了社区托育中心的所有资产和债务，以便审批机构评估申请人的收支平衡状况。收支表的内容包括机构的资产、负债与结算。机构的资产包括流动资产和固定资产两类。

（11）财务信息的发布和证实表。该表分三部分，分别由不同责任人或机构填写。第一部分由申请人填写，第二部分由审批机关填写，第三部分是银行或金融机构提供的有关申请人和其儿童看护中心的财务信息。

（12）紧急灾难计划表。该计划表是由申请人提出的使机构能够处理任何意外事故，保障每一位婴幼儿安全和福利的计划表。该计划表包括紧急事件中任务的指派，各种急救机构的名称和电话号码，机构的紧急出口，婴幼儿临时安置地，水、电、煤气等用具的开关，第一急救用具箱及搁置点，防火设备及搁置点等的说明。

（13）地震准备检查清单表。该表是为预防地震而提出的表格，内容包括活动室和整个机构潜在危险的消除。

（14）设施草图。要绘制出一份室内和户外的空间草图。室内图要标出房间的尺寸、用途、门的开向、卫生间和盥洗池的数量与地点；户外图要标出户外的所有建筑和设施，如跑道、栅栏、花园等。

（15）当地的火检权威信息表。任何申请照护尚未学会走路、残疾或有特殊需要的婴幼儿的社区托育中心都必须填写此表，向审批机关提供中心所在地负责火检机构的联系方式，以便审批机关能从该火检机构处获得一份防火安全报告。

2. 支持性材料

除提交以上申请材料外，申请人还要提供支持性材料，以作为证明如上填写内容的真实性的凭据，材料如下：

（1）伙伴协议、联合条款和组织条款。这些文件是让证书发放机构知道社区托育中心的资产来源和机构各项工作的实际负责人。

（2）管理人员和现场负责人的任职资格，包括文凭的副本以及能证明其具有职责要求的经验的介绍信。

（3）工种描述，对每一种工作岗位的描述，内容包括工作的责任和义务、所需的最低资格、特定的证书、许可证、技能要求、监督方式等。

（4）人事政策，主要是社区托育中心内部人事管理方面的操作方法和共同性规定，如员工的规模、资格、工作日程、应聘条件、工资待遇等。

（5）员工的在职培训。申请人必须厘定一份工作人员的在职培训计划，其内容包括接受培训的员工范围和挑选标准、培训的种类、每一种培训的主题和频率等。

（6）父母手册，包括婴幼儿入托的政策和程序、照护方案的介绍、纪律规章等。

（7）日间活动时间表，其内容包括用餐、小吃、午睡、教学活动等环节的具体时间。

（8）入学协议，其内容包括社区托育中心的服务范围和种类、缴费和退款，政策、活动和规章调整的条件、机构中止的理由等。

（9）菜谱范例，介绍用餐和小吃的时间、一周的菜谱范例。

（10）家具和玩具设施的清单，机构列出为不同年龄的婴幼儿提供的室内外玩具和家具的清单。向保险公司投保的财产清单复印件也可以作为证据。

（11）财产控制证明，如契约、租赁合同或财产税单的复印件。

（12）私人供水的健康检测，如果饮用水来自一口井或其他的私人水源，机构必须有当地健康部门、州健康部门或合法实验室的现场水源的细菌学分析报告，以证明水是安全可饮用的。

（三）情况核实

按美国地方当局政策规定，情况核实有两种方式：一是取证，二是专家实地考察。加州主要采用取证的方法验证申请材料的真伪。取证的过程如下：审批机关会向当地的银行或金融机构索要信息，核实申请机构的财务状况；向社区托育中心出租房屋设施的人员核明出租的事实；请建筑部门提供该机构的建筑、消防、防震和紧急事故的安全证明；请司法机构核实社区托育中心员工有无犯罪记录；向儿童虐待中心核实有无虐待儿童的情况；要求卫生保健部门提供该机构卫生保健合格的证明和负责人体检的结果等。

有的州也会将取证和专家实地考察相结合。比如，马萨诸塞州在进行资格审查时，审查机关要进行实地考察，先要从申请机构获得当地卫生检查员、消防检查员、建筑检查员以及公共健康检查员的联系方式。同时，审查机关安排与各专家的商谈事宜，邀请各专家到申请办证的机构实地考察，检查验收。

（四）审批与指导

加州社会服务部门负责对社区托育中心的组织和监督，下设区域办公室负责机构的审批与管理，区域办公室在收到申请时，依据加州《儿童托育中心一般许可要求》的相关规定，审查申请人的资质以及该社区托育中心的设置，包括基本建筑安全、消防安全、可用空间安排、设备情况、人员配置是否符合要求。在申请通过后，社区托育中心需要接受社会服务部门的监管，需要向社会服务部门报告机构内发生的婴幼儿安全事件或者任何危险情况，同时，社会服务部门有权随时进入社区托育中心视察以及审核其记录，并且有权暂停或者吊销社区托育中心的许可证。

二、人员配备

依照《儿童托育中心一般许可要求》，加州社区托育中心的设置应符合一定的规模要求。婴儿中心及学步儿中心都应有能力为至少 14 名婴幼儿提供托育服务，但最多服务人数不能超过机构可承载的最大限度，社区托育中心须能保证最低限度的师幼比。此外，加州对社区托育中心在人员配备及资质方面有严格的要求。依据《儿童托育中心一般许可要求》的规定，社区托育中心需要在申请举办前按要求配齐所有服务人员，提交所有人员的基本信息、从业资质、无犯罪证明等，在通过审查之后，人员才能上岗，并且社区托育中心需要把人员变动情况提交到区域办公室报备。婴儿中心和学步儿中心的人员配备要求具体如下：

（一）师幼比

依据《儿童托育中心一般许可要求》，婴儿中心及学步儿中心对从业人员的配备数量及资质有不同的要求。其中，婴儿中心及学步儿中心基本的人员配备需有主任及主任助理、合格教师及教师助手。具体配备比例如表 3–3 所示。

表3–3　美国加州社区托育中心的师幼比

社区托育中心类型	师幼比
婴儿中心	1 名合格教师：4 名婴儿 1 名合格教师和 2 名助手：12 名婴儿
学步儿中心	1 名合格教师：6 名幼儿 1 名合格教师和 1 名助手：12 名幼儿

同时，婴儿中心以及学步儿中心应有专门的教师进行午睡监管，要求每 12 名熟睡婴幼儿应有至少 1 名教师进行目视观察。

此外，超过 25 名婴幼儿的托育中心除了要有主任在园外，还需要有主任助理在园协助管理，负责托育中心的日常工作和管理事宜。

（二）从业人员资质要求

加州在托育服务人员的从业资质方面有非常高且严格的要求，对不同类型的从业人员要求不一：主任需要有至少 4 年的 5 岁以下儿童的教学经验，需要完成 12 个核心学期单元或 3 个与婴儿护理相关的学期单元的学习，需要完成 3 个与行政管理相关的学期单元的学习；主任助理可以由合格教师兼任，需要完成 12 个核心学期单元或 3 个与婴幼儿护理相关的学期单元的学习，以及 3 个与行政管理相关的学期单元的学习；托育中心的合格教师需要有至少半年的 5 岁以下儿童的护理经验，需要完成 12 个核心学期单元或 3 个与婴儿护理相关的学期单元的学习，在受聘后，每学期或每季度仍需继续学习婴幼儿护理的相关课程，修满 2 个学分才能通过审查；托育中心的助手至少应完成 16 h 的健康和安全培训，且必须在主任、主任助理或者合格教师的指导和监督下为婴儿提供直接护理和监督。除此之外，助手在上岗后需要继续接受学习和培训，直至达到教师要求。

三、建筑布局

（一）场地要求

依照《儿童托育中心一般许可要求》的相关规定，婴儿中心和学步儿中心需要为婴幼儿提供适合其年龄特点的场地。其中，室内空间应保持全年温度适宜，有充足的阳光，通风设备良好，室内设备应符合婴幼儿的身高和年龄特点。同时，婴幼儿托育中心的室内、户外活动空间应与其他年龄阶段儿童的使用空间分开，可使用可移动的墙壁或隔墙将活动空间隔离，可移动的墙壁或隔墙至少应有 1.22 m 高。在计算空间面积时，应排除通道及储藏空间，排除后每名婴幼儿的室内活动空间应不少于 3.25 m^2，同时室内空间的设置仍需要满足以下条件：壁炉和加热器等危险设备应被隔离，所有储存固体废物的容器都必须有严密的盖子；室内应有适宜婴幼儿玩耍的基本设备。

在户外空间设置上，应确保户外活动场所安全无危险，每名婴幼儿的户外活动空间应该不低于 6.97 m^2，且户外空间的设置应满足：操场要使用至少 1.22 m 高的栅栏围起来；户外要有阴凉休息区，方便婴幼儿休息；户外要有适宜婴幼儿玩耍的设备，如秋千、滑梯等。

（二）配备用房

按照《儿童托育中心一般许可要求》，加州社区托育中心应配备至少包括室内活动空间、户外活动空间、午睡室、卫生间、储藏室、办公室、食品准备空间 7 大功能区域，这些功能区域的设置应满足以下要求：

1. 室内活动空间

全年保持温度适宜，家具设备的设置应安全且符合婴幼儿年龄特点。

2. 户外活动空间

应配备操场、滑梯、秋千等适合婴幼儿玩耍的设备。

3. 午睡室

应保持整洁、通风良好，午睡室和其他活动空间要有至少 1.22 m 高的隔墙。

4. 卫生间

应包括婴幼儿卫生间以及成人卫生间，其中婴幼儿卫生间应满足每 15 个婴幼儿有至少 1 个便盆椅和洗手槽。

5. 储藏室

用于储存暂时不用的物品，可共享使用。

6. 办公室

用于处理日常工作的办公区域。

7. 食品准备空间

用于准备婴幼儿食物，且食品准备空间要与尿布台分开。

四、安全防护

（一）房屋安全

社区托育中心的建筑设计应符合加州房屋建筑安全相关条例，在筹备和建造房屋时要请建筑、消防、卫生保健等部门的专业人员指导，社区托育中心制订建筑设计计划并按要求建造。同时，在申请提供托育服务时，社区托育中心要通过区域办公室以及消防部门的检查，向加州社会服务部门报备，被批准合格后方能营业。

在房屋的消防安全方面，社区托育中心要配备基本的防火消防设备，如火警报警器、灭火器、防火毯和防火门等。同时，安全出口的标志和指引要粘贴在显眼的位置，每 6 个月社区托育中心要举行一次灾难演习，社区托育中心的所有人员都要接受日常安全培训。

（二）日常安全

首先，社区托育中心需要做好入园前安全检查工作。在接收婴幼儿时，社区托育中心需要对婴幼儿进行健康检查，对于符合接收条件的婴幼儿，要建立个人档案，包括婴幼儿的健康情况、父母基本信息以及儿童医生的电话等，方便教师在婴幼儿受伤、疫情暴发、发生火灾等紧急事件时，在通知家长的同时做好紧急处理工作。

其次，社区托育中心需要制订紧急灾难计划表。该计划表应包括紧急事件中任务的指派，各种急救机构的名称和电话号码，机构的紧急出口，儿童临时安置地，水、电、煤气等用具的开关，急救用具箱及搁置点，防火设备及搁置点等的安排。

再次，社区托育中心应建立设备安全与维护制度。社区托育中心应确保玩具和设备符合婴幼儿的年龄和高度，且设备要每日接受消毒和清洁，保持清洁、安全、卫生、维修良好，玩具应当是安全、适宜的。室内储藏物品的容器应有严密的盖子；室内场所不得使用婴儿学步车；婴儿床距地面应不超过 5.08 cm，可从婴儿床爬出的婴儿则应使用地垫，社区托育中心应每日更换床上物品。

最后，社区托育中心需要做好日常工作记录及紧急事件的报告工作。对于机构内出现的婴幼儿疫情、死亡以及意外事件，社区托育中心要向所在区域办公室以及社会服务部门呈报。

五、卫生保健

（一）饮食营养

在婴幼儿进入社区托育中心之前，托育中心的主任、婴幼儿家长、儿童医生要依据婴幼儿的个体需要和特点，为每名婴幼儿制订一份个人计划并存档。计划的内容应包括个人喂养计划、个人如厕培训计划以及计划提供的服务等。婴幼儿进入托育中心后，托育中心要严格执行该计划。除此之外，婴幼儿饮食要满足以下要求：

（1）食品的选择、储存、配制和服务应当安全、卫生，食品的质量和数量应满足儿童需要。

（2）社区托育中心应该按照婴幼儿的个人计划为婴幼儿提供母乳或者配方奶粉、固体食物。

（3）婴幼儿食用的母乳或者配方奶粉必须装瓶储藏，且奶瓶底部要贴有婴幼儿名字及日期的标签。

（4）应至少每 4 小时喂养一次吃奶粉的婴幼儿，奶瓶使用后要消毒清理。

（5）食品准备空间要有必要设备，如水槽、冰箱、冷热水和储存空间，同时应保持清洁、卫生。

（6）社区托育中心要记录婴幼儿的饮食情况、对食品的好恶、过敏情况并及时反馈。

（7）社区托育中心不能向婴幼儿喂食蜂蜜。

（8）教师在喂养前后需要洗手，并对喂养的地方进行清洁消毒。

（二）卫生防病

社区托育中心要做好婴幼儿的健康检查和卫生防病工作，婴幼儿进入托育中心之前应通过健康检查，托育中心不接收有明显不适症状的婴幼儿，检查无问题后，要为每名婴幼儿建立健康档案。社区托育中心要配备隔离和照顾生病婴幼儿的基本设备，当婴幼儿患病时，教师应立即隔离婴幼儿并通知家长，要求家长将婴幼儿尽快接回。在照护轻微症状的生病婴幼儿时，教师要遵循以下用药原则：

（1）药物集中储存在原始容器中，放置在婴幼儿接触不到的地方。

（2）处方药必须按照医生所开的说明服用，在给婴幼儿用药前必须得到家长代表的书面批准和说明。

（3）当婴幼儿不再需要药物时，应把药物返还给父母。

（4）做好婴幼儿用药记录以及用药后的观察反馈工作。

第三节　加拿大幼儿早期教育与保育发展框架设置

加拿大作为全球先进教育体系的代表国家之一，历来非常重视学龄前儿童教育。进入 21 世纪后，加拿大着手推进全日制幼儿园的普及和儿童保育教育的一体化。学龄前儿童教育场所分为日托机构（Day Care Center）以及幼儿园（Kindergarten/Preschool），日托机构主要服务对象是 5 岁之前的儿童，幼儿园的服务对象是上小学之前的儿童。本节以加拿大的不列颠哥伦比亚省、爱德华王子岛省、曼尼托巴省以及安大略省为例，对加拿大托幼一体式机构的现状进行梳理，为推进我国托幼一体化进程提供借鉴。

2003 年，安大略省制定了本省学前教育指导性政策《幼儿早期学习指导框架》（Early Learning for Every Child Today :A Framework for Ontario Early Childhood Settings，ELECT），该框架以儿童发展观为基础，以心理学、教育学、人体生物学等多领域研究为视角，面向本省 0～8 岁的所有适龄儿童，指导这一阶段一切学前教育机构（包括日托机构和幼儿园）及学前教育工作者的日常工作。该框架规定了儿童在早期发展阶段的学习内容和学习方式。《幼儿早期学习指导框架》指出：安大略省学前保育与教育一体不可分，《幼儿早期学习指导框架》的服务对象包括一切日托机构幼儿园及从业人员。

一、资格认证

安大略省于 2014 年 8 月正式颁布新一阶段本省学前教育综合法案《幼儿保育与早期发展法案》（Child Care and Early Years Act，CCEYA）。该法案的目标是构建一个覆盖全面、注重质量、灵活多样的学前教育服务体系。覆盖全面，即学前教育面向本省 0 ～ 6 岁儿童，无论性别、民族、种族、宗教、语言如何，无论儿童家庭经济状况、父母受教育水平及居住状况如何，为所有适龄儿童提供其应得的学前教育，学前教育费用低廉甚至免费。注重质量，即全面提升学前教育质量，优化学前教育师生比例，建设专业学前教师队伍，营造健康舒适的发展环境，切实提高儿童身体、情感、认知、沟通、社会等方面发展水平，为儿童一年级入学打下坚实基础。灵活多样，即为儿童家长提供科学、灵活的学前教育服务和项目，帮助儿童家长分担育儿负担，平衡家庭与工作的关系。

根据资格认证的不同，安大略省目前的学前教育机构总体分为两大类：已授权的学前教育机构（Licensed Child Care）和未授权的学前教育机构（Unlicensed Child Care）。两者在办学规模、教学标准、招收人数上均有差异。为了提升安大略省学前教育服务质量，《幼儿保育与早期发展法案》对它授权的学前教育机构服务对象的年龄阶段、招收人数都作出了明确规定，违者将受到行政处罚。教育部采取量刑的原则，在命令无效的情况下才会施加行政处罚。例如，若一个保育机构超出既定人数多招收了儿童，则每多招收一名儿童将会被处以 2 000 加元的罚款。除罚款外，教育部还会将这些违法情况、行政处罚和禁令发布在网站上，一方面为家长筛选学前教育机构提供参考，另一方面整顿行业风气，以儆效尤。

曼尼托巴省提高早期教育环境质量的目标是通过发展早期学习与儿童保育空间来完成的。许多学前教育机构都设在学校内。教育部也参与合作，支持与公立学校相关的非营利性的早期学习与儿童日托中心的建设。

二、人员配备

（一）班额与师生比

在安大略省，《幼儿保育与早期发展法案》对授权的学前教育机构中婴幼儿的年龄分段、招收人数与班级限额作出了详细的规定，具体如表 3-4 所示。

表3-4 《幼儿保育与早期发展法案》授权的学前教育机构招收对象及人数

年龄分段	招收人数 / 名	班级限额 / 名
婴儿（小于 18 个月）	3 ～ 10	10
学步儿（18 ～ 30 个月）	1 ～ 5	15
学前儿（3.5 ～ 6 岁）	1 ～ 8	16

自 2017 年 9 月 1 日起，安大略省政府针对已授权的学前教育机构开始推行新的师幼比规定。对于不超过 12 个月的婴儿，师幼比为 1 ∶ 3，3 名从业人员中至少有 2 名是安大略省的注册儿童早期教育工作者（Registered Early Childhood Educator，RECE）。对于 12 ～ 24 个月的幼儿，师幼比为 1 ∶ 4。在混龄班级中一个班级最多可接收 12 名 24 个月以下的婴幼儿，当 12 个月以下的婴儿超过 4 名时，班级需要配有 4 名从业人员，师幼比要调整为 1 ∶ 3。对于 24 个月到 5 岁的学前儿童，师幼比为 1 ∶ 8，每班最多接收 24 名儿童，3 名从业人员中至少需要有 2 名注册儿童早期教育工作者。

不列颠哥伦比亚省的日托机构和幼儿园均面向 2.5 ～ 6 岁儿童进行托育，两者的不同之处在于托育时间，日托机构的托育时间每天不超过 13 h，幼儿园的托育时间每天不超过 4 h。日托机构的班级规模为每班不超过 25 名儿童，班里低于 36 个月的儿童不能超过 2 名；幼儿园的班级规模为每班不超过 20 名儿童。在不列颠哥伦比亚省的日托机构中，每 8 名及以下儿童需要 1 名早期教育专业教师，每 9 ～ 16 名儿童需要 1 名早期教育专业教师和 1 名助理教师，每 17 ～ 25 名儿童需要 1 名早期教育专业教师和 2 名助理教师；在幼儿园中，每 15 名及以下儿童需要 1 名早期教育专业教师，每 16 ～ 20

名儿童需要 1 名早期教育专业教师和 1 名助理教师，同时幼儿园鼓励参与园内家长教育培训的家长担任助理教师。

（二）教师资质

1. 教师培养方式

安大略省的托育机构从业职员主要分为两种：注册儿童早期教育工作者和幼儿助理（Early Childhood Assistant，ECA）。注册儿童早期教育工作者教授的对象为 0 ～ 6 岁和 6 ～ 12 岁的儿童。安大略省高中毕业生可直接申请进入开设早期儿童教育课程的学院学习，学制通常为 2 年，共 4 学期，学生需要完成 20 门专业理论课和 3 门实践课的学习。部分学院提供强化培训，将学制缩短为 2 个或 3 个学期，但要求申请者具有学士学位或者学院认可的相关学习、工作经历。申请者可以选择参加全日制学习或者非全日制学习。

2. 专业课程内容

理论课程涉及基本的安全、健康和行为知识，儿童早期学习机制，以及不同年龄段儿童教育的授课计划等。具体课程包括“婴儿和婴幼儿的回应式看护”“基于游戏的课程概论”“核心沟通技能”“儿童成长与发展”“营养健康和安全”“从摸索与探究视角设计基于游戏的课程”等。实践课程由学院安排分配，要求学生有 440 h 以上的实习经历。完成理论课程和实践课程的毕业生可获得大学学院毕业文凭，同时获得“注册儿童早期教育工作者”的从业资格；有意继续深造的毕业生可申请继续学习，攻读学士学位。安大略省儿童早期教育学院（College of Early Childhood Educators）网站上提供注册儿童早期教育工作者的状态信息，为用工者查询从业资格提供便利。在雇用注册儿童早期教育工作者时，除了学业与实践经历要求之外，所有招聘方都要求应聘者提供 3 份文件：6 个月以内警局出具的无犯罪记录（为弱势者服务的人员筛选报告书）、免疫证明和标准急救证书。

幼儿助理的学制通常为 2 学期，共 30 周，其中含有超过 8 周的实习和 10 余门理论课程，毕业生可获得安大略省儿童早期教育学院的专科院校毕业证书，取得看护 6 个月到 10 岁儿童的从业资格，毕业生也可选择继续学习，取得注册儿童早期教育工作者的毕业文凭。[①]

---

① 胡雅莉．加拿大儿童早期教育体系对“幼有所育新发展”的启示[J]．牡丹江大学学报，2019，28（2）：122-125.

3. 资格证书要求

加拿大爱德华王子岛省在2010年颁布了“学前卓越行动”，要求所有早期机构的从业人员有省级授予的入门级别机构员工或者管理人员证书。入门级别要求机构中有资质的员工参与3门课程的培训：身体成长与发展、发展适宜性实践、教育部和早期儿童发展部门与当地大学一起设计的适合的入门级课程。为了拿到机构员工和管理人员证书，教育者要有早期教育与保育的两年制大专学历。

4. 资格认证情况

关于资格认证，在不列颠哥伦比亚省，幼儿园员工和日托机构员工每5年就要更新资格证书，而曼尼托巴省不需要进行资格证书更新，具体如表3-5所示。

表3-5　不同员工接受职前教育情况

类型	幼儿园员工	日托机构员工
全职	不列颠哥伦比亚省、曼尼托巴省、爱德华王子岛省	不列颠哥伦比亚省、曼尼托巴省、爱德华王子岛省
兼职	爱德华王子岛省、曼尼托巴省	不列颠哥伦比亚省、曼尼托巴省、爱德华王子岛省
公立	不列颠哥伦比亚省、曼尼托巴省、爱德华王子岛省	不列颠哥伦比亚省、曼尼托巴省、爱德华王子岛省
私立	不列颠哥伦比亚省、爱德华王子岛省	不列颠哥伦比亚省、爱德华王子岛省

三、建筑布局

（一）场地要求

不列颠哥伦比亚省、曼尼托巴省与爱德华王子岛省对日托机构和幼儿园中的婴幼儿的最低空间要求作出了规定，具体如表3-6所示。

表3-6　幼儿园、日托机构应具备的最低空间要求①

省份	机构类型	室内空间要求 /m²	户外空间要求 /m²
曼尼托巴省	幼儿园	3.1	—
	日托机构	3.2	7.0
爱德华王子岛省	幼儿园	3.7	—
	日托机构	7.0	7.0
不列颠哥伦比亚省	幼儿园	4.2	7.0
	日托机构	3.7	7.0

（二）配备用房

不列颠哥伦比亚省规定日托机构的睡眠室要配备至少 7.5 cm 厚的床垫、适合儿童的小床，以及方便换洗的床笠和床罩，要为每 10 名儿童配备一个卫生间和洗脸池，为婴幼儿配备专门放置脏衣服的收纳箱；规定幼儿园为每 8 名儿童配备一个卫生间和洗脸池。

（三）选址要求

加拿大对日托机构的选址没有严格的规定，机构多位于设施便利的地方，如公共大楼内或教堂、购物中心内，甚至原来作为单一家庭住宅的翻新建筑、学校中，很少有日托机构在专门建造的建筑物内运营。

四、安全防护

在安大略省，根据《幼儿保育与早期发展法案》，当教育部从业人员发现任何让儿童的健康和安全面临危险的操作时，教育部需要下达对儿童的保护令和责令机构整改的纠正令。保护令的目的是消除对儿童健康、安全或福利的威胁，纠正令的目的是通过停业整顿或吊销营业执照来支持和保护儿童免受此种威胁。关于政府下达的保护令和纠正令的重要信息均是面向公众公开的，公众可通过政府网站查询相关情况和处理进展。同样，对所有托儿项目的检查报告都公布于“执照托管项目网站”，公众可随时查阅。

① 经济合作与发展组织（OECD）教育团队.强壮开端Ⅲ：儿童早期教育与保育质量工具箱[M].陈学锋，等，译.北京：北京师范大学出版社，2015.

安大略省规定，教职工如有性犯罪、参与儿童色情制品活动、谋杀和杀害婴幼儿等罪行，将被禁止从事婴幼儿托育服务；当婴幼儿出现被虐待或被性虐待的情况时，政府规定，禁止公布儿童的身份或任何可能披露其身份的材料，保护儿童身心不受伤害。《幼儿保育与早期发展法案》中规定，托育机构要有记录和核实来访者身份的制度，只有在得到家长的同意后，才能将儿童转交给他人。

加拿大多数省、地区在教育条例中要求所有学校都要有消防安全和紧急疏散计划，当地市政府需要定期进行消防和健康检查。机构成立的前提是要接受当地消防办公室的年度检查、当地公共卫生单位的健康检查，幼儿园和日托机构必须有合适且正常运作的火灾检测和灭火设备（如火警报警器、烟雾探测器、防火毯及灭火器等）。机构有义务提供证据，证明遵守其他立法的具体规定（如对卫生、消防和建筑的规定）。同时，机构内必须设有消防安全通道，禁止其他障碍物占道。

五、卫生保健

加拿大政府颁布的《国家儿童权利公约》（Rights of Children）提出所有儿童都应该在身体上、情感上和精神上保持健康。保护儿童的自尊心，满足儿童对食物的健康的、基本的需求，保护其不受虐待、忽视、歧视、剥削和远离危险。

幼儿园和日托机构注册登记时，要对儿童的免疫记录登记并保存管理。根据每名儿童可能具有的不同健康和饮食需求，机构还必须在儿童注册时就了解和记录儿童饮食方面的信息，如食物过敏、有特殊健康需求等，并且采取相应的调整措施。同时，机构要提供健康和安全的防护措施，培养儿童良好的卫生习惯，避免储存有害儿童健康的药物和材料。当儿童的健康和安全被认为受到威胁时，机构的许可证或将被吊销。

《加拿大安大略省0～6岁儿童分阶段喂养指南》（以下简称《喂养指南》）是由加拿大安大略省公共健康协会营养专家分会家庭健康营养咨询组注册营养师撰写的。《喂养指南》目标人群是0～6岁儿童，分为0～6月龄儿童、6～9月龄儿童、9～12月龄儿童、12～18月龄儿童、18～24月龄儿童、2～3岁儿童和3～6岁儿童。早产儿需要使用校正后的年龄。《喂养指南》最突出的特点是分阶段营养指导。每个年龄阶段包含3方面的内容：发育里程碑及进食技能、喂养指南和预警信号。预警信号的出现意味着当儿童的营养或喂养出现高危现象时，建议儿童接受进一步检查，机构需要建议抚养人向儿童保健医生或营养师咨询并进行营养评估。《喂养指南》条理清楚，语言简练，实用性强，是基层儿童保健工作者可靠的参考资料。

第四节 加拿大家庭护理支持模式设置

加拿大托育服务起步较早，并逐步形成了完善的托育服务体系，包括托育机构、团体式的托育服务，还有居家式托育。其中，居家式托育因收托灵活、服务个性化受到加拿大居民的欢迎。据 2013 年统计，有近 44 000 名妇女从事受认可的、正式的居家式托育服务工作。另外，加拿大实行长期的招聘移民家政工人的政策①，从 1992 年到 2011 年，加拿大每年最多可以有 14 000 个入境计划，移民政策无疑会促进居家式托育体系规范化发展。

一、资格认证

加拿大的居家式托育服务无固定统一的标准和模式，其托育服务由各省独立负责，因此在托育服务机构的开办上，加拿大存在地区的差异性。值得说明的是，安大略省在举办资格方面与其他省份差异性较大，举办居家式托育服务机构的法人必须具备保教相关的执照，安大略省对法人的性质有着严格的要求，并明确规定法人在居家式托育中的责任②，这也体现了安大略省对托育服务质量的重视。

（一）许可证类型

居家式托育机构根据政策规定要获得许可证，且许可证必须张贴在家庭显眼的位置。

许可证可分为常规许可证、临时许可证和许可证令，具体见表 3-7。

① Adamson E, Brennan D. Return of the Nanny: Public Policy towards In-home Childcare in the UK, Canada and Australia[J]. Social Policy & Administration, 2017 (7): 1387-1405.

② 厉育纲. 加拿大儿童照顾政策及其对我国部分现行政策的启示——以安大略省儿童照顾政策为个案的分析 [J]. 北京青年政治学院学报, 2007 (3): 15-20.

表3-7 居家式托育机构的许可证类型

许可证类型	具体的政策规定
常规许可证	常规许可证最长可签发一年
临时许可证	当居家式托育机构中的部分区域不完全符合标准时，相关部门颁发临时许可证，并列出不符合标准的区域，一旦满足这些标准，托育机构将获得常规许可证
许可证令	当屡次违反政府要求导致儿童的安全或健康受到威胁时，各省的儿童早期教育和保育管理局主要负责人可签发许可证令；许可证令必须张贴于家中的显眼位置；许可证令（包括居家式托育机构的法定名称和地址）将在 MELCC 网站[①] 上公布，并且只要法人还持有许可证或者机构继续运营，它将保持在线状态；如果未按照规定期限及要求改善服务质量，法人将被暂停持有或撤销许可证，禁止继续开办机构

申请人应提供两份详细的个人资料和一份由他人写的评估证明，提供个人的无犯罪记录和在虐待儿童登记处相关的信息记录，申请人要年满 18 岁，而且已经完成了 40 小时的课程，书面承诺将会参与托育相关的保教培训，提供家庭住所的安全检查报告、相关的行为守则及安全计划书。

（二）许可证续订

申请人须在许可证到期前 60 天内按照流程进行续订申请，续订时长以一年为限。申请人需要提前 60 天内准备好书面文件，填写续订表格，声明原来的文件内容和信息没有改变，并确认继续遵守有关的规定。当局的消防和公共卫生检查部门也会上门检查，申请人通过后，准许其继续开办机构。

《社区儿童保育标准法》（The Community Child Care Standards Act）规定：如果当局拒绝签发许可证、无故暂停执照、注销执照或者制定不公平的执行条款和许可条件等，申请人有权在当局做出决定后 30 天内向社会服务上诉委员会（Social Services Appeal Board）提出上诉。

① MELCC 网站是从业注册网站，可以查询注册后的居家式托育机构的名称及地址。

二、人员配备

（一）师幼比

加拿大的居家式托育机构无明确的规模标准，但一般而言，规模不宜过大，以便于对每一名儿童进行照顾和看护。居家式托育机构最多为 10 名 12 岁以下的儿童提供保教服务，具体的儿童数量和年龄限制取决于看护人员工作的省份。加拿大各省独立负责托育服务，因此在具体的师幼比例规定上也存在差异，下面以加拿大居家式托育服务发展较完善的省份为例进行说明。

曼尼托巴省：最大招收数额为 8 名儿童（看护人员自己的孩子也包含在内），最大看护比为 1 ∶ 8，招收 3 个月至 12 岁儿童，其中 2 岁以下儿童不得超过 2 名。

不列颠哥伦比亚省：最大招收数额为 7 名儿童（居住在家庭中的儿童也包含在内），最大看护比为 1 ∶ 7，其中学龄前儿童不能超过 5 名，3 岁以下儿童不能超过 3 名，未满 12 个月的儿童不能超过 1 名。

安大略省：最大招收数额为 10 名儿童（看护人员自己的孩子也包含在内），最大看护比为 1 ∶ 5。

（二）从业人员类型

为了形成完备的居家式托育服务体系，提高居家式托育服务的质量，更好地对居家式托育机构实施管理，加拿大境内的居家式托育服务体系中不仅有看护人员，还有托育服务协调员和管理人员，他们共同促进了居家式托育服务向着专业化、规范化的方向发展。

1. 看护人员

居家式托育机构中的看护人员必须在家中营造健康安全的环境，对住所内的儿童进行监督和照顾。看护人员不仅要根据儿童的年龄阶段提供洗澡穿衣、用餐等保育服务，还要支持儿童学习、游戏、情感等发展，还可以根据父母的要求提供额外的儿童保育服务。

2. 协调员

协调员可以为申请人提供早期教育的信息资源和学习资源，协调公共卫生和消防部门的检查工作，解释相关的法律政策，帮助申请人获得许可证和制订保育计划，等等。协调员还起到监督的作用，时常到看护人员的家中进行探望、评估和咨询，提供一些改进建议。

3. 管理人员

曼尼托巴省家庭服务和劳工部门中的早教与儿童保育局对居家式托育机构进行管理和监督。当局的管理人员根据《社区儿童保育标准法》的规定为居家托育者颁发许可证，设立监督标准，还要为机构运营和相关退休人员提供资金支持，包括注册退休储蓄计划缴费报销和退休福利。同时，管理人员负责为儿童保育助理和居家托育者提供相关培训，以提高托育质量。

（三）从业人员资质

当前，加拿大各地对居家式托育服务从业人员的要求不一，但是仍有一些共同的基本要求。例如，托育人员必须年满 18 岁，拥有健康证明，至少接受过 20 小时的专业技能训练，具备专业的看护技能，能够听、说、读、写，并会至少一种加拿大官方语言，完成了急救与婴幼儿及成人心肺复苏的培训，获得家庭成员的支持。加拿大为了提高居家式托育的质量，建立了托育人员的资质审查制度和托育工作的管理体系。以曼尼托巴省为例，托育人员要先取得许可证，再接受职业技能培训等，由家庭服务和劳工部门对其进行管理和监督。

居家式托育人员具有 6 种不同类型的职责，包括身体护理、情感护理、特殊护理、家务管理和家务劳动、经营管理、自我发展。

在加拿大，受监管的居家式托育人员不需要具有正规教育学位，但他们必须完成 20 ～ 60 小时的关于安全、预防性健康教育、儿童营养、儿童心理发展和教育的专业培训，还必须完成 8 小时的急救与婴幼儿及成人心肺复苏的培训。居家式托育人员通常需要具备儿童保育或家庭管理经验。

每一个省对居家式托育人员的具体要求不尽相同，这些职业要求细则取决于看护人员工作的省份，这里以曼尼托巴省为例。居家式托育人员必须完成 40 小时的幼儿教育课程并获得早期儿童教育者 2 级证书；每位居家式托育人员在获得许可证后 6 个月内需要完成急救与婴幼儿及成人心肺复苏的培训课程，并需要每年更新心肺复苏的认证；每年至少接受 12 小时的专业发展培训，包括新技能的学习和现有技能的提高。同时，为保障托育人员的资质，受许可的托育人员要加入专业儿童保育协会（Professional Child Care Association）。该协会定期为其提供相关服务，如提供专业的图书馆，申请培训补助金和健康福利。

三、建筑布局

（一）选址要求

居家式托育一般是托育服务人员在家中提供儿童照顾与监督的服务，加拿大对此并无明确的场地选址的要求，一般情况下会要求提供居家式托育服务的家庭地点要与城区有一定的距离，周围的环境安静优美，空气清新流通，能够为儿童提供安全的户外游戏空间。《非吸烟者健康保护法》（The Non-Smokers Health Protection Act）规定，在居家式托育机构营业时间内，服务场所的室内、户外环境要始终保持无烟、干净与安全。

（二）活动设施

注册成为合格的居家式托育机构的前提之一，在于托育机构要具备完善的活动设施，活动设施包括基本的物资设备和活动区域。加拿大曼尼托巴省对此出台了详细的文件，以提供参考标准，主要从室内和户外两方面提出明确规定，具体如下。

1. 室内活动设施

（1）设备和家具。每位居家式托育人员应该为婴幼儿提供合适的家具和物品，如婴儿座椅、婴儿床、带有安全带的软垫高脚椅、摇椅、枕头、床单、被套等，还要根据儿童的不同阶段和发展特点提供高度合适的桌椅，独立的洗脸巾、牙刷、梳子，尽量提供不易碎的杯子和碗碟，所有的设备和家具都要符合《危险产品法》（Hazardous Products Act）的要求和其他适用的安全法规或标准。

（2）活动区域。在家庭中，看护人员会根据家具数量、房间布局来确定活动区域的可用空间，再依照可用空间以及儿童的年龄和能力来划分每名儿童活动的空间大小。托育服务协调员会定期进行审核评估，并给出调整建议。不同的家庭房间可划分成不同的区域空间，不同空间要满足儿童集体活动、个人游戏、饮食、睡眠的需要。

第一，游戏空间。

游戏空间里会有铺地毯的区域，儿童可在上面搭积木、玩玩具、跳舞或者与同伴游戏，未铺地毯的区域会摆放几张桌子和板凳，儿童可以画画、读绘本等，进行一些安静的活动。看护人员依据年龄段划分不同的游戏区域，放置不同的玩具，安排不同的设施。游戏的材料会根据儿童的兴趣定期添加或轮换，重复提供儿童喜爱的玩具。

第二，常规空间。

常规空间用于日常的保育活动，分为用餐区、睡眠区、储物区、张贴公示区以及居家式托育人员和家人的私人空间。

第三，其他区域。

其他区域主要包括不常用的空间，如地下室等。居家式托育服务的提供者如果想要使用地下室，相关人员必须提前通知托育服务协调员，协调员会将检查请求（由提供者提供）转发给当地消防局，获得当地消防局的批准后，提供者方可将地下室投入使用。

2. 户外活动设施

（1）活动空间。户外游乐场是室内游戏室的延伸，为儿童多种多样的活动提供了更好的发展空间。居家式托育人员需要提供安全的户外游戏空间，如设有围栏的院子、350 m 范围之内的公园或社区游乐场、开阔地带等都是合适的儿童户外活动空间。在条件允许的情况下，森林和浅滩也是儿童活动的最佳地点。

（2）活动设施设备。居家式托育人员须为儿童提供与其发展能力相匹配的游乐设备和材料，设置有遮挡的门廊、凉亭、游乐棚等设施以适应不同的天气状况。夏天时，托育人员应使用蚊子屏蔽室，添置一些合适的体育锻炼器材，引导儿童开展体育活动，促进身体大肌肉的发展。

四、安全防护

（一）安全制度

加拿大的《国家职业分类》（National Occupational Classification）描述了各省的居家式托育服务人员如何为儿童提供健康安全的环境，如何保证儿童的安全。2010 年加拿大出台的《儿童保育安全宪章》(The Child Care Safety Charter)是第一个与儿童托育相关的综合法案。该法案规定，所有儿童保育设施必须制定严格的审查程序，并定期接受检查。

安全防护方面详细的规章制度由各省独立出台，因此无固定统一标准，下面以曼尼托巴省为例介绍关于安全方面的规定和具体要求。

居家式托育人员要遵守安全行为守则，并在托育服务协调员的帮助下制定一系列的应急程序，还需要向父母或其他监护人提供安全计划书，在营业时间内监控居家式托育机构中所有的出入人员和实时状况。

(二)安全设施设备

1. 室内安全设施设备

室内的家具和物品要遵守《危险产品法》的要求，厨房周围应放置干式化学灭火器，每一楼层都要安装烟雾报警器和一氧化碳探测器。禁止儿童独自使用和触碰散热器、热水管、锋利的刀具仪器、有毒物品等危险设备物品。窗户带有安全锁，光线良好，屋内陈设合理，无物体遮挡视野。专业人员要经常维护和清洁设施设备，要确保其正常工作，并保存其书面证明。

机构中应常备急救箱，里面必须包括 5 cm × 5 cm、10 cm × 20 cm 规格的单独包装的纱布垫，5 cm 宽的纱布绷带卷，各种尺寸的创可贴，儿童专用胶带，酒精擦拭巾，三角绷带，剪刀，一次性手套，镊子，安全别针，垫子，蒸馏水等。

2. 户外安全设施设备

居家式托育机构根据儿童的年龄和能力来选择户外游戏场所、设施和安全防护设备，并定期对其进行检查、清洁消毒，确保其安全性，监督年龄较小的儿童进行户外活动。下面以温尼伯市的水域活动为例进行说明。

居家式托育机构如果为儿童提供游泳相关活动，那么游泳池必须设置 1.5 m 高的围栏，活动也必须获得家长的书面批准；儿童不得离开托育人员的视线范围；成人与儿童之间有严格的看护比例，并有合格的救生员，1 岁以下的儿童由 1 名成人照看，2 名 3 岁儿童至少由 1 名成人照看，5 名 4 ～ 5 岁儿童至少由 1 名成人照看；鼓励儿童外出时穿浅色、宽松的长袖上衣和长裤，在有阳光时，儿童外出需使用防晒系数(Sun Protection Factor，SPF)15+ 的防晒霜，具体如表 3-8 所示。

表3-8 加拿大环境部对紫外线防晒措施的规定

紫外线指数	等级	防晒措施
11+	极高	采取全面预防措施，避免在上午 11 点至下午 4 点晒太阳
8 ～ 10	非常高	采取全面预防措施（参见“高”等级），避免在上午 11 点至下午 4 点晒太阳
6 ～ 7	高	需要保护，在上午 11 点至下午 4 点，减少在阳光下的时间，并寻求遮阴处，戴帽子、太阳镜，涂防晒霜
3 ～ 5	中	如果在户外待 30 min 或更长时间，请戴上帽子、太阳镜，涂防晒霜
0 ～ 2	低	如果在户外待不到 30 min，采取最小的保护措施。阳光充足的天气，戴上太阳镜

（三）紧急疏散

居家式托育工作人员每月至少实施一次紧急疏散演练，并详细记录下参与演练的人员、时间、地点等信息，还必须制订出不同情况下的紧急疏散计划。

五、卫生保健

（一）饮食健康

为保障婴幼儿饮食健康，政府针对不同年龄阶段的婴幼儿，公布了具体喂养指南及要求，见表 3-9。

表3-9 不同年龄段儿童的喂养指南

年龄段	喂养指南
婴儿	母乳——宝宝的第一种食物，婴儿配方奶粉，固体食物
学龄前	《加拿大健康饮食食品指南》（Canada's Food Guide to Healthy Eating） 《学龄前儿童喂养指南》（The Guide of Feeding Preschoolers）

儿童饮食菜单必须张贴在显眼的地方，并将菜单保存一年。

至少为儿童提供一份奶制品、一份肉和替代品、一份谷物产品、两份蔬菜和水果，不能给三岁以下的儿童喂食含有花生制品的食物，提供糖、脂肪、盐和添加剂含量低的食品，向儿童提供充足的饮用水，所提供的膳食需要符合加拿大卫生部颁布的《加拿大健康饮食食品指南》。

特殊饮食儿童、食物过敏儿童的姓名必须以保密的形式张贴在食物准备区。

了解儿童的咀嚼和吞咽能力，根据儿童不同的年龄阶段提供不同分量的食物。

（二）睡眠保健

居家式托育人员应确保婴儿仰卧睡觉（除了特殊的健康需要），需要为18个月至6岁的儿童提供单独的、安全的、卫生的睡眠空间和环境以及合适的床上用品，在尊重每名儿童的睡眠意愿的基础上制订睡眠方案并记录每名儿童的睡眠情况。

（三）卫生防病

加拿大的公共卫生局（Public Health Agency of Canada）为居家式托育机构提供相关的信息资源支持、政策规定，并出台了《健康儿童保健指南》（A Guide to Health in Child Care），严格把控托育服务的质量与安全。

1. 环境的清洁

托育人员按照公共卫生局的标准合理地处置脏尿布，保证厕所等卫生设施的清洁；为了有舒适的睡眠环境，床上用品必须每周清洗一次或根据需要更频繁地清洁消毒；所有儿童的独立储物空间要定期用消毒剂消毒。

2. 儿童保育

托育人员按照洗手程序正确地为儿童洗手，将洗漱用品放置于通风处，要时常洗涤消毒每名儿童单独使用的毛巾，经常用漂白剂溶液消毒桌面；在给儿童换尿布时须戴上干净的一次性手套，从前到后擦拭儿童，把弄脏的尿布、擦纸和手套扔在垃圾桶里；托育人员应用塑料袋装儿童穿脏的衣物，送回儿童的家，儿童衣物必须单独存放在衣柜的衣架上或挂在单独的挂钩上。

居家式托育人员需要在儿童突发重大疾病或受伤的24小时内通知家长或其他监护人，并选择一种方式，如打电话、告知协调员、在线方式，将详细信息上报儿童早期教育和保育部门。

加拿大无论是在法律方面还是在具体的部门管理方面，都规定了居家式托育服务的具体运行标准，还在运营资金、资源上给予了一定程度的支持，不仅能够规范居家式托育服务市场，还能够形成并完善国内的托育体系，解决社会上的养育问题，提高托育服务质量，保障家长和儿童的利益。

第四章　欧洲与澳洲托育机构设置

第一节　英国社区综合性儿童中心设置

英国政府高度重视早期教育的法律指导与保障。20 世纪，英国就逐步立法以完善早期教育政策体系，为早期教育的发展提供了有力的法律支持与保障。1998 年颁布的国家保育战略（The National Childcare Strategy for England）和确保开端计划（Sure Start）确立了早期教育在国家发展战略中的地位。在国家制度的保障与推进下，英国的早期教育取得了优良的实践成果，并在公共托育服务方面形成了举办主体多元化且机构、家庭、社区等多方密切合作的托育服务体系。英国出台了托育服务相关标准，如《基础阶段课程指导》(Curriculum Guidance for the Foundation Stage)、《0～3 岁很重要》(Birth to Three Matters)、《8 岁以下儿童日托和居家保姆全国标准》(National Standards for Under 8s Day Care and Childminding）等标准。2004 年 12 月，英国政府在确保开端项目的基础上，推出了新确保开端项目《儿童保育的十年策略》(Ten-Year Strategy for Childcare)，将确保开端项目由原来特别针对贫困区域儿童及家庭的补偿项目转变为向所有儿童和家庭提供服务支持的项目，在英国的各个社区建设综合性儿童中心。随后，英国出台了《儿童早期基础阶段》(The Early Years Foundation Stage)，整合以往的多种标准，建立起 0～5 岁儿童教育和保育相统一的公共托育服务体系框架，并由教育标准局（Office for Standards in Education, Children's Services and Skills）依据统一的视察标准展开对学前儿童服务的全面督导。

英国儿童中心是综合性社区式托育服务中心，其服务对象不仅仅是儿童，还包括家长、准父母。儿童中心由地方政府负责组织与管理，承担着联结当地各类机构，凝聚社会资源和服务，为社区婴幼儿和家庭提供优质的综合服务的职责。儿童中心为社区内儿童设定免费托育时长，英国所有3～4岁儿童都可以获得每星期15小时、每年570小时的免费托育服务，且有特殊需求的家庭还可延长至每星期30小时。此外，一部分符合条件的2岁幼儿也可获得每星期15小时的免费托育服务。儿童中心作为综合性服务中心，为社区内婴幼儿及家长提供以下服务：第一，全日制、半日制、短时间的托育服务；第二，针对儿童和父母的健康服务，包括产前保健、儿童健康检查、健康知识普及等；第三，针对父母个人、家庭需求提供的家庭服务，包括父母的个人学习、就业指导以及家庭环境的改善等；第四，针对新手父母的科学育儿指导服务，包括举办相关的育儿讲座、育儿课堂、家长活动等，鼓励家长参与中心的运作，参加社区活动，参加家长论坛或咨询委员会；第五，为保姆提供培训和支持。英国社区综合性儿童中心具体设置标准如下：

一、资格认证

儿童中心是由官方指定，地方当局规划、建立并交付使用的。儿童中心的建设分为三个阶段：第一阶段（2004—2006年）的目标是在社会最需要的地区，即英国前20%的最贫穷地区，建设儿童中心；第二阶段（2006—2008年）的目标是完成对最贫困社区的儿童中心的覆盖，并将覆盖面扩大到70%的一般贫困地区；第三阶段（2008—2010年）的目标是把覆盖面扩展到英国所有剩余的70%的一般贫困地区。根据儿童中心提供的各地区的人口数据，第一阶段的儿童中心一般位于需求最大的地区（例如，失业率高、单亲父母比例大的地区等），第三阶段的中心一般都位于相对富裕的地区。英国当局规定建立在英国排名后30%的社区中的儿童中心必须提供全部的核心服务。①

依照《儿童早期基础阶段》中的相关规定，儿童、学校和家庭负责监督地方当局对儿童中心的组建工作，符合条件的个人或团体都可以在当地政府

① 张莅颖，王亚．英国“确保开端儿童中心”及其成就述评[J].保定学院学报，2013，.26(1)：22-28.

的支持和管理下申请举办儿童中心，并由教育标准局依据统一的视察标准展开对学前儿童服务的全面督导。申请过程如下：

（一）提交申请材料

申请举办儿童中心的个人及团体必须符合《儿童早期基础阶段》中的相关要求，申请人不能有犯罪历史，且没有伤害儿童的倾向和风险。在申请时，申请人需要先在教育标准局的官方网站上提交申请及相关材料，包括如下内容：第一，申请人的基本信息，包括姓名、住址、工作经历、申请资质、联系电话、财产证明、健康证明。如为团体申请，申请人则需要提交主要负责人的以上信息。第二，儿童中心的人员配备计划，包括所有员工的数量、资质、健康证明、无犯罪证明等。提交申请后，由教育标准局负责审批和考察，通过后，申请人方能获得举办资格。

（二）管理机构的审批

英国建立了完善的面向 0 ～ 5 岁儿童服务机构注册和督导工作的标准和执行准则，由教育标准局依据统一的视察标准展开对社区托育中心以及申请人的全面审查和督导。该标准打破了对不同托育机构注册和督导时的不同要求。教育标准局开始以同样的注册和督导标准来审核、评价所有儿童早期保育和教育机构。教育标准局在收到申请时，需要在规定的时间内核查申请材料，并联系卫生健康等有关部门，到现场检查社区托育中心的设施是否完善、规范。教育标准局担负着两种职能：一方面，它需要对儿童中心进行评价、监督、反馈等；另一方面，它需要通过督导来促进社区托育中心的改进和发展。这就要求督学不仅要对社区托育中心的等级做出判断，还要指出社区托育中心需要改进的地方，并提出合理的建议，帮助社区托育中心不断改善。

在申请通过后，教育标准局负责社区托育中心的质量评估及监督，每隔 5 年，教育标准局必须进行一次检查并提供一份书面报告，说明政府向社区托育中心提供的财政支持的管理使用情况以及社区托育中心目标人群的服务情况。内容通常会包括等级、社区托育中心的质量和效能以及儿童发展方面的简短概况、领导和管理有效性方面的概况、上一次督导至今的改进状况、改善儿童中心质量需要完成的工作等。社区托育中心最终将获得一个评判等级，共分4个等级：优秀、良好、满意、不及格。获得优秀和良好的机构至少在3年内将不会接受第二次督导。而获得满意的机构，只有当教育标准局收到投诉时，才会在3年内开展第二次督导。获得不及格的机构被区分为两类：一类是表现较差的机构，但此类机构的质量可以在不需要接受帮助的情况下得到改善。对于此类机构，教育标准局将发出“改善通知”，提醒被督导者进行改进，而机构的注册者需要将采取行动的时间反馈给教育标准局，在6～12个月，督学将再次对其进行督导，若仍然没有明显改善，就会采取进一步措施，例如，取消注册资格。另一类是完全不符合要求的社区托育中心，这类机构在没有督导部门和其他机构强有力的帮助和支持的情况下难以为继，甚至会对婴幼儿造成风险，教育标准局会考虑取消其注册资格。

二、人员配备

儿童中心作为综合性的服务中心，所提供的服务项目并非仅针对婴幼儿的看护、保健与教育，还包括为家庭提供科学育儿指导、健康检查、就业培训等方面的服务和建议。因此，儿童中心的人员配备不仅包括提供托育服务的教师和看护者，还包括提供其他服务的工作人员。儿童中心规模大小依据社区实际情况而定，在具体人数上没有明确的说明和硬性规定，但应满足《儿童早期基础阶段》中关于师幼比的最低要求。同时，儿童中心的人员配备以及从业人员的资质需要满足《儿童早期基础阶段》中的相关规定，儿童中心以确保儿童安全和为家庭服务为原则，为社区内的儿童及家庭提供服务。其中，对托育服务人员的配备和资质的要求如下：

（一）师幼比

《儿童早期基础阶段》中规定，托育机构应设置足够的员工，以保证婴幼儿在员工的视线和听觉范围之内。具体要求如下：对于0～24个月的婴幼儿，师幼比应达到1∶3；对于25～36个月的幼儿，师幼比应达到1∶4。

（二）从业人员资质要求

在儿童中心工作的从业人员需要在上岗前接受培训，充分了解与儿童相关的法律及规定，掌握儿童照管的相关知识和技能，包括紧急疏散程序、安全保卫、儿童保护以及健康和安全问题等。依据所服务的儿童年龄的不同，《儿童早期基础阶段》对儿童中心的从业人员资质又有不同的要求。其中，机构负责人必须具有管理人员相关资质，同时应该具有至少 2 年与儿童相关的工作经验。

《儿童早期基础阶段》对不同年龄阶段婴幼儿照护者的资质有着不同的要求，具体如下：

0 ～ 24 个月婴幼儿的照护者应该至少有 1 名工作人员具有相关的 3 级资质，并且具有照护 2 岁以下婴幼儿的工作经验，至少有一半工作人员具有相关的 2 级资质，所有工作人员中至少有一半必须接受过专门针对婴幼儿照护的培训。

25 ～ 36 个月幼儿的照护者应该至少有 1 名工作人员具有相关的 3 级资质，至少有一半工作人员具有相关的 2 级资质。

另外，儿童中心应该确保有 1 名代表，这名代表有能力在负责人不在时负责儿童中心的所有工作。

三、建筑布局

（一）场地要求

儿童中心的场地设置要考虑婴幼儿的年龄特点以及活动开展的适宜性。托育场所的设置要符合婴幼儿的年龄特点，为婴幼儿提供适宜的场地。其中，室内空间、户外空间以及整体空间的大小应适合婴幼儿的年龄特点以及活动需要。具体标准如下：

必须为 0 ～ 24 个月的婴幼儿配备不低于 3.5 m^2 的人均空间面积。必须为 25 ～ 36 个月的幼儿配备不低于 2.5 m^2 的人均空间面积。

同时，要求托育机构必须保证有合理的户外活动场地，若没有，也要保证婴幼儿每天都有一定的户外活动时间。

（二）配备用房

除此之外，在功能房的配备上，儿童中心需要包括婴儿房、室内活动区、其他活动区、咨询室、卫生间、厨房、员工休息区、办公区域 8 大功能区域。功能区域具体应满足以下要求：

1. 婴儿房

供2岁以下的婴幼儿使用。

2. 室内活动区

供2岁以上的幼儿进行室内活动。

3. 其他活动区

用于举办家庭活动和开展其他服务活动。

4. 咨询室

用于进行家长服务和指导的空间。

5. 卫生间

卫生间要整洁且数量充足，有足够的换尿布的设施以及单独的成人卫生间。

6. 厨房

为了准备婴幼儿每日食物，厨房应有基本的设备且需要保持干净、卫生。

7. 员工休息区

供员工吃饭、休息。

8. 办公区域

用于处理日常工作以及与家长交流的单独空间。

四、安全防护

（一）房屋安全

房屋的建筑需要符合英国关于建筑安全、卫生安全的相关规定，经过消防部门验收通过后方能投入使用。同时，房屋（室内空间和户外空间）的设置要符合婴幼儿的年龄，场地设施必须遵守有关的法律法规，工作人员要制订紧急情况处理计划和紧急疏散程序，确保发生火灾或出现任何其他紧急情况时房舍内的婴幼儿、工作人员和其他人员的安全。儿童中心内必须有适当的火灾探测和控制设备（例如，火警报警器、烟雾探测器、防火毯及灭火器），这些设备必须处于正常工作状态。消防出口必须清晰可辨，防火门必须没有障碍物，并且容易从内部打开。

（二）日常安全

儿童中心将婴幼儿的安全放在首要地位，《儿童早期基础阶段》中明确规定，每个儿童中心都必须制订详尽的安全保护方案，涵盖婴幼儿生活的方方面面，如紧急疏散方案、婴幼儿接送核对方案、来访者核对方案以及婴幼儿在机构内的安全保障方案等，且此类方案要符合地方儿童保护委员会的规定。同时，管理人员以及工作人员不能在儿童中心的任何地方吸烟，必须参加有关儿童保护的培训课程（如紧急疏散的培训等），以便能够在紧急时刻及时做出正确的反应。除此之外，在设备设施的清洁和维护上，儿童中心要符合以下要求：

（1）儿童中心的设施大小、材料的选取应符合婴幼儿的年龄特点和安全要求。

（2）要每日对婴幼儿使用的所有设备进行消毒和清洁，保持设备安全卫生，可以正常使用。

（3）清洗材料、消毒水、药品以及其他危险物品等要存放在婴幼儿接触不到的专门地方。

（4）儿童中心需要配备专门的保洁人员负责卫生清洁工作。

五、卫生保健

（一）饮食营养

儿童中心向婴幼儿提供的食品必须是健康的、营养均衡的和新鲜的。在婴幼儿入园前，儿童中心必须事先了解婴幼儿的特殊饮食需求，如饮食喜好、健康需求、过敏食物等，对婴幼儿的特殊饮食需求，儿童中心要记录在册。同时，在饮食营养方面，儿童中心需要达到以下要求。

（1）儿童中心的食品制作间必须保证整洁卫生，且每天消毒。

（2）婴幼儿在儿童中心内随时能够得到充足、安全的食物和饮用水。

（3）供应食物的人员必须接受过有关食物卫生的培训。

（4）若家长对婴幼儿的饮食有特殊的计划和要求，儿童中心需要依据家长的要求安排婴幼儿的一日饮食。

（5）若发现有 2 名以上的婴幼儿食物中毒，儿童中心必须在 14 天之内通知相关行政单位。

（二）卫生防病

儿童中心应做好婴幼儿健康检查工作，形成处理紧急事件的应对机制并做好相关记录，具体标准如下：

（1）必须备有婴幼儿专用的急救箱，以备婴幼儿受伤时做急救处理。工作人员需要及时告知家长具体情况，做好并保存好事故和急救处理的相关书面记录。

（2）对于婴幼儿在托育期间发生的严重伤害、疾病或死亡等重大事故，工作人员必须在 14 天之内上交事故和所采取措施的具体情况记录。

（3）对于患病的婴幼儿，工作人员应及时与婴幼儿监护人沟通，采取相应的措施。

（4）必须制订有关药品管理的方案，其中必须包括婴幼儿药品需求信息系统，并定期更新。此外，必须保证由受过专业培训的药品管理员来管理药品，未经过专业人员的允许，不可给婴幼儿服用处方药。

第二节　英国《早期基础阶段法定框架》设置

英国早期教育遵循保教并重的教育价值观，重视 0 ～ 5 岁婴幼儿在各年龄段接受的保育和教育。《早期基础阶段法定框架》（Statutory Frame work for the Early Years Foundation Stage，以下简称《框架》）由英国教育部颁布，旨在为教育从业者提供 0 ～ 5 岁儿童保育、发展与学习方面的法定标准，确保不同类型托育机构的发展质量和一致性。作为英国早期教育阶段的核心文件，《框架》从 2008 年颁布至今，不断完善，以保障儿童身心健康、促进儿童发展与学习为目标，对早期教育从业者明确提出其必须遵守的行业标准。本节对《框架》中与托幼一体式机构设置标准相关的内容进行详细介绍，包括资格认证、人员配备、建筑设计、安全防护和卫生保健五个方面。

一、资格认证

根据英国《儿童保育法案（2006）》，绝大多数提供托育服务的机构需要在英国教育标准局进行注册。教育标准局是独立公正、直接向英国议会报告的教育监管机构，其主要职责为审查和监管面向所有年龄段的教育和技能培训服务。申请者申请注册后，英国教育标准局会评估申请者的资质，并且走访机构所在地进行注册检查。只有符合《框架》和其他相关法律的要求，申请机构才能够获得批准，开展托育服务。

（一）准入性资格审查

在审查机构申请时，英国教育标准局主要从两方面判断申请者是否具备提供托育服务的资格。

一方面，申请者需要满足提供托育服务的基本要求，包括保证婴幼儿的安全、禁止任何形式的体罚、确保有足够的人员照料婴幼儿、照料人员必须具备急救资质等。除基本要求外，英国教育标准局还在安全保障、设施场所、组织安排、应对投诉、信息记录、信息提供方面列出了详细要求。申请者必须一一满足要求。

另一方面，英国教育标准局会安排检查人员走访申请机构，进行实地检查。检查事项包括核实申请者身份、培训和急救资质、工作经历、英语水平等信息，对机构场地、设备、资源进行有关婴幼儿安全性和发展适宜性的风险评估，确认托育服务申请者在各方面已经准备就绪，可以开展托育服务。与此同时，检查人员还会通过谈话评估申请者是否适合照料婴幼儿，是否能够遵守《框架》中关于安全保障与身心健康、学习与发展两大方面的有关要求。

注册检查结束后，检查人员将告知申请者申请是否通过。通过注册申请后，英国教育标准局即会向托育机构颁发注册证书。

（二）过程性质量评估

托育服务机构资格申请并非一劳永逸。针对早期教育托育机构，英国不但有严格的准入制度，而且会进行过程性评估，以监督托育机构是否时刻符合《框架》的各项要求。英国教育标准局对机构的过程性评估可分为定期评估和不定期评估两类。定期评估指自机构设立起每 4 年为一个周期的综合检查评估，其中，首次评估将在机构登记之日起 30 个月内开展。所有被评价为需要改善的机构须在 12 个月内接受重新检查，被评价为某方面执行不足的机构须在 6 个月内接受关于该项的重新检查，在连续 3 次检查中被评价为不合格的机构，其注册资格将被取消。不定期评估指在出现突发事件或家长举报的情况下，对机构进行的不提前通知的临时抽检，但检查内容和标准与定期评估一致，所涉及的关键事项需要着重关注。

评估人员会综合各方面的评估情况给出结果（共4个级别：出色、良好、需要改善、不足）。各机构都会在评估后收到评估报告，若机构在某一方面没有达到要求，评估报告中便会指出应如何进行改善。各机构的评估报告均公开透明，人们能够随时在英国教育标准局的官网查询。例如，位于英国桑德兰的某家接收0～4岁婴幼儿的托育机构的评估报告显示，该机构在领导层效率和管理，教学、学习和评价质量，个人发展、行为及身心健康，以及儿童发展成果这4个方面都获得了“出色”的评估结果。在这份报告上，评估者的姓名及其评估的方式和结果都有公开、翔实的记录，便于该机构的教育工作者和儿童家长了解机构情况。若英国教育标准局收到的投诉或报告表明某托育机构存在问题，则可能会进行额外或重复评估。若机构连续被评为“不足”，教育标准局可以取消其举办资格。

二、人员配备

为了保障婴幼儿的安全，确保每一名婴幼儿都能够得到充分的指导和照料，《框架》对托育服务机构中教师和其他与婴幼儿有直接接触的从业人员的数量、类型、资质等都有明确的要求。

（一）师幼比

在师幼比上，《框架》按照婴幼儿的不同年龄进行了规定。在托育机构中，2岁以下婴幼儿班的师幼比不得低于1∶3；所有从业人员中至少要配备1名具有儿童工作人力发展署（Children's Workforce Development Council，CWDC）的3级资格（等同于高中学历）并且具有丰富的与2岁以下婴幼儿相处经验的教师；至少一半从业人员需要具有儿童工作人力发展署的2级资格（等同于初中学历）；至少一半从业人员接受过育婴培训。对于2岁幼儿班，师幼比不得低于1∶4，所有从业人员中至少需要1名教师具有儿童工作人力发展署的3级资格（等同于高中学历）。对于3岁及以上幼儿班，具有教师资格证、早期教育专业资格、早期教育教师资格证或其他适合的儿童工作人力发展署的6级资格（等同于学士学位）的教师可以照料13名幼儿，不具备以上资质的教师可以照料8名幼儿。另外，只有17岁以上的从业人员才可计入师幼比，不满 17 岁的从业人员则需要时刻受到更有经验者的监督。

（二）从业人员资质要求

《框架》不仅对教师和从业人员有资质要求，还对管理者同样有资质要求。《框架》规定，托育机构的管理者必须至少具有儿童工作人力发展署的 3 级资格（等同于高中学历），并且有至少两年相关领域的从业经验。托育机构还必须任命一名副主管，确保在管理者不在场的情况下，副主管有能力和资质代行其职。

另外，机构必须向每名儿童指派一名专属负责教师。儿童开始接受早期教育时，机构必须告知家长专属负责教师的相关信息和职责。专属负责教师的职责是确保每名儿童都能得到符合自身需求、特点的学习和发展，帮助儿童适应教育环境，与儿童建立稳定的关系并与家长保持联络。如果儿童有任何特殊需求需要寻求专家建议，专属负责教师必须帮助儿童家长与专家进行沟通。

（三）职业培训与监督指导

《框架》还要求托育机构向从业人员提供职业培训，进行监督指导。机构必须确保所有从业人员接受入职培训，帮助从业人员对自己的角色和职责形成明确的认识。入职培训包含紧急疏散、安全保障、儿童保护以及健康和安全问题的相关内容。除入职培训之外，托育机构还必须支持从业人员接受适当的在职培训，这不仅可以为从业人员提供职业发展机会，还可以提升托育机构的服务质量。对于监督指导，《框架》中指出，应当营造一种互相支持、团队合作和不断进步的文化氛围，有效的监督可以提升从业人员的能力和托育机构的质量，使儿童受益。监督指导应当为从业人员提供讨论儿童身心发展、研究和解决问题、提升个人能力的机会。

三、建筑设计

（一）空间规划

《框架》中对托育机构的建筑要求同样体现出对婴幼儿安全和婴幼儿需

求的重视。托育机构在建筑和设备方面的设置必须严格遵守英国健康、安全、卫生等领域的法律法规，并且为所有场所和设施配置保险（如公共责任险），同时必须确保托幼场所（包括室内和户外所有区域）适宜教师照料对应年龄的婴幼儿以及开展相应的活动。对于室内空间，《框架》规定每名2岁以下婴幼儿使用的空间大小必须不低于3.5 m^2；每名2～3岁幼儿使用的空间大小不低于2.5 m^2；每名3～5岁幼儿使用的空间大小不低于2.3 m^2。对于户外活动区域，一般情况下，托育机构必须为婴幼儿提供户外活动的场地。如果因某些情况无法提供户外活动的场所，托育机构依然需要确保婴幼儿每天都能够进行户外活动（遇恶劣天气等情况除外）。

（二）设施设备

对于具体的场地和设施安排，《框架》要求2岁以下的婴幼儿必须拥有单独的婴儿室（Baby Room）。与此同时，托育机构还需要确保婴幼儿能够接触到年长的同伴，并在合适的情况下使年幼婴幼儿加入年长幼儿的群体。机构内要有足够数量的卫生间和洗手池，且一般情况下，成人和婴幼儿的卫生间应当区分开来。托育机构必须确保有合适的卫生设施（例如，尿布更换台）以及足够的床上和卫生必需品，以供需要时使用。对于成年人，《框架》也有相应的场地规定。托育机构中需要有可以供家长和从业人员私下谈话的区域以及让从业人员休息的区域，这些区域需要独立于婴幼儿使用的区域。

四、安全防护

婴幼儿的安全保障是《框架》的核心目标之一。我们从人员、设施和制度方面的严格要求都可以看出英国政府对托育机构安全防护的重视。

（一）人员配置

在人员配置方面，《框架》中有单独的部分来强调托育机构须选择“合适人选”，其中最重要的筛选内容便是对所有与婴幼儿有直接接触的从业人员进行无犯罪记录的详细检查。任何人在入职前都会被核查是否曾有可能会影响其参与婴幼儿相关工作的犯罪记录，托育机构不得允许任何还未通过资质审查的人员擅自接触婴幼儿。除此之外，托育机构还必须记录有关从业人员资质以及已完成的身份确认和审查信息（包括无犯罪记录检查号码、检查信息和检查员信息等）。当有员工因伤害婴幼儿或置婴幼儿于危险之中而遭到解职（或离职）时，机构必须遵照《2006年弱势群体保护法案》（Safeguarding Vulnerable Groups Act 2006），将有关情况移交刑事记录局。

《框架》还严禁对婴幼儿实施体罚，并将体罚视为违法行为。托育机构必须采取措施，确保任何照料婴幼儿或与婴幼儿有直接接触的从业人员不会对婴幼儿实施体罚。机构同样需要杜绝任何不利于儿童身心健康的威胁行为（不管是威胁体罚还是其他形式的惩罚）。若出于避免造成他人受伤的原因，或为了管理婴幼儿行为而采取了绝对必要措施，“肢体干预”行为不构成体罚，但是托育服务机构必须记录每次“肢体干预”的情形，并尽快告知家长。

（二）设施安全

在设施安全方面，《框架》要求托育机构必须有合适且正常运作的火灾检测和灭火设备（如火警报警器、烟雾探测器、防火毯及灭火器等）；必须有消防通道，且消防通道必须清晰可辨，防火门必须可以从内部轻松打开，不可设有障碍物。此外，接送婴幼儿的车辆和司机必须办有保险。

（三）安全制度

在安全制度方面《框架》首先对托育机构的风险评估提出了要求，机构必须确保采取一切可能措施，使从业人员和婴幼儿远离风险，并且能够示范如何应对风险。若有需要，机构应针对某些具体问题给出文字形式的风险评估，以指导从业人员如何应对风险，并且使从业人员在家长或检查人员询问时能够展示如何应对风险。风险评估的内容应当包括确认哪些方面需要被经常检查、何时检查、由谁检查，如何消除风险或将风险降至最低。在婴幼儿外出时，托育机构同样需要进行风险评估，并且采取必要的措施，以保障婴幼儿的安全。

除风险评估外，《框架》还从多方面列出了从业人员需要遵守的安全事项。例如，从业人员不能对酒精或其他可能影响照料儿童的物质有依赖；必须频繁巡视睡眠中的婴幼儿；必须采取一切可能措施阻止他人未经允许进入托育机构；必须记录和核实来访者的身份；只有在得到家长通知后，才能将婴幼儿转交给他人，且确保婴幼儿在有人照料的情况下离开托幼场所；等等。

五、卫生保健

在《框架》中，卫生保健的相关内容可分为三部分，即饮食健康、医疗卫生和意外防护。

（一）饮食健康

《框架》要求，如果托育机构向婴幼儿提供小吃和饮品，就必须保障食品健康、营养均衡，饮用水新鲜、充足。托育机构必须有合适的区域提供食物，有合适的设备（如婴幼儿食品灭菌设备）对食物进行卫生准备和处理，所有准备和处理食品的从业人员必须接受过食品卫生培训。鉴于每名婴幼儿可能存在不同的健康和饮食需求，托育机构还必须在婴幼儿入园之前就了解和记录婴幼儿饮食方面的信息，如过敏食物、特殊健康需求等，并且进行相应的调整。一旦遇到饮食方面的意外，如有两名及以上婴幼儿在托幼场所内出现食品中毒，托育机构必须在 14 天内尽快向英国教育标准局报告，否则将构成违法。

（二）医疗卫生

在医疗方面，为了保障托育机构中婴幼儿的身体健康，《框架》要求托育机构必须在应对婴幼儿身体不适或传染性疾病方面制定相关程序，并听取家长的建议。托育机构要做到采取必要措施防止传染扩散，以合适的方式照料生病的婴幼儿。同时，药物管理也十分重要。《框架》提出托育机构必须有药物管理方面的明确政策和规定，其中要包括婴幼儿需要的药物信息，并实时更新。管理药物的从业人员要接受必要的药物知识培训。在用药时，若医生没有开具处方，婴幼儿不能使用处方药，且只有在获得父母或其他照料者书面许可的情况下，教师才能让婴幼儿服用指定药品。托育机构必须在每次给婴幼儿服药时进行书面记录，并告知家长。

（三）意外防护

在应对意外和受伤方面，托育机构首先必须确保婴幼儿在场或外出时，至少有一名拥有小儿急救（Psychological First Aid，PFA）证书的从业人员随时在场。从业人员持有的小儿急救证书必须涵盖全面技能，且小儿急救证书每三年需要更新。小儿急救证书和持证从业人员名单应当向家长公开。托育机构要考量婴幼儿和从业人员的数量以及场所大小，以确保小儿急救从业人员能够快速应对突发事件。除了对急救人员的要求外，《早期基础阶段法定框架》还规定必须确保托育机构内的急救箱随时可用，且箱内药品适合婴幼儿使用。在面对意外或受伤事件时，机构必须记录事故或受伤情况以及采取的急救措施，并在婴幼儿遭遇事故或受伤后尽快通知家长。如果托育机构内发生了任何严重事故、重大疾病或伤亡事件，机构必须将情况和采取的应对措施尽快告知英国教育标准局，否则将构成违法。此外，托育机构还必须通知当地的儿童保护机构，并遵照相应的指示行动。

第三节　丹麦家庭日间托儿服务标准设置

丹麦作为福利制国家的典范，为丹麦公民提供了充足的家庭福利支持，如为解决 0 ～ 6 岁婴幼儿家庭照看的问题，丹麦政府设立了类型多样的托幼场所。托幼场所涵盖家庭日间托儿服务（简称“家庭日托”）、托儿所、幼儿园和各年龄段综合机构 4 种类型，托育服务由丹麦教育部和中央社会福利部设立相关标准，当地市政府负责具体实施。对于 3 岁以下的儿童，多数父母会选择家庭日托。该项服务一般在私人家庭或其他场所中进行。丹麦的家庭日托服务已有近四十年发展历史，各项立法和标准较为成熟。下面就丹麦日托系统中的家庭日托展开具体介绍。

一、资格认证

家庭日托的申请有两种情况，一种是保育员直接申请在自己家中开展日托服务，另一种是私人自行申请开展日托服务。两者最大的不同在于后者需要自行聘用保育员，不得由私人独自开展家庭日托服务。

不管使用何种方式，申请者在提交家庭日托服务申请后，市政当局都会评估申请开展日托服务家庭的环境。根据相关立法规定，良好的日托环境应满足儿童基本的身心发展需求。日托场所应当为儿童提供保育与教育服务，不仅要确保儿童能够健康成长，还能提高其学习与发展的相关技能，如创造力、独立性、合作能力等。

此外，当地警方会检查申请开展日托家服务的家庭中每个成年人的行为记录，特别是违规行为。在正式开展日托服务前，当地主管至少访问预备开展日托服务的家庭两次，家庭中的配偶和子女必须出席其中的一次访问，以便主管征求所有家庭成员的认可，待所有申请通过后，日托家庭便有资格开展照料服务了。

二、人员配备

家庭日托是以私人家庭为主要照料地点的日托服务类型，其形式灵活，没有具体的教学目标，没有明确的班级制度和儿童管理制度。在日托家庭内，一个保育员可以同时照料 5 名 0 ～ 3 岁的儿童，受照料儿童的人数受家庭内保育员数量和私人家庭房屋大小的双重制约，但为确保照料质量，家庭日托要保障基本的人员配备，具体如下。

（一）师幼比

一名保育员最多可以照看 5 名 3 岁以下的儿童，如果有两名或两名以上的保育员，日托家庭最多可以照顾 10 名 3 岁以下的儿童。①

（二）人员类型

1. 保育人员

（1）保育员。家庭日托的主要目标是让儿童体验到较为亲切的、非机构化的照料服务。在一个合格的日托家庭中，保育员是家庭日托中的核心人物。保育员的主要职责是在日托期间照料儿童，保证儿童的安全与健康，满足儿童的正常需求，同时开展部分具有教育意义的活动。

（2）替代保育员。当保育员有事外出无法照顾儿童时，替代保育员被允许代替保育员继续照料儿童。每个市政当局都采用不同方式联络替代保育员，最常见的方式是建立游戏室小组，游戏室小组是由住在同一个社区内的 5 ～ 7 名保育员组成的团体。游戏室小组通过组织集体游戏活动，让儿童提前熟悉游戏室小组内的所有保育员和其他儿童，另外，允许保育员之间交流和讨论日托中的常见问题，促进保育员之间的互助，从而增强家庭日托的可靠性，

① 王伟虹．丹麦的家庭日托 [J]. 幼儿教育，1993（12）：28-29.

给予家长足够的支持。还有一种替代方式是提前预留出空闲保育员，以应对任何突发情况，但该方式会耗费较多的人力资源。

2. 监督员

在家庭日托系统中，市政家庭日托管理局（The Municipal Family Day-care Administration）会派出专业人员对日托家庭进行实地监察。该类人员被称为监督员或监事，监督员至少每月访问一次管辖范围内的日托家庭，为日托家庭提供健康保育的指导。同时，监督员会花费大量时间对儿童进行监管，观察儿童身体和社会性发展情况并记录。此外，监督员具有雇用和解雇保育员的权力。

在同一个社区内，监督员和保育员会形成一个工作委员会。工作委员会应当确保各方信息沟通流畅，并于固定时间讨论各项工作安排。

3. 董事会

丹麦的日托系统充分考虑家长的作用，所有儿童的家长可以在当地申请成为日托董事会的成员之一。董事会具有确立成为保育员的基本原则和通过提高家庭日托照料服务质量的提案的权力。

（三）人员资质

1. 保育人员

（1）保育员。若申请成为一名保育员，申请者本人需要向市政家庭日托管理局提交申请，填写基本信息，如个人健康状况、家庭成员情况等。一名合格的保育员应当具备一定的儿童照料经验和良好的社会技能；申请人的家庭环境应当保证安全和舒适，家中配偶应当具有稳定的工作以维持家庭基本生活的运转。待各类申请通过后，新手保育员应接受为期一周的官方教育课程培训，以提高家庭日托的护理质量。官方课程的主要内容为如何成为一个合格的保育员，课程分为不同类型，以便对应不同工作年限的保育员。

（2）替代保育员。替代保育员的人员资质要求与保育员相同，此处不重复介绍。

2. 监督员

监督员由市政家庭日托管理局派出，是政府公职人员。要想成为一名合格的监督员，工作者应当至少拥有 3.5 年的学前儿童照料经验，并具备照料相关的专业知识，以便为日托家庭提供日常指导与建议。

三、建筑布局

（一）选址要求

日托家庭应当有一所房子或者一个有足够空间的公寓，以确保儿童能在其中自由玩耍。同时，日托家庭所在社区必须具备一定的绿化空间。

（二）场地设施要求

除房屋所处大环境适宜儿童发展外，日托家庭的场地设施也有具体的要求，包含户外活动空间和室内活动空间两大方面。

1. 户外活动空间

儿童在接受家庭日托服务期间可以进行户外活动，其场所可为社区内的公共场所或日托家庭的私人户外区域。户外活动空间应当是安全、健康的，能让儿童自由开展活动，能满足儿童身心发展的各项指标。选择公共活动场所时，保育员应当注意场所设施的安全保障和可能对儿童健康造成不良影响的各种外部因素，如噪声和疾病防护等。

2. 室内活动空间

室内是儿童的主要活动场所，良好的硬件条件是提高家庭日托质量的基础。《建筑规范》第 8 章规定，在日托机构中，儿童的人均标准活动空间面积至少为 2 m^2。一个基本的日托家庭应当为儿童提供起居室、活动室和饮食区等主要活动空间，各活动空间的设置应当符合建筑规范。

（1）空间设施。日托家庭应当为儿童提供休息专用床、儿童用椅、摆放玩具的收纳空间以及一些必备的活动设施，这些设施都应当满足国家规范材料标准，如软垫家具必须符合欧洲标准中的关于可燃性物品的要求等。

（2）厨房设置。若日托家庭为儿童提供厨房服务，厨房准备的食品应当严格符合《食物法》的标准，并且厨房内、外部设计也应达到相应的标准。厨房必须划定使用边界，以免食物受到不必要的外部污染。其最佳位置是在一个单独的房间内，必须规避与易滋生细菌的公共场所相连，如卫生间前厅及起居室等。合格的厨房内部设计应当具备以下几个特点：设立洗手和烘干手的设施，设立清洁食物和消毒厨具的清洁设施，设立食物冷却和冷冻设施，等等。除厨房内部卫生要求外，厨房还应考虑内部环境的安全要求，如铺设防滑且易于清洁的地板，墙面覆盖物应防水且无毒，天花板须避免污垢积聚，等等。

（3）通风设计。根据《建筑规范》相关条例，日托家庭中的儿童起居室必须按时进行通风及安排热空气的预回收。通风设备包括供气和排气设备，必须满足以下两个条件：一是满足儿童生理所需的最低通风率；二是控制室内最大二氧化碳含量水平。在日托家庭中，对儿童而言，每秒从户外获取的新鲜供气量至少为 5 L，同时保育员需要确保室内空气中的二氧化碳的体积分数不得超过 1×10^{-4}。

（4）控制噪声。噪声不仅会影响听力，还会影响注意力、记忆力和决策能力等。丹麦国家卫生委员会（Denmark National Board of Health）表示，日托机构最好能确保噪声不会对参加日托的儿童造成听力、学习和语言等方面的损害。由于生理发育不成熟，儿童对噪声的感知强于成人。在此背景下，日托家庭应当为缺乏噪声处理知识的儿童提供帮助，做好控制和预防噪声的相关工作，较少噪声对儿童发育的负面影响。日托家庭应当为儿童提供低噪声的室内空间，如设立相关降噪设施。日托家庭若具备重新装修的条件，则可以在活动场所中安装降噪家具，以减少各类尖锐物体的摩擦；日托家庭若没有足够的条件重新安装家具，则可以采取减少塑料游戏用具的使用及在可移动家具下铺垫毛毡垫类的软质布料等措施。

四、安全防护

保证日托家庭基础建筑设施符合标准后，儿童的安全问题应当放在家庭日托服务的第一位，保障儿童的安全是所有儿童工作者的职责。在日托家庭中，保育员应当运用及时合理的照料手段保证儿童的安全。例如，在儿童洗澡或涉水时，保育员应当对日间洗浴设施进行实时监控，保障儿童的安全。此外，社会生存经验少的儿童不足以面对生活中的种种紧急情况，日托家庭应当提前做好全面的应急措施，以保障儿童的生命安全。本部分论述紧急事件中的相关安全防护措施要求。

（一）规划逃生路线

逃生路线（如走廊、楼梯、庭院等）必须在整个空间内保证自由通行、整洁和明亮，途中不得放置任何阻碍通行的家具和其他物品，且无须使用钥匙或其他特殊工具开启，以便人员可以安全、快速地移动到出口。内部逃生路线必须使人员能在直线方向上通过，保证人员始终可以看到照明的逃生路线和逃生通道门上的标志。连接各类逃生通道的逃生通道门不得被墙壁覆盖，不得被固定设施和存储容器挡住。在外部逃生路线中，不得停放机动车辆、轻便摩托车和自行车，以便加快疏散速度。

（二）科学预防

儿童对火有强烈的好奇心，无指导用火可能会发生意外火灾，该类情况要求保育员具备科学防火的相关知识。

科学防火需要满足以下条件。首先是房屋硬件设施，房屋内应当安装烟雾报警器加以警示，同时应当设立降低火灾损害的相关设施，如防火门、充水软管、灭火器等：此外，日托家庭应防止过度装修，以降低房屋的火灾负荷。其次是人员要求，保育员应当具备良好的火灾知识，能冷静应对一定情景中的小型火灾事故现场。此外，保育员应当提前向儿童普及实用性高的防火知识，防止儿童误用火种。最后是日常检查，保育员应当每日检查房屋内的易燃物品，定期检测灭火设施的可使用情况，控制日常易燃物品的使用。

五、卫生保健

保障儿童健康是日托机构中最重要的卫生保健目标，早期优良的健康保健将为儿童提供更长的寿命和更好的生活质量。丹麦当局颁布了《促进儿童卫生、环境和安全健康》，主要面向所有日托机构和卫生当局的工作人员，该文件对日托家庭的日常卫生和环境条件等提出明确要求，旨在降低常见疾病发病率，促进儿童健康发展。

（一）卫生基本设施

日托家庭中应当设立提供饮用水、洗衣服务等的相关设备，严格按照

《卫生法》的各项要求开展照料服务。

1.饮用水的设置要求

日托家庭应当保障儿童能方便地获得新鲜的冷饮用水，如使用从饮用式水龙头接出的直饮水；日托家庭应当保证水龙头质量可靠，同时保育员应当叮嘱儿童接水前要放走一部分残余水。若日托家庭使用冷却后的热饮用水，卫生当局要求冷却机器类型必须符合标准且不建议使用封闭容器进行冷却。长期储存冷饮用水会增加水中细菌滋生的可能性，因此日托家庭应当准备多次，适量的冷饮用水。为防止饮用水的二次污染，日托家庭应当定时清洗盛水容器，以保证饮用水的清洁度。

2.洗衣服务设备的设置要求

日托家庭应当按时使用洗衣机清洗游戏房间内的毛绒类玩具、装饰类用品以及床上用品，而且应当及时清洗沾染了呕吐物等易传播疾病液体的贴身衣物，清洗水温应为 80 ℃及以上。若衣物被大面积污染，保育员可以佩戴一次性手套和围裙进行彻底清洗。在清洗过程中，保育员应当严格遵守衣物洗涤剂的剂量要求，保护儿童皮肤。洗涤衣物的使用水质量应当符合卫生当局对一般水质的要求，如不能使用雨水或其他未经处理的地表水进行清洗工作。此外，卫生当局还要求幼儿使用的尿布应于水温在 80 ℃～ 90 ℃的热水中清洗。

待衣服清洗完成后，衣物的干燥最好能在保证良好通风条件的衣物专用柜或滚筒式烘干机中进行，不建议在休息室内进行，因为高湿度会增加儿童在空气中感染病菌的风险，也会增加霉菌在纺织衣料中积累和生长的概率。

3.临时洗澡服务的设置要求

家庭日托中的洗澡服务为非必需服务，若局部的清洗不能完全解决儿童的身体卫生问题，日托家庭可以提供临时洗澡服务，如游戏后身体上带有大量的泥垢和微生物的儿童可以接受洗澡服务。基于此类特殊的服务类型，卫生当局要求日托家庭在安全和健康的环境中满足儿童临时洗澡的需求，如实时监控洗澡过程等。洗澡水应从当地水厂的安全供水中提取，雨水和地表水均不建议被用作洗澡用水。所有临时浴池都需要每日排空并彻底清洁，清洁范围应包含浴池周围用于保障安全的各类用品。在清洁过程中，保育员应当使用政府许可的清洁剂品牌并严格控制用量；清洗完成后，浴池的排水装置必须以安全、健康的方式排水，如排入公共下水道，保证儿童无法接触到污水。

（二）饮食健康

儿童天性好动，消耗能量的速度快于成人，日托家庭需要安排额外的进餐。家庭日托中提供的厨房服务属于私人厨房服务类型，应当得到儿童家长的许可，并根据丹麦《食物法》进行规范和接受管理。

1.儿童自带食物的要求

父母可提前自行准备儿童日间所需食物。在自己家中准备食物时，父母应当选择持久耐用的食物，如自制的面包、完整的水果、蔬菜以及不易腐烂的食物，不得选择未经加工的生冷产品和易腐烂的食物等。同时，父母应当向日托家庭提供制作儿童食物的完整步骤和流程。在食物运输过程中，包装的食物不得过热，各类型食物之间要保持必要的分隔，以免相互受到污染。日托家庭若发现食物变质的迹象，可自行决定是否停止使用该食物。

2.日托家庭烹饪食物的要求

厨房内必须有足够的空间从保证即食食品和食物原料的分离，必须具备可以单独解冻和储存食物的冷却设施，设施内冷冻温度最高为 5 ℃。准备儿童非即食食物时，至少需要清洗三次食物原料。在烹饪过程中，生冷食物加热温度至少为 75 ℃。为避免传播细菌，保育员应当保持良好的个人卫生，经常洗手，保证烹饪环境的卫生条件良好。

在厨房中进行以教学为目的的烹饪时，保育员需要提前向儿童提出一些基本的卫生建议，如烹饪前后必须洗手，上厕所后彻底洗手，食用食物时不得将手指放入口中或鼻中，不要随意品尝肉类和生蛋等未加工的食物原料等。

（三）卫生防病

发育中的儿童抵抗外界疾病的能力较弱，且儿童数量的增加会提高患病率。丹麦当局颁布了相关卫生文件，包含丹麦卫生部出台的《关于学校和日托机构预防传染病措施的通知》及丹麦国家卫生委员会出台的《卫生指南》。市政卫计委定期为日托家庭提供卫生防病方面的建议和指导。

1.传染病的预防总则

儿童数量越多，传染病感染风险越大。可能有感染风险的日托家庭不得接收患有传染病的儿童和工作人员。若儿童接受日托照料服务时出现典型传染病特征，保育员应当通知儿童家长或监督员，及时遣返患病儿童。如有必要，可以将患病儿童隔离开来。若日托家庭中出现传染病并暂停照料服务，丹麦卫生部有权决定日托家庭何时可以重新开展照料服务。

2. 防止过敏性疾病

据统计，丹麦儿童哮喘、过敏和其他超敏反应的发生率在逐年增加，大约三分之一的儿童曾患上该类疾病。环境因素是导致过敏的主要因素，因此日托家庭应当严格控制常见过敏原，减少环境因素对未患病儿童的影响。日托家庭若接收了患病儿童，应当保持室内环境的高度清洁，并对儿童实施特殊的照料服务，如选择性使用食物材料等。

综上所述，丹麦良好的社会福利体系为家庭日间托儿服务提供了全方位的支持，其中包括资金等物质性支持。丹麦家庭日托有 40 年左右，具备较完善的服务体系，相关人员配置较为完整，相关法律文件较为完备，涉及安全、卫生、健康及能力发展等方面。相较之下，我国社会福利的覆盖率不及丹麦，且家庭日托系统的建立还处在起步阶段。我国欲建设适合国情的家庭日托系统，可借鉴丹麦的先进经验，以建成高质量、低损耗、严管理的家庭日托体系，为学龄前儿童提供优良的成长环境。

第四节　澳大利亚社区托育中心设置

澳大利亚是较早重视婴幼儿早期教育并实施行动的国家。然而，长期以来，澳大利亚早期保教领域积累了不少亟须解决的问题，如偏远地区与城市地区教育差距大、原住居民早期教育缺失、多元文化融合问题等。为了解决上述问题，2007 年 11 月，澳大利亚政府委员会（Council of Australian Governments，COAG）达成了在早期保教领域建立全国性改革框架的政府首脑协议，开启了早期保育与教育的全国性改革。2009 年 7 月，澳大利亚政府委员会通过了首个全国性的幼儿保教宏观指导战略，明确划分了政府层级责任，要求各级政府协调合作，建立覆盖 0 ～ 8 岁儿童发展的早期教育体系。2009 年 12 月，澳大利亚颁布了《早期儿童教育和保育国家质量框架》，建立全国学前教育和保育质量体系，将全国所有的全日托、家庭日托和幼儿园都纳入同一个监管体系中，实行统一的监管标准，以期通过联邦政府和各州、领地之间的合作，提高澳大利亚学前教育以及儿童保育从业人员的素质，提高早期教育的质量。2009 年 12 月，联邦政府颁布了《早期儿童教育与保育国家质量标准》(National Quality Standard for Early Childhood Education and Care and School Age Care)，将教育与保育机构有机整合，为澳大利亚托育机构的设立提供了标准。其目标是保证儿童的安全、健康和福祉；通过提供高质量的早期教育服务，使儿童有优良表现；帮助服务机构及家庭了解优质早期保教服务的概念，使家长能为儿童明智地选择早期保教机构。此外，澳大利亚还成立了新的国家部门澳大利亚儿童早期教育和保育质量局(Australian Children's Education and Care Quality Agency，ACECQA)，监督和促进《早期儿童教育与保育国家质量标准》在全国范围内的统一实施，构建新的质量评级系统，以确保每个家庭能够了解保教机构教育质量的相关信息。至此，澳大利亚建立了较为完善的早期教育服务的制度体系。

澳大利亚社区托育中心的设置严格依照《早期儿童教育与保育国家质量标准》的相关规定，在儿童保教机构支持计划(Child Care Services Support Program)的支持下，社区托育中心由澳大利亚社区行政部门负责管理，采取公助民营的形式，为社区(尤其是偏远地区)提供面向婴幼儿的托育服务、面向婴幼儿与家长的亲子服务以及面向家长的科学育儿指导服务，形成了重点为偏远地区的家庭和婴幼儿提供服务，服务的方式灵活多样、适应性强、服务范围和对象广的特色服务体系。澳大利亚社区托育中心具体的举办标准如下：

一、资格认证

澳大利亚的社区托育中心由社区行政部门主管，举办和运营经费主要由国家、地方政府补贴资助，符合申请条件的个人、团体、企业等都可以向所在地区或者州的相关责任部门申请提供社区托育服务，经过审查获得批准后，方能开办社区托育中心。澳大利亚的社区托育中心具有福利性和普惠性，重点在于为偏远地区、贫困地区的家庭提供针对 0 ～ 3 岁婴幼儿的全日制日托(Long Day Care)、临时托管(Occasional Care)等形式的托育服务。申请过程如下：

(一)提交申请材料

申请举办社区托育中心的个人应当具有完全民事行为能力，无犯罪记录，且应该具备与婴幼儿相关的工作经验。如申请者为团体，团体中的所有人都应当是相关责任人，其主要负责人应当具备与婴幼儿相关的工作经验。如申请人为企业或者公司，企业或公司的法人代表为主要相关责任人，且监管机构在评估资质时需要评估企业或公司的资产状况以及破产风险。在申请举办资质时，申请人应提供以下材料：

①申请人或申请团体、企业、公司的基本信息，包括申请人姓名、电话、住址、疾病史、资产状况等；②申请人的资格证明：相关工作经验证明、管理能力证明、无犯罪史证明等；③申请提供的服务及服务机构的名称；④拟开始运营的日期；⑤拟服务婴幼儿的年龄范围和人数范围；⑥拟提供服务的场地信息，包括场地大小、空间安排、通道位置等。

（二）监管机构的审批

澳大利亚儿童教育和保育质量局作为全国性的监管机构，负责确保《早期儿童教育和保育国家质量框架》被澳大利亚所有州和领地的托育机构按统一标准执行，负责托育服务供应商、教育和保育服务、评估和认证主管的批准。社区托育中心注册时要先向各地、州的监管机构呈交材料，在收到申请材料后的60日内，各地的监管机构依照相关法律以及《早期儿童教育与保育国家质量标准》进行资格审查和服务评估，评估将从教育方案与实践、儿童的健康和安全、物理环境、工作人员安排、与儿童的关系、与家庭和社区的合作伙伴关系、领导与服务管理7大领域进行。经过各地的监管机构的评估和审查，合格后，社区托育中心方能获得举办资质。审查的基本原则：保障儿童的安全、健康和福利；满足儿童的教育和发展需要；符合国家法律、法规、监管部门的相关标准。

获得举办资质后，社区托育中心的举办和运营需要依照《早期儿童教育与保育国家质量标准》中的相关规定，监管机构会依照《早期儿童教育与保育国家质量标准》对社区托育中心进行总体性评价以及针对7大领域的评价。评价分为5个等级：需要进行重大改进，向《早期儿童教育与保育国家质量标准》靠拢，符合《早期儿童教育与保育国家质量标准》，超过《早期儿童教育与保育国家质量标准》，优秀。其中，需要进行重大改进的机构需要与监管机构紧密合作，并努力改善其质量；向《早期儿童教育与保育国家质量标准》靠拢的机构需要每年接受全面评估；符合《早期儿童教育与保育国家质量标准》的机构，需要每2年接受一次全面评估；超过《早期儿童教育与保育国家质量标准》的机构，需要每3年接受一次全面评估；优秀机构获得优秀奖，期限为3年。澳大利亚儿童早期教育和保育质量局负责监督全国托育机构的评估和评价系统执行情况。

二、人员配备

《早期儿童教育与保育国家质量标准》中规定托育中心从业人员应具备婴幼儿教育与保育的相关知识和能力，能够及时反映与应对突发情况，支持婴幼儿的学习和发展，有效指导婴幼儿的行为，维护和保护婴幼儿的尊严和权利，与婴幼儿形成积极、相互尊重的关系，并能使婴幼儿自由地参与学习和探索环境。除了对教师职责的要求，《早期儿童教育与保育国家质量标准》对教师人数以及资质也作出了明确的规定。

（一）师幼比

社区托育中心的服务人员配备需要依据《早期儿童教育与保育国家质量标准》的相关规定，针对不同的年龄组和班级人数，《早期儿童教育与保育国家质量标准》对师幼比和教师资质有不同的要求，具体如下：对于0～24个月的婴幼儿，师幼比应达到1∶4；对于25～36个月的幼儿，师幼比应达到1∶5；混龄组的师幼比以婴幼儿最低年龄要求为基准，具体如表4-1所示。

表4-1　澳大利亚社区托育中心的师幼比

婴幼儿年龄	师幼比
0～24个月	1∶4
25～36个月	1∶5

（二）从业人员资质要求

当托育中心的婴幼儿人数少于25人时，对于从业人员资质的要求应达到：第一，50%以上的教师应获得（或正在考取）幼儿早期教育与保育（Early Childhood Education and Care，ECEC）教师资格（或更高级别的学位证书）；

第二，其他教师应获得（或正在考取）ECEC 教师资格 3 级证书（或其他同等学力证书）；第三，机构在正常运营期间，应保证每班有 1 名婴幼儿教师在场。当托育中心的婴幼儿人数在 25 ～ 59 人时，除要满足以上要求外，还应保证每班有 1 名教师在场，同时教师每天应至少留在工作岗位 6 h。当托育中心的婴幼儿人数在 60 ～ 80 人时，除了要保证每班有 1 名教师在场外，还需要有 1 名具备管理资格的管理者全天在园。此外，还专门对教师的最低年龄进行了规定。允许 18 岁以下的教师进入工作岗位，但不能单独工作，必须由 1 个获得（或正在考取）学位证书或更高资格的成人在场随时给予规范的指导和监督，且督导人员必须年满 18 岁，充分了解婴幼儿以及保育教育相关专业知识，能够有能力监督和管理机构的服务，了解国家制定的与儿童相关的法律法规知识，具体如表 4–2 所示。

表4–2　澳大利亚社区托育中心婴幼儿人数与从业人员资质要求

婴幼儿人数	从业人员资质要求
60 ～ 80 人	获得（或正在考取）ECEC 教师资格（或更高级别的学位证书）的教师比例大于 50%；其他人应获得（或正在考取）ECEC 教师资格 3 级证书（或其他同等学力证书）；1 名婴幼儿教师每天在岗时间至少 6 h；1 名管理者全天在园
25 ～ 59 人	获得（或正在考取）ECEC 教师资格（或更高级别的学位证书）的教师比例大于 50%；其他人应获得（或正在考取）ECEC 教师资格 3 级证书（或其他同等学力证书）；1 名婴幼儿教师每天在岗时间至少 6 h
少于 25 人	获得（或正在考取）ECEC 教师资格（或更高级别的学位证书）的教师比例大于 50%；其他人应获得（或正在考取）ECEC 教师资格 3 级证书（或其他同等学力证书）

三、建筑布局

（一）场地要求

社区托育中心在场地的设置上需要确保为婴幼儿提供适宜的场地，场地包括环境适宜的室内空间和户外空间。其中，室内空间应适宜婴幼儿生活，排除通道、厕所及清洁区、储藏室、行政办公区、厨房等区域后，每名婴幼儿的室内空间面积应不小于 3.25 m^2。同时，室内空间需要满足以下基本要求：通风良好；有足够的自然光；确保婴幼儿安全；温度适宜，有利于婴幼儿生活。

在户外空间的设置上，排除停车场、储藏区域以及不适合婴幼儿户外玩耍的区域外，社区托育中心要确保为每名婴幼儿提供不小于 7 m^2 的户外空间。同时，社区托育中心要对户外空间进行改造，以便为婴幼儿提供开展不同活动的场所。改造户外空间时，需要满足以下要求：能让婴幼儿探索及体验自然环境；户外空间应被围墙或栅栏围起，以防止婴幼儿越出或钻出；户外活动区域应有阴凉区，以免婴幼儿受到紫外线的过度辐射伤害。

（二）配备用房

按照《早期儿童教育和保育国家质量标准》，澳大利亚社区托育中心应配备包括行政办公室、家长接待室、卫生清洁区、储藏室、午休室、厨房、室内活动室以及户外活动区 8 大功能区域，这些功能区域的基本设置应满足以下要求：

1. 行政办公室

为相关负责人办公区域，处理运营、对外活动等相关行政事务。

2. 家长接待室

接待家长访问，是与家长交流的独立空间。

3. 卫生清洁区

该区域包括符合婴幼儿年龄特点的厕所、洗涤和干燥设备、更换尿片的设备等独立的卫生清洁区域。

4. 储藏室

用于储藏、存放物品的专门空间。

5. 午休室

婴幼儿午休的睡眠区域。

6. 厨房

为婴幼儿准备每日饮食的独立区域。

7. 室内活动室

婴幼儿室内活动区域。

8. 户外活动区

婴幼儿游戏、活动的户外区域。

四、安全防护

（一）房屋安全

社区托育中心的房屋建设需要符合澳大利亚房屋安全以及消防安全相关规定，在通过审查符合标准后房屋才能投入使用。有关房屋使用的变动需向相关监管机构报告，经批准同意后，房屋使用才能发生变动。

（二）消防安全

社区托育中心需要依照澳大利亚消防部门的相关要求，其建筑设计需要经过消防部门的实地检验和审查，社区托育中心需要做好日常消防设施的检查工作。按照《早期儿童教育和保育国家质量框架》中的相关规定，每一个社区托育中心都需要制订紧急情况处理计划，并向监管机构呈报紧急疏散程序，提供紧急撤离平面图。同时，社区托育中心的每个出口的突出位置都应当粘贴逃生指令。托育中心的服务人员需要定时接受安全培训，中心每3个月需要进行一次紧急撤离程序演练，以确保紧急情况能够得到正确及时的处理。

（三）日常安全

除了在房屋安全、消防安全方面有严格的规定和参照标准外，《早期儿童教育和保育国家质量标准》在社区托育中心的日常安全维护方面也进行了详细的规定。具体要求：社区托育中心的房屋、家具和设备要保持安全、干净、完好，确保得到及时清洁和妥善维修；托育中心的设备要符合婴幼儿的年龄特点，不会对婴幼儿造成伤害；清洗材料、消毒水、易燃物、有毒的及其他危险物品和工具等要远离婴幼儿，有专门的存放空间；室内空间应确保全年温度适宜，让婴幼儿感到舒适、愉快；婴幼儿进入托育中心前要经过健康检查，确认健康后，托育中心方能接收婴幼儿；婴幼儿离园必须由父母或其他监护人亲自接，托育中心要保留婴幼儿来园和离园记录，并核查接收人信息的准确性。

五、卫生保健

（一）饮食营养

依据《早期儿童教育和保育国家质量框架》的相关规定，社区托育中心应配备专门的厨房，由专业厨师负责婴幼儿一日饮食：饮食要富含营养并适合该年龄段婴幼儿的年龄特点。社区托育中心要确保每周有一份固定饮食菜单，且菜单须公示在信息栏中，方便家长随时查看。具体的要求如下：

（1）托育中心需要确保婴幼儿在全天任何时候都能够获得食物和水。

（2）厨师应具有专业厨师资质，经健康体检合格后方能就职。

（3）食品的制作应在专门的空间进行，且应保证空间清洁卫生。

（4）托育中心需要严格按照计划的一周食谱为婴幼儿提供饮食。

（5）奶粉喂养的婴幼儿需要由家长提供奶粉以及喂养计划，托育中心的教师需要按照计划喂养婴幼儿，且需要做好喂养后奶瓶的清洁和消毒工作。

（6）教师需要记录婴幼儿在托育中心的饮食情况，并及时反馈给家长。

（二）卫生防病

社区托育中心应做好婴幼儿健康检查工作，做好婴幼儿疾病、过敏史等相关记录，建立健康安全防护和应急制度，进行健康和卫生保健实践。社区托育中心在处理婴幼儿疾病和危险时，要遵循以下做法和原则。

（1）患有传染病的婴幼儿应立即被托育中心隔离出来。

（2）托育中心内出现任何传染病例，都应及时通知中心内所有婴幼儿的家长。

（3）托育中心应当配备基本急救设备和急救箱。

（4）在需要为婴幼儿用药的紧急情况下，托育中心应该获得有关药物使用的授权，在父母或医务人员同意后方能为婴幼儿用药，且必须做好药物使用情况的记录。

（5）托育中心内的所有药物必须要在有效期内，且药品需要存放在原包装盒内。

（6）婴幼儿所服药物剂量必须再次得到另外一位成年人的检查（条件不允许的情况除外）。

（7）托育中心必须做好婴幼儿服药的记录工作，记录内容包括药物名称、用药时间、剂量、用药方式、给药人姓名以及电话等信息。

第五节　澳大利亚家庭护理支持模式设置

澳大利亚政府托育服务起步较早，逐步形成了机构托育、家庭日托两大主要托育形式，其中家庭日托因照看灵活便捷，受到当地居民的欢迎。澳大利亚儿童早期教育和保育质量局 2016 年公布的数据显示，澳大利亚的居家式托育占整个托育服务的 12%，国内约有 17 000 名居家式托育工作者，约有 125 000 名儿童接受家庭托育服务，且接受该服务的儿童数量也在持续增加。另外，为保障托育服务质量，澳大利亚儿童早期教育和保育质量局分别颁布了《早期儿童教育和保育国家质量框架》《早期儿童教育和保育国家质量标准》，为 0 ～ 6 岁婴幼儿的保育与教育发展提供了法律依据。下面就具体内容展开介绍。

一、资格认证

要建立专业化的家庭日托，首先需要明确开办资格，澳大利亚的家庭日托在开办之前需通过登记、评估、改进、认证一系列流程，通过后才具备提供家庭日托服务的资格。

（一）登记

在国家儿童保育认证委员会登记。提交关于个人资质（急救证书、职业资格等级证书、完成一定时长的技能培训、健康证明、无不良嗜好证明、推荐信等）及共同居住者成员审核表（无不良嗜好证明、无犯罪记录证明）等。

（二）评估

家庭日托评估委员会成员根据登记信息进行入户评估，评估标准来自家庭日托质量保证委员会颁发的儿童保育方案，主要包括对管理人员、看护人员、家庭环境等进行评估，并根据评估提供进一步的改进计划。

（三）改进

结束后再次接受评估。

（四）认证

国家质量保证委员会根据改进结果给予资格认证，认证通过后，家庭日托方可获得正式的举办资格，招收托育对象。

二、人员配备

（一）师幼比

澳大利亚《早期儿童教育和保育国家质量框架》明确规定了开办家庭日托的师幼比例，并针对不同年龄阶段给出了详细师幼比例，如下所示：

在家庭日托中，保育员与幼儿的比例为 1 ∶ 7。（看护人自己的孩子也包含在看护数额内，特指 13 岁以下的孩子）

学龄前幼儿[①] 不多于 4 名。

3 岁以下儿童不超过 2 名，且 1 名看护人员可照顾 1 名幼儿。

1 名看护人员可照顾 2 名 3 岁以上的幼儿。

如有特殊情况，可向协调员申请增加看护数量。特殊情况即被照看的幼儿都是同一家庭的兄弟姐妹。

（二）人员类型

澳大利亚政府重视婴幼儿早期保育与教育的质量，认为早期保育与教育会影响婴幼儿未来技能水平、幸福感与学习能力的发展，因此为保障婴幼儿能够接受高质量的保教服务，对托育服务进行了专业化管理，对从业人员提出了更明确的分工。政府要求开办符合政府要求的家庭日托，家庭日托需要配备合格且齐全的专业人员，具体如下：

1.保育员

家庭日托的保育员是提供托育服务的主体，其职责主要是在居家环境中

① 澳大利亚学龄前幼儿指从出生到五六岁的婴幼儿。

为婴幼儿提供保育与教育服务，保障婴幼儿安全，促进其健康发展。例如，保育员除了要组织婴幼儿开展阅读活动、音乐游戏、手工艺术游戏以外，还要在户外组织开展户外游戏（多在公共游乐园、公园等场所中）。

2. 替代保育员

主要保育员因特殊情况（产假期、在外培训期）不能工作，可以让替代保育员负责。只要替代保育员满足托育基本要求，并获得资格认证，家庭日托便可以在保育员服务登记册中记录其信息，在主要保育员缺勤的情况下，由替代保育员开展工作。

3. 保育助理

保育助理的职责主要是在一日生活中协助保育员开展照料服务，并在紧急情况下及时分担工作；按时接送婴幼儿，从而减轻家长接送的负担。

4. 负责人

负责人的职责主要是制订托育服务计划，并协调组织机构正常运营，负责人多由经验丰富的保育员、协调员或提供者担任。

5. 协调员

协调员受聘于日托服务的提供者。主要负责托育服务过程中的行政事务。例如，与上级管理部门沟通与协调，协调家长、托育人员、婴幼儿之间的关系等。要想成为协调员，首先需要熟悉托育服务相关政策法规。

（三）人员资质

为保障儿童早期发展的机会和权利，澳大利亚政府委员会（Council of Australian Governments）制定的《早期儿童教育和保育国家质量框架》对从事家庭日托服务的人员资质进行了明确的规定，具体如下：

1. 协调员

澳大利亚的家庭日托协调员必须从事过教育相关职业，并持有五级保育资格证书。

2. 保育员

日托保育员至少持有三级保育资格证书、二级急救证书，并完成了基本训练课程，如人格发展沟通、发展心理学、教育学、特殊教育、初级急救及事故预防、组织和基本常识等。

3. 保育助理

需要接受过急救、过敏反应培训和紧急哮喘培训并持有急救证书。

4. 提供者

日托提供者负责托育服务的正常运营及管理，开办家庭日托的提供者在获得保育资格证书的基础上也可从事保育工作。

三、建筑布局

（一）选址

日托提供者向监管机构提交申请，以获得托育场地的批准。场地要求安全、整洁且具有室内、户外的环境，确保儿童能展开多种活动；家具和设备须安全清洁，设施完备没有损坏；接受托育的每名儿童必须能够获得足够的材料、玩具以及适合该年龄段发育的教学设备；为保证托育场地及环境的安全，儿童发展教育部的工作人员每年至少进行一次房屋质量评估。

（二）场地

澳大利亚政府对家庭日托机构的场地要求未作出明确的具体规定，但各州及地区有不同的规定，主要内容如下：

1. 室内环境要求

维多利亚州政府规定，经批准的家庭日托必须为每名儿童提供至少 3.25 m^2 的室内空间，须保持通风和有自然采光，有适当的室内温度，有符合儿童发育和年龄的厕所、洗涤和烘干设施，其设计能够使儿童安全方便地使用，确保儿童的安全和健康。室内的区域包括常规区域、尿布更换区域、室内游戏区域。

2. 户外环境要求

经批准的家庭日托必须为每名儿童提供至少 7 m^2 的无障碍的户外空间。户外空间必须用围栏或栅栏围起来，围栏或栅栏的高度及设计以不让儿童通过为宜（具体详见安全防护部分）。户外区域包括游泳池、水池、户外游戏区域、围栏、仓库、花园等。

（三）用房设施

在申请成为合法批准的家庭托育机构之前，家庭日托机构需要具备完整的房屋区域和活动设施，并且符合安全要求。

1. 卫生间区域

洗手台、浴缸、马桶都需要根据儿童的年龄而配置；若在卫生间中安置洗涤和烘干设施，其位置和设计需要确保儿童安全方便地使用；浴缸在不使用的情况下，需要覆盖。

2. 尿布更换区域

该区域需要有洗手台、尿布存放处、套有塑料袋的垃圾桶（装脏尿布）、尿布台、换尿布示意图。

3. 常规区域

该区域包括睡眠室、饮食区、厨房区以及保育人员的私人空间。政府对每个区域尚未明确规定空间具体面积，主要依据婴幼儿年龄段、婴幼儿的数量由保育员进行合理分配。但在具体设施的使用要求上，须符合国家标准。

4. 室内游戏区域

这一区域需要铺有地毯，儿童主要在这一区域进行绘画、看图书、做手工等活动，家庭日托机构根据儿童的年龄段、位置的安全性划分不同的区域。

四、安全防护

（一）安全制度

为保障婴幼儿托育服务的安全与质量，澳大利亚儿童早期教育和保育质量局出台了《早期儿童教育和保育国家质量框架》，并要求家庭日托严格按照其要求进行一日活动，监察员会定期进行监督，检查家庭日托在应对紧急情况处理、安全防范等方面的规范程度，具体如下：

1. 紧急情况处理

（1）紧急疏散。家庭日托必须制定紧急疏散程序，且向上级授权机构提交计划，以防有紧急情况发生。紧急疏散示意图必须张贴在家庭日托每个出口附近的显眼位置，每名家庭日托的工作人员应能够熟练掌握应对措施以减少风险，保障婴幼儿的安全。

（2）紧急通信。要求每个家庭日托机构内有一部可用电话及备用的紧急通信方式，每部电话旁边应有各部门的紧急电话号码清单，如安全局、消防部门、警署等的紧急电话号码。

（3）急救管理。所有保育人员必须持有现行的急救证书，急救步骤图应张贴在显眼位置。根据儿童的数量来决定急救箱的数量，且需要存放于婴幼儿接触不到但工作人员可以随时取用的地方，工作人员要定期检查急救箱，确保它们库存充足且产品未过期。

2.安全防范

（1）防火、用电安全。所有家庭日托必须配备烟雾探测器及灭火器（符合国家标准），厨房区域安装防火毯，相关人员应熟悉其使用流程；电器需要符合国家标准，并禁止婴幼儿触摸所有的电气设备；定期维修安检设施设备。

（2）防晒安全。澳大利亚对婴幼儿防晒有严格规定，要求保育人员在游戏活动中贯穿防晒知识教育，提高儿童防晒意识并采取物理措施保护其安全。尤其是春季、夏季的所有户外活动中或当紫外线指数水平为3和3以上时，保育人员必须采取防晒措施保障婴幼儿防晒安全，具体要求如下：12个月以下的婴幼儿应避免阳光直射；户外游戏在阴凉区域组织，且婴幼儿应佩戴遮阳帽；婴幼儿应穿宽松的衣服，尽可能保护他们的皮肤；户外游戏前至少20分钟使用SPF30+防晒霜，此后每2小时重新涂抹一次。

（3）人员检查。经批准的家庭日托机构必须保留人员进出访问记录，对于志愿者、家长、学生等其他人员访问都应有详细的记录，如访问时间、离开时间、到访原因等。

（二）安全设施

为保障托育质量与安全，澳大利亚政府针对不同区域空间明确规定了设施的安全规范标准，并要求工作人员定期检查所有设备是否被损坏并采取适当措施及时修缮及更换设备设施。所有的设备和家具都要符合澳大利亚产品安全局的规定要求和其他适用的安全法规或标准。

1.基本活动区域设施要求

基本活动区域的设施主要包括窗户、门、镜子、投影仪或电视等，在家庭日托中，相关设施必须是安全、不易破碎的产品，且工作人员在基本活动区域应采取安全保护措施，防止儿童受到撞击和伤害。儿童可以使用的平面屏幕或大型电视机应固定在稳定的表面（墙壁或水平表面）上，以防止掉落或被拉扯。

2. 用水区域要求

在水中和水周围（指游泳池或河边）时，工作人员必须时刻对婴幼儿进行监督。

婴幼儿不得在无人监督的情况下接触任何热水供应设备（建议在水龙头上安装水龙头锁保护罩）。禁止儿童使用包括水桶在内的所有装水的容器。

装水的容器 / 设备（如水池、水桶）应在使用后立即清空。

儿童在洗澡时必须接受严格看管。

3. 物品存放区域要求

清洁材料、消毒剂等危险的易燃或有害物质应安全存放；急救设备和药物应安全存放；为了预防火灾危险，不得将助燃溶剂存放在厨房内；将有害产品和药物保存在原来的容器中（不要放在饮料瓶、塑料容器中），且禁止儿童触碰；禁止儿童触碰任何对儿童有害的设备或产品（园艺工具等）；垃圾（如一次性尿布、手套）应存放在套有塑料带的垃圾箱中，且禁止儿童触碰；任何儿童都可以使用的书架或存放装置的物体必须经过处理，以确保儿童不会摔倒。

4. 户外游戏区域要求

轮式玩具和设备应在成人监督的情况下使用。

轮式设备，如电动骑乘玩具，不得在公共道路上使用。

家庭日托如果提供蹦床，必须提供符合国家标准的蹦床，并定期检查是否有磨损；确保一次只有一名儿童使用蹦床，且按照蹦床的使用规则开展活动。例如，在使用过程中，儿童必须在垫子中央跳跃，应从蹦床上爬下来，而不是随意上下跳跃。

户外区域禁止种植有害的植物。例如，种植玫瑰时，相关人员需根据其种植的位置采取保护措施，确保儿童触碰不到玫瑰刺。

5. 楼梯和栏杆要求

凡是离地板 / 地面 1 m 以上的所有楼梯、坡道、阳台都需要靠近墙壁或设置栏杆。

栏杆或护栏：在楼梯踏板的前缘上方，两阶梯的最大厚度间距为

86.5 cm；栏杆中杆子之间的最大间隙应为12.5 cm；若楼梯的高度超过1 m，则需要安装楼梯护栏（永久性或便携式）。栏杆或护栏应至少有一种。

6. 睡眠设施要求

在家庭日托服务中，即使监护人要求，工作人员也不得将婴儿车、推车、弹跳床用作睡眠工具。

如果一名婴儿只会在婴儿车中安静下来，保育员应该留在婴儿身边，当婴儿睡着时，将婴儿放入安全的婴儿床上。

至少每周清洗一次床上用品，或根据特殊情况进行洗涤。

床应符合每名儿童的年龄和体型，建议将两岁及以上的儿童从婴儿床移到床上。不允许使用充气床、折叠床，若使用双层床，其必须符合国家标准。

婴儿床垫应符合国家婴儿床垫安全标准；婴儿床必须符合国家婴儿床标准，便携式婴儿床应符合便携式婴儿床标准，且床垫与婴儿床的两侧之间的距离小于2 cm。

每张床上只能睡一名儿童。

安排睡眠时，应尊重儿童的隐私。

五、卫生保健

（一）营养食品与饮食健康

澳大利亚非常重视婴幼儿的营养与健康，因此出台了《澳大利亚膳食指南》《澳大利亚健康饮食指南》《食物安全标准指南》，为家长及家庭日托机构提供了婴幼儿健康饮食指导，具体内容如下：

1. 健康饮食

为儿童提供各种健康营养的食物，包括水果和蔬菜、全麦谷物产品、乳制品、瘦肉等。

至少每两天换一次菜单，并张贴在父母可见的地方。

提供餐点时要确保食物充足，并符合营养需要。

2. 进食与饮水安全

确保儿童可以随时饮水（室内和户外）。

在进食和饮水时，观察儿童。

确保所有儿童在进食和饮水时保持正确坐姿。

注意食物过敏、有特殊饮食需求的儿童，与家人协商制订单独饮食计划。

不得提供可能导致窒息的食物。

3. 食品安全与卫生

处理即食食品（如罐头）时，所有工作人员都使用钳子、一次性手套等工具。

在吃饭和吃餐点之前，儿童和工作人员须洗手并擦干（使用肥皂、温水或一次性毛巾）。

食品在安全温度下（5 ℃～ 60 ℃）储存和供应。

处理生肉时使用单独的砧板；在接触其他食物之前洗净器皿和手。

不鼓励儿童食用其他儿童的餐点及混用餐具。

确保处理食物的工作人员定期参加相关培训课程并分享保育相关的知识。

4. 提供舒适的饮食环境

保育员应与儿童一起用餐，成人树立正确的榜样，并鼓励儿童认识餐桌上的食物。

加强儿童与家庭和社区伙伴的关系，了解来自不同文化和语言背景的儿童的饮食差异。

在用餐时营造轻松的氛围，让儿童有足够的时间吃饭，享受美食，享受与教育工作者和其他儿童的社交互动。

鼓励年龄较大的儿童帮助学龄前儿童摆设和清理餐桌。

鼓励儿童耐心地吃复杂的食物，如鸡肉、牛肉等。

鼓励儿童尝试不同的食物，但不能强迫儿童进食。

切勿将食物作为奖励或惩罚制度的工具。

5. 饮食安全培训与沟通

为所有负责为儿童提供食物和饮料的工作人员提供机会，让他们定期参加食品培训，使他们加深对儿童营养需求的了解。

为家庭提供参加有关儿童营养和健康的信息会议的机会。

（二）卫生防病

每个家庭日托都应提前制订合理、正确的医疗计划，有一定的医疗工具。如果儿童在接受护理期间发生任何事故，有创伤或疾病，工作人员必须尽快通知其父母，且不得迟于事件发生后24小时；看护人员禁止为儿童提供烟草、非法药物和酒精；看护人员不得接触酒精或毒品（包括处方药），以免影响提供保教服务的能力。保育人员必须具备良好的卫生习惯；看护人员都应具有医疗保健的知识及技能，以满足过敏或需要相关医疗条件的儿童的要求。

第五章　亚洲托育机构设置

第一节　新加坡托幼一体式幼儿中心设置

为了更好地推动社会经济发展，培养更多精英人才，近十年来，新加坡高度重视教育的改革与发展，尤其是在学前教育领域，制定和实施了多种改革与激励措施，有力促进了新加坡学前教育的发展。在具体改革方向和内容选择上，新加坡高度重视发展托幼一体式服务，希望通过提供完善的托幼一体式服务，提升学前教育整体发展质量和水平。中国与新加坡地缘相近，文化上也存在较高的共通性，这为我们学习和借鉴提供了便利的条件。本节将通过对新加坡托幼一体式机构发展现状的梳理与介绍，为推进我国托幼一体式进程提供借鉴。

新加坡学前教育主要有两种开办形式：一种是为 3 ～ 6 岁幼儿开设的幼儿园；另一种则是针对 18 个月及以下婴幼儿，同时招收 3 ～ 6 岁幼儿的托幼一体式幼儿中心（以下简称幼儿中心）。① 但在实际发展过程中，幼儿园和幼儿中心长期由社会团体、宗教组织和私人业者经营，并未被列入正规教育体系中，这导致了学前教育整体发展水平长期受限，影响了国民素质的提升。

为提升学前教育质量，新加坡于 2011 年委托多个机构和部门对世界学前教育状况进行调查，并在幼教专家的指导下出台了《给重要幼年的重要意

① 王坚红．国际视野下的学前教育机构评估标准[M]．南京：南京师范大学出版社，2012.

见》报告书。[①] 该调查报告书发现在被调查的45个国家中，新加坡学前教育位列第29名，整体发展状况堪忧。在报告书发布后，新加坡政府迅速做出反应，决定以现有政策基础为依托，通过明确幼儿中心的举办资格、提高教师准入标准、完善幼儿中心的设置条件等举措，提升托幼一体式机构的发展质量，为大众提供高质量的一体式托幼教育服务。

一、资格认证

（一）申请条件

新加坡幼儿中心由社会发展及体育部（Ministry of Community Development and Sports，MCDS）进行管辖，其创办条件为申请者必须获得由幼儿培育署（Early Childhood Development Agency，ECDA）审查并颁布的营业执照，申请者只要符合ECDA的申请条件，均可申请办理幼儿中心的营业执照。

具体来说，ECDA分别从申请者个人条件、经营场地选择、空间设置、服务规划、师资认证等方面对创办幼儿中心作出了严格的规定。在申请者个人条件上，申请者需年满21周岁，并且无违法犯罪行为，同时需先注册合法的商业实体后，才能递交执照申请。在幼儿中心经营场地的选择上，申请者需选择适宜开展婴幼儿教育和保育服务的场地。例如，幼儿中心必须设置在建筑底层，若在其他楼层开办，必须获得社会福利署署长批准；若使用私人住宅用地，选址必须为独立式住宅，并且最好靠近运动和游乐设施等。同时，申请者还需向不同部门递交用地申请并获得相应的支持文件。在空间设置上，申请者应保证幼儿中心内设置专门的教学区域、活动区域和服务区域，空间设置与安排能够满足婴幼儿基本的教育和保育活动。

除了硬件设施的要求以外，ECDA还对幼儿中心的托幼照护服务规划和师资认证作出了具体的规定。在申请幼儿中心营业执照时，申请者需向官方提交针对不同年龄段婴幼儿的服务规划，具体包括不同年龄段婴幼儿每日教学和娱乐规划。同时，申请者还需向官方提交幼儿中心内所有在职员工的学

① ANG L. Vital voices for vital years in Singapore：one country' s advocacy for change in the early years sector[J]. International journal of early years education，2014，22（3）：329-341.

前教育资格证书和基本信息。在满足 ECDA 一切条件之后，申请者可通过网络递交申请，之后 ECDA 会安排专职从业人员进行实地考察。考察通过后，申请者缴纳一定费用即可获得幼儿中心营业执照，并开始运营。初次执照的有效期为 12 个月，之后申请者每 3 年更换一次营业执照。

（二）认证事宜

除此之外，2011 年新加坡教育部发布了《新加坡学前教育认证框架》（SPARK）。这份框架并不是一份强制的标准，而是由幼儿中心自愿申请认证的。但随着新加坡政府近年来的推广和政策引导，SPARK 已经成为当下被广泛认可的评定标准，许多家长也把幼儿中心是否获得 SPARK 质量合格证书作为是否选择该幼儿中心的一个重要参考。因此，从某种程度上来说，若想在新加坡开办一家幼儿中心，获得 SPARK 质量合格证书已经成为一个“必需”的标准。SPARK 主要通过等级评分的方式来对幼儿中心的质量和发展状况进行评估，具体包括幼儿中心领导力、规划与行政、教职员管理、资源、课程、教学法、健康卫生与安全七个方面。评估结束后，经由第三方评估机构进行质量检验，成绩优秀的幼儿中心可持有由 SPARK 颁布的具有三年有效期的质量评定合格证书。

二、人员配备

（一）师幼比

在入学率如此高的背景下，为保障向婴幼儿提供高质量的照护服务，保证机构内的从业人员能与儿童进行积极的互动，ECDA 对幼儿中心内不同年龄段婴幼儿的最大师幼比作出了明确的规定，具体如表 5-1 所示。需要注意的是，有 2～18 个月年龄班的幼儿中心，除需满足最大师幼比为 1 ∶ 5 以外，还必须确保至少有一名国家注册护士或受过训练的早期教育工作者在场。同时，ECDA 还明确规定了幼儿中心若开办混龄班，其师幼比应以班级中年龄最小的儿童为设置标准。

表5-1 新加坡幼儿中心师幼比

婴幼儿年龄	师幼比（无辅助教育人员）	师幼比（有辅助教育人员）
2 ～ 18 个月	1 ∶ 5	—
18 ～ 30 个月	1 ∶ 8	2 ∶ 12
2.5 ～ 3 岁	1 ∶ 12	2 ∶ 18
3 ～ 4 岁	1 ∶ 15	2 ∶ 20
4 ～ 5 岁	1 ∶ 20	2 ∶ 25
5 ～ 7 岁	1 ∶ 25	2 ∶ 30

（二）从业人员资质

除师幼比以外，幼儿中心的人员配置和教师资质与教育水平也是影响幼儿中心质量的一个关键因素。幼儿中心须配备专职主管、儿童教育者和儿童照护者，提供婴幼儿托育服务的幼儿中心还需配备专职保健人员。在此基础上，ECDA 针对两类不同幼儿中心的教师配置类型和教师任职资质作出了具体要求，见表 5-2。

表5-2 不同服务类型幼儿中心的教师配置类型及任职资质

幼儿中心类型	教师配置类型	任职资质
为 18 个月至 6 岁 11 个月儿童提供教育与照护	主管	持有学前教育领导文凭或接受婴幼儿照护与教育领导文凭的培训；经 ECDA 认证的 2 级教师；持有 ECDA 认可的有效急救资格证；拥有至少 2 年的学前教育教学经验
	教育者	至少有一名经 ECDA 认证的 2 级教师
	照护者	至少有两名经 ECDA 认证的 1 级教师或照护者
为 2 ～ 18 个月婴幼儿及 18 个月至 6 岁 11 个月儿童提供教育与照护	主管	持有学前教育领导文凭或接受婴幼儿照护与教育领导文凭的培训；经 ECDA 认证的 2 级教师；持有 ECDA 认可的有效急救资格证；拥有至少 2 年的学前教育教学经验
	教育者	至少有一名经 ECDA 认证的 2 级教师
	照护者	至少有一名经 ECDA 认证的 1 级教师或照护者
	保健员	至少有一名接受过 1 级婴幼儿照护者培训或接受过国家注册护士培训或持有婴幼儿照护证书，并同时持有婴幼儿发展框架证书的从业人员

注：2 级教师可任教于任何类型的学前教育机构，1 级教师只可任教于幼儿中心。

三、建筑布局

儿童通过与环境互动，进行学习与发展，良好且能够提供丰富感官刺激的环境能够为儿童的学习与发展提供机会。因此，新加坡高度重视幼儿中心环境创设的重要性。新加坡明确提出：所有的幼儿中心应为儿童提供安全、健康、愉快、舒适、便利、空间大小适宜、设计灵活、方便运动、多样化的环境。

（一）选址要求

适宜的室内外活动场所对儿童探索和发展有着重要的作用。在户外环境选择上，新加坡规定户外活动空间应在幼儿中心的步行可达距离以内，户外活动空间与幼儿中心之间不得有通行车辆的马路，同时要设置 1.5 m 高的围栏来确保活动区域的安全，并规划一定的阴凉区域。在室内环境设计上，幼儿中心应保证儿童拥有人均 5.0 m^2 及以上的专用室内活动空间。其中，提供婴幼儿照护服务的幼儿中心还需向婴幼儿提供额外的活动空间，具体面积大小需联系社会福利署，由署长决定。

（二）空间规划

合理设计和规划室内外环境，能够为婴幼儿发展提供充足的活动空间。在这方面，新加坡政府规定，在户外空间设计上，幼儿中心应配置大型运动和感官游戏设备，同时配备适合不同年龄和发展需求的玩具，保证地面状况的安全性。在空间使用上，18 个月及以下的婴幼儿户外活动空间要与 3 ～ 6 岁的幼儿户外活动空间分隔开或实行轮流制的方式，保证两者户外活动空间的独立性。

在室内空间设计上，18 个月及以下的婴幼儿活动区域与 3 ～ 6 岁的幼儿活动区域要分隔开，儿童探索和游戏区域与其他保育和生活区域要分隔开，尽可能保障儿童的游戏和探索活动不受打扰。儿童喂食区、午睡区等生活区域需保持一定的互动性，使照护人员最大限度地增加与儿童之间的接触，促进儿童的发展。

（三）基础设施

基础设施是否配备齐全也会对儿童学习与发展的快慢产生重要的影响。新加坡在幼儿中心基础设施的配备上，要求设置专门的睡眠室、盥洗区、喂食区、食物准备区、学习区、游戏区和储藏室等场所来满足基本的教育和保育活动需求。其中，在睡眠室配备上，幼儿中心要为 12 个月及以下的婴幼儿提供带床垫和床垫套的独立婴儿床，为 12 个月以上的幼儿提供带床垫的独立婴儿床。床上用品必须保持清洁，并及时更换，且婴幼儿不能交叉使用，两个婴儿床之间需至少保持 0.5 m^2 的空间，以方便照护者在婴幼儿午睡期间进行查看。在盥洗区配备上，幼儿中心需按照儿童数量的多少，按照“总人数 /23”的计算公式，设置充足的洗手池和抽水马桶，并且室内和户外活动区均配备便盆椅。设置尿布台的幼儿中心，需保证尿布台材质、表面和高度不会威胁到婴幼儿健康，尿布台与食物准备区要分隔开。

在喂食区配备上，幼儿中心应为年龄较大的儿童提供专用桌椅；具有一定高度的椅子，需配有脚踏板以及在侧面和背面安装一定的辅助支撑设施。在食物准备区配备上，幼儿中心应提供单独的食物准备设施并安装专门的消毒和储存食物的装置。在学习区和游戏区材料的配备上，幼儿中心应选择能够促进儿童大肌肉、建构能力、想象力和社会性发展的材料，并提供充足的婴儿车或者摇椅。同时，幼儿中心要注意玩具和物品的安全性，选择大小适宜、不会被儿童吞咽并且容易清洗、不易破碎、安全无毒的玩具。

四、安全防护

由于新加坡幼儿中心多采用全日制办学，儿童需长时间在集体环境中生活和学习，因此健康、安全和稳定的幼儿中心环境对儿童成长和发育就显得格外重要。在这一点上，新加坡政府通过建立幼儿中心安全管理制度和突发事件应急预案的方式，来保证幼儿中心内儿童的健康与安全。

（一）安全管理制度

在幼儿中心的安全管理制度上，新加坡政府主要从幼儿中心安全和儿童安全两方面入手，对幼儿中心进行安全管理。

幼儿中心安全主要包括环境安全和消防安全。在环境安全上，幼儿中心员工必须保持机构内环境清洁，定期进行保养和维修；员工必须每日对儿童活动的室内和户外区域进行安全检查；地板表面和区域布局必须适合儿童爬行、站立和行走；必须妥善处理幼儿中心内的所有家具、配件和固定装置，依据儿童不同的年龄组选择不同的家具和配件，并保证其绝对安全；所有设备、材料和玩具的选择应能保证每个年龄组儿童的安全。其中，《幼儿中心建立指南》中更是明确提出了包含房屋、家具、物品安全在内的 20 条环境安全要求，高度重视幼儿中心环境安全建设和管理。同时，由于新加坡特殊的地理位置和气候特征，该指南高度重视幼儿中心的消防安全，明确规定幼儿中心必须最少每 6 个月进行一次消防疏散演习并保存所有消防演习的书面记录；安装所有必备的消防设备并确保机构内所有从业人员能够熟练使用消防设备。

在儿童安全保护上，幼儿中心应建立包括儿童及其父母信息、成长记录、饮食和用药注意事项等在内的儿童档案，并及时进行更新；如怀疑或发现任何虐待儿童的事件，应立即向署长报告。同时，幼儿中心还需每日对儿童的出入进行登记记录。

（二）突发事件应急预案

幼儿中心还需制订相应的突发事件应急计划，最大限度保障儿童的人身安全。例如，在紧急情况发生时，幼儿中心应以最快速度对每一名儿童展开保护；幼儿中心需制定一套详细的流动和非流动儿童撤离程序，并保证机构内的每一位员工都能够熟练掌握该撤离程序。

五、卫生保健

新加坡地处东南亚地区，终年高温多雨，气候炎热。世界卫生组织调查发现，5 岁以下儿童在食源性疾病的暴发和感染上处于特高风险区，尤其是在东南亚地区，疾病暴发率更高，传染性更强。儿童身体发展尚不成熟，对疾病的抵御能力也较弱，因此干净的生活与学习环境以及必要的保育措施对其健康发展起着至关重要的作用。新加坡政府高度重视幼儿中心卫生安全和儿童保健等问题，从疾病预防、人员健康、卫生习惯、药物管控、饮食营养和行为指导多方面保障儿童的健康发展。

（一）疾病预防

在疾病预防上，幼儿中心主管应根据卫计委相关要求，结合幼儿中心具体情况制定《幼儿中心传染病预防指南》，如若怀疑或发现儿童或从业人员患有传染病，应立即向相关部门和家长报告。患有传染病的儿童和从业人员只有经注册医生证明身体健康后才能返回幼儿中心学习和工作。当幼儿中心报告有超过一例传染病时，幼儿中心应及时采取关闭措施，防止疾病传染范围进一步扩大。

（二）人员健康

在人员健康上，幼儿中心明确规定儿童在入托之前须经注册医生证明身体健康，并适合在幼儿中心学习和生活；幼儿中心内所有员工均须证明身体健康并定期进行检查。同时，无论儿童还是成人，在发烧和服药的情况下不得进入班级中。

（三）卫生习惯

在从业人员的卫生习惯上，幼儿中心内的员工要及时对设备和餐具进行消毒，儿童使用的玩具每天均须进行清洗；在每次为儿童准备食物前后、喂养前后、换尿布前后、接触到儿童体液和排泄物后，从业人员均须使用肥皂液洗手，并使用一次性纸巾擦干或使用烘干机烘干；每次为儿童更换尿布前后，均须对尿布台进行消毒处理；包括脏尿布在内的所有垃圾均须放在塑料袋内并盖上垃圾桶盖子，减少污染的风险。

（四）药物管控

在药物管控上，幼儿中心中的药物管理人员需获得相应的药物管理执照，任何药物或药物容器均须清楚地标明儿童的姓名和药物管理说明。同时，从业人员还需要翔实地记录儿童的用药类型、剂量和时间，不得向儿童提供医生建议以外的任何药物，所有药品应放在儿童无法触及的地方。

（五）饮食营养

在儿童饮食卫生和营养上，幼儿中心应至少提前一周制定好食谱，食物选择需符合膳食营养要求。同时，幼儿中心要为每个年龄段的儿童编写不同的食谱或单独为每名儿童制订喂养计划，以满足儿童对营养的特殊需求。同时，幼儿中心还需要根据父母和医生的建议，为儿童制定喂养配方奶粉、母乳、固体食物、水等的时间表，保证儿童健康成长。

（六）行为指导

在从业人员行为指导上，幼儿中心的所有员工禁止对儿童进行任何形式的体罚，包括直接或使用实物殴打、摇晃、推搡、强迫婴幼儿重复身体动作、剥夺饮食、隔离和限制身体活动等身体体罚，以及羞辱、侮辱人格、忽略儿童口头反应和情绪反应等精神体罚，保证儿童身体和心理健康发展。

第二节　日本东京认证保育所设置

日本东京于 2001 年 5 月正式实施认证保育所制度，鼓励企业举办托育机构，促进企业者间的竞争，满足社会多样化的保育服务需求，创设一种新的保育所形式，即认证保育所。[①]《东京都认证保育所事业实施纲要》（以下简称《纲要》）的出台旨在提高被认证的保育所的服务水平，增加儿童福利。认证保育所分为 A 型和 B 型两种，其中 A 型认证保育所接收 0 岁至学龄前儿童，B 型认证保育所接收 0 ～ 2 岁婴幼儿。本节主要对 B 型认证保育所的相关标准进行介绍。

一、资格认证

《纲要》对保育所举办者的条件进行了明确规定，此外从保育所最初的认证到后续的监督、改善指导及建议、取消认证等流程，文件中也有相应要求。

① 魏晓会．日本 0-2 岁保育服务及其对中国的启示 [D]. 南京：南京师范大学，2017.

（一）举办者条件

B型认证保育所的举办主体为民间事业者，举办者需要符合以下几点要求：一是符合经营认证保育所规定的应该具有的经济基础；二是能够持续、圆满地从事该事业；三是不存在作弊或不诚实等情况；四是财务合理；五是新设立认证保育所时，不存在失去其他权利资格的情况。

（二）认证程序

当有下列申请时，知事（该行政区域的最高行政长官）经审查，对保育所进行认证或者取消认证。

1. 认证申请

想要接受认证的举办者需向知事提交《东京认证保育所设置申请书》。此外，B型认证保育所的认证是以日本的《儿童福利法》的第59条第2款作为申报依据的。

2. 重要事项变更

想要变更重要认证事项的举办者，必须向知事提交内容变更的报告。

3. 废止、休止申请

想要废止或者休止认证保育所的举办者必须向知事提交《东京都认证保育所废止（休止）申请书》。

（三）听取意见

知事认为有必要时，可向区长、市长、町长、村长听取意见。

（四）发放认证书

通过认证后，知事会发放《东京都认证保育所认证书》，并在易于查看的地方进行公示。

（五）监督

举办者必须根据日本的《儿童福利法》等，接受东京都及区、市、町、村的指导监督，指导监督按另外规定的标准进行。

1. 征收报告

知事对保育所的运营状况等必要事项，应每年至少征收一次报告，并规定征收的时间期限。

当下列事项发生时，举办者应迅速向知事及该认证保育所所在地的区长、市长、町长、村长进行报告。

第一，发生死亡案件、重伤事故案件、食物中毒案件等重大事故。

第二，每周 5 天以上有 24 小时寄宿的婴幼儿的，应当登记该婴幼儿的姓名、住址及家庭状况等。

除了上述情况之外，知事及该认证保育所所在地的区长、市长、町长、村长在有必要时可以随时向保育所征收报告。

2. 入所调查

知事让其职员每年至少一次定期进入认证保育所及其事务所，对其设施设备、运营情况及举办者进行必要的调查。同时，知事根据需要，可以从保育工作者、其他职员及婴幼儿监护人等处了解情况。

除了上一点要求，知事可以不事先通知其职员而直接对认证保育所及其事务所进行特别入所调查。

入所调查的指导监督组由两名以上认证保育所指导监督管理部或者事业管理部的职员组成，并根据其他需要增加保育员、儿童福利司人员、儿童心理司人员、儿童指导员、保健师、护士、医生等专业人员。

根据上述三点规定，入所调查的职员必须携带根据《儿童福利法施行规则》拟定的身份证明证书。

入所调查时，要求区长、市长、町长、村长参加，并根据需要要求相关机构参加。

入所调查时，可口头传达必要的建议和指导等。

知事根据另外规定的标准对入所调查的结果进行评价。

（六）改善指导及建议

1. 改善指导

根据入所调查的结果，被认定为“有必要进行改善”的认证保育所的举办者，应根据文件附加的报告期限对保育所进行改善，并根据文件要求对改善的状况及计划进行报告。

2. 改善建议

知事在执行改善指导后，若该保育所无法改善或者没有改善（包括超过报告期限仍未报告的情况），知事可以通知举办者进行改善。

若出现下列紧急情况，为确保儿童福利，不管情况如何，知事可以通知举办者，不能再进行改善。

第一，出现明显的不正确的保育内容和保育环境布置的情况。

第二，出现对婴幼儿的安全有影响的情况。

第三，出现其他有关儿童福利的需要特别注意的情况。

举办者根据改善指导的要求，并根据文件附加的报告期限进行改善，举办者对改善的情况及计划需要以文件形式进行报告。

当举办者对改善的情况及计划进行报告后，知事为确认其改善的情况，应进行特别入所调查。另外，在超过报告期限仍没有报告的情况下，知事也应进行特别入所调查。

当接到改善指导的举办者不听从该指导时，知事可以公布其情况。

（七）东京都及区、市、町、村的调查

举办者除接受规定的指导监督外，还将遵守东京都及区、市、町、村制定的《认证保育所运营费等补助金交付纲要》。有关东京都及区、市、町、村认证保育所事业的各项规程中的标准等内容，当东京都及区、市、町、村要求举办者提供必要的报告及调查（包括入所调查）时，举办者必须遵从。

（八）取消认证

若出现以下任一情况，保育所将取消认证。

第一，保育内容和设施设备等存在重大问题。

第二，通过伪造或其他不正当手段干扰被认证的事实。

第三，没有正当理由却拒绝接受指导监督。

第四，无视改善指导，情况没有得到改善或不遵从改善指导。

第五，有其他应当取消认证的情况。

了解了 B 型保育所的认证流程，再来看看再认证保育所需要准备的文件，具体文件如表 5–3 所示。

表5-3 再认证保育所需要准备的文件

项目	序号	账簿名	项目	序号	账簿名
保育内容	1	儿童名册	运营管理	1	东京认证保育所认证书
	2	保育课程		2	认证保育所适用证
	3	指导计划		3	使用合同
	4	饮食教育计划		4	重要事项说明书
	5	保健计划		5	服务评价结果报告书
	6	儿童出勤表		6	保育所规则
	7	保育日志		7	就业规则
	8	儿童票		8	雇佣合同
	9	监护人联络簿		9	职员简历
	10	保育所儿童保育要录		10	资格证书
	11	园区		11	劳动者名单
	12	紧急联络表		12	派遣合同（标准职员）
	13	共餐菜单		13	职员工作表（轮班表）
	14	特定饮食营养报告		14	委托医生合同
	15	验便检查结果表		15	出勤表
	16	烹饪委托合同		16	工资台账
	17	儿童健康检查记录		17	社会保险相关文件
	18	0岁儿童每日健康记录		18	职员健康检查记录
	19	事故簿		19	建筑物平面图
	20	损害赔偿保险证书		20	室内化学物质浓度测定结果
会计	1	会计章程		21	消防署相关文件
	2	预算关系文件			消防管理者任选申报
	3	凭证文件（合同、账单、收据等）			消防计划备案
	4	会计账簿类			消防署检查结果通知书
	5	决算相关文件		22	防灾训练记录

二、人员配备

B型认证保育所规定接收的婴幼儿数为6～29人，其中也包括刚出生的0岁婴儿。保育所原则上应在规定人数的范围内进行保育，但当符合《纲要》规定的设备、面积及职员配置等标准时，也可以超出规定人数进行保育。在2017年至2019年里，保育所里的婴幼儿数经常超出规定人数。在各年度的年平均在所率（该年度内每月第一天的在所人员总数除以每月第一天的全体人员数）为120%以上的情况下，保育所应根据实际情况对规定人数进行调整。

（一）从业人员

从业人员的人数应以保育所的全职员工的人数为参考，但是当满足以下全部条件时可以不限于此。

第一，保育工作职员有 60% 以上为全职员工。

第二，举办者对全职员工以外的职员也有指挥命令权。

第三，分配非全职员工时，非全职员工的总工作时间超过全职员工的总工作时间。

必要保育工作职员数应满足下列要求：每 3 名 0 岁的婴儿需要 1 人以上人员照护，每 6 名 1 ～ 2 岁的幼儿需 1 人以上人员照护。

全所需要的保育工作职员数计算方法如下：规定接收的婴幼儿数分别除以"必要保育工作职员数"规定的根据婴幼儿的年龄对应的保育工作职员数，保留小数点后 1 位，把四舍五入所得的各数量相加。

用公式表述如下：全所需要的保育工作职员数 = 0 岁婴儿数 ×1/3+（1 岁幼儿数 + 2 岁幼儿数）×1/6

在开所时间内，保育所针对目前在机构中的婴幼儿，按以上规定的配置标准，配置规定数目以上的保育工作职员。另外，在开所时间内，保育所必须配置 2 名以上的保育工作职员，其中包括 1 名以上的全职员工。

保健师、助产师及护士被视为具有以保育员为标准的专业性的人。

（二）所长

第一，设置独立所长。

所长是指满足下列条件或者知事认为合适的人。

所长应在以下的机构中有过从事保育员工作每天 6 小时以上且每月 20 天以上的工作经历，并且有在同一机构中工作一年以上的经历，如下所示：

（1）婴幼儿福利机构。

（2）《纲要》认证的保育所。

（3）经《保育所运营事业实施纲要》认定的补助型机构。

（4）用于援助事业的小规模保育机构。

第二，当只运营一所认证保育所时，允许所长兼任机构运营者。

第三，当多个机构满足以下条件时，允许仅运营一所认证保育所的所长兼任其他机构代表人。

（1）在该认证保育所开设后开设。

（2）该认证保育所的管理运营不会受到影响。

（3）有必要的体制确保不影响其他事业实施。

（三）厨师

规定人数为 40 人及以下的保育所应配置 1 名厨师，规定人数为 41 人及以上的保育所应配置 2 名以上厨师。但是若保育所将供餐业务委托给第三方，保育所内的烹调室仅用于烹调，可以不设置厨师。

三、建筑布局

认证保育所的结构及设备必须充分注意采光、换气、卫生保健等方面符合以下要求，以此来保障保育所的稳定运营。

（一）基础设备、面积等

0 ～ 1 岁婴儿的婴儿室或卫生室的面积为人均 2.5 m^2 以上，2 岁以上幼儿的保育室或游戏室的面积为人均 1.98 m^2 以上。在户外游戏场地方面，认证标准并未作出要求。医务室具有静养的功能，也可以和办公室等兼用。保育所应避免婴幼儿从保育室轻易进入厨房，应将厨房独立划分出来，并且厨房面积、设备应该与规定人数相对应。厕所供保育室专用，里面还配备了专用的洗手设备，并与保育室及厨房划分开来，婴幼儿可安全使用厕所，厕所的数量应满足每 20 名婴幼儿至少有 1 个。

（二）用具等

保育室或游戏室内应配备必需的玩具，医务室应常备必备的医药品等。

（三）位置

婴儿室或卫生室、保育室或游戏室以及医务室（以下简称“保育室等”）若没有特殊情况的话，最好设置在 1 楼。

四、安全防护

在遭遇火灾等紧急情况下，保育所应为婴幼儿设立有效的避难位置，保育所应设置两处双向的紧急出口。当保育室等设置在 1 楼或者屋顶设置户外游乐场时，也要确保设置双向的避难路径。

针对保育室等设置在2楼及以上的情况，表5-4根据保育室的不同楼层，对设施和设备的要求作出了规定。

表5-4 保育所对设施和设备的要求

楼层	区分	设施和设备
2 楼	常用	①室内楼梯；②户外楼梯
	避难用	①符合《建筑基准法》的室内楼梯；②能有效避难的阳台；③符合《建筑基准法》的户外斜坡或者以此为标准的设备；④户外楼梯
3 楼	常用	①符合《建筑基准法》的室内楼梯；②户外楼梯
	避难用	①符合《建筑基准法》的室内楼梯；②符合《建筑基准法》的户外斜坡或者以此为标准的设备；③户外楼梯
4 楼及以上	常用	①符合《建筑基准法》的室内楼梯；②符合《建筑基准法》的户外楼梯
	避难用	①符合《建筑基准法》的室内楼梯（仅限于从 1 楼到设有保育室等楼层的部分）；②符合《建筑基准法》规定的耐火结构的户外斜坡；③符合《建筑基准法》规定的户外楼梯

第一，设施和设备应设置在能有效避难的位置，并且该避难位置与保育室等各个房间的步行距离应在 30 m 以内。

第二，认证保育所的厨房应具有《建筑基准法》规定的防火地板或墙壁，或具有符合《建筑基准法》规定的防火设备。在这种情况下，换气、取暖或空调设备的风道在地板下或墙壁内的部分或靠近该部分的地方都应安装减震器。此外，应根据烹饪用具的种类设置有效的自动灭火装置，并采取必要措施防止火势蔓延到厨房外。

第三，认证保育所的墙壁及天花板室内部分应使用不可燃材料。

第四，保育室等其他婴幼儿出入或者通行的地方应设有防止婴幼儿坠落的设备。

第五，安装有紧急警报器具或紧急警报设备及向消防机关报警的设备。

第六，认证保育所的窗帘、地毯、门窗等可燃性物品应进行防火处理。

在设立认证保育所时，举办者应根据《建筑基准法》，在建筑物内开设保育所。但是，当对现有建筑进行改建，设立 100 m^2 以下的认证保育所时，需要提交一份证明其符合保育所标准的文件。

举办者应向知事提交根据《认证保育所的室内化学物质对策实施基准》实施的测定结果及对策状况说明。

设立的认证保育所应符合下列条件中的任一项，举办者应提供客观证明该事实的文件。

第一，《建筑基准法新耐震基准》（1981 年 6 月 1 日施行）。

第二，根据《为促进建筑物的抗震诊断及抗震修复的基本方针》（2006 年国土交通省告示第 184 号）制定的方法进行耐震诊断。

在确定认证保育所的设立场所之前，举办者应向管辖消防署就安全的避难方法等进行审批。

五、卫生保健

东京市出台的《纲要》主要对幼儿的饮食健康方面进行了规定，提供的食物原则上应该由认证保育所内的厨师在所内进行烹饪。

《纲要》中提到，在运输手段等的卫生上采取恰当的措施，在仅限于满足下列条件的情况下，可以采用外部运输的方式向认证保育所内 3 岁以上幼儿提供食物。虽然 B 型认证保育所仅接收 0 ～ 2 岁婴幼儿，但此处也对外部运输提供食物的方式予以介绍，以供参考。

当采用外部运输的方式提供食物时，除去接受外部运输食物的幼儿外，认证保育所应将其余幼儿按年龄段区分，按规定进行厨师的配置。具体要求如下：

第一，该认证保育所或其他机构在制定菜单时，要从营养的角度接受营养师必要的指导。

第二，负责烹饪工作的人员应充分了解该认证保育所的饮食宗旨，并具有妥善执行烹饪业务的能力。

第三，执行烹饪业务的人员可以根据幼儿的年龄、发育阶段以及健康状态选择适合的饮食，为有过敏、特应性反应等情况的幼儿提供特殊照料。

第四，认证保育所应从“通过食物来健全育儿”这一观点出发，根据幼儿的发育特点及水平，制订饮食计划并提供饮食。

第三节　中国南京育儿园、亲子园、看护点设置

南京市早在 2011 年便启动了 0 ～ 3 岁婴幼儿早期发展工作，《关于进一步加强人口服务管理工作的意见》首次在政策上明确了 3 岁以下婴幼儿照护服务发展的主要职责部门和基本发展要求。2012 年，《市政府办公厅关于推进南京市 0 ～ 3 岁婴幼儿早期发展工作的意见》中首次确定“政府指导、部门监管、市场运作、社区组织、家庭参与”的工作机制。至今，南京市婴幼儿托育服务已具备较长的发展历程，建立起了“1 计划 +2 办法”的地方性政策体系，具体包含了《南京市 0 ～ 3 岁婴幼儿早期发展工作提升行动计划（2017—2020 年）》、2014 年出台的《南京市 0 ～ 3 岁婴幼儿保育机构设置管理暂行办法》和《南京市 0 ～ 3 岁婴幼儿早期发展均等化促进工程实施办法》。其中，《南京市 0 ～ 3 岁婴幼儿保育机构设置管理暂行办法》明确将 0 ～ 3 岁婴幼儿保育机构分为育儿园、亲子园、看护点三种类型：育儿园是指为 0 ～ 3 岁婴幼儿提供全日 / 半日制保育服务的机构；亲子园是指为 0 ～ 3 岁婴幼儿提供计时制保育服务的机构；看护点是指为 0 ～ 3 岁婴幼儿提供看护服务的机构。针对三种不同类型机构，标准的设置既有一定的共性规定，也根据三种类型机构的定位进行了不同的类别规定，结合共性要求和不同类别规定，托育机构设置得以有据可依。

一、资格认证

面对南京托育市场供给少于需求的情况，南京在发展托育事业初始时便鼓励机关、企事业单位、社会组织、民办非企业、公民个人等以多种形式举办 0 ～ 3 岁婴幼儿保育机构。保育机构要在民政部门或工商部门进行法人登记。民政部门是 0 ～ 3 岁婴幼儿保育机构民办非企业单位的登记管理机关；工商部门是经营性 0 ～ 3 岁婴幼儿保育机构的登记管理机关。

在民政部门登记时，机构需要通过民办非企业单位法人申请一系列的前置审批，机构需要在区县卫生健康部门进行核名，相关政府部门对场地、消防、餐饮方面进行排查，经过排查后，机构取得相关证件，之后才能在民政部门进行法人登记，最后才能到区卫生健康部门申请备案，而区卫生健康部门会按照机构设置的基本条件，组织相关专家上门进行具体评估并打分，达到合格分数后，机构才算备案成功、证照齐全，才能接受相关部

门的监管与指导。以企业法人的身份举办婴幼儿托育机构的步骤，相对于以民办非企业单位法人的身份举办婴幼儿托育机构的步骤而言比较简单，机构仅仅需要在工商部门的企业登记平台上以“保育公司”的名义进行登记，便可以申请法人身份。由于工商部门尚未出台针对“保育公司”的前置审批，卫生健康部门无法直接约束以企业法人身份注册的托育机构，卫生健康部门在企业登记平台上获悉“保育公司”的信息后，通知属地街道前往核查机构情况并向机构宣发相关证照获取及备案的政策，后期手续的落实完全取决于机构意愿。

二、人员配备

《南京市 0 ～ 3 岁婴幼儿保育机构设置管理暂行办法》对全市范围内从业人员的师幼配比、保育机构的人员配备以及资质方面进行了规定。

（一）师幼比

南京三类婴幼儿保育机构对师幼比的要求保持一致，根据月龄不同，师幼比的要求也有所不同，具体如表 5-5 所示。

表5-5　南京市婴幼儿保育机构师幼比

婴幼儿月龄	师幼比要求
0 ～ 6 个月	1 ：2
7 ～ 12 个月	1 ：3
13 ～ 18 个月	1 ：5
19 ～ 24 个月	1 ：6
25 ～ 36 个月	1 ：7

（二）人员配置

《南京市 0 ～ 3 岁婴幼儿保育机构设置管理暂行办法》要求举办者在申请举办机构时需要配备一定的从业人员，且从业人员“应身体健康、具有相应资质”。三类不同类型机构的人员配备既有相同之处，也有一些细微的区别。

首先，育儿园、亲子园和看护点均要求配备专职园长或负责人，负责机构的运营、管理与协调。其次，机构应当配备专门负责婴幼儿保育工作的人员。育儿园中既要配备指导婴幼儿保育活动的指导人员，也要配备保育员；亲子园对配备指导人员有明确的要求，但未对配备保育员进行规定；看护点需要配备满足需要的看护人员。对于其他从业人员的规定，三类机构基本保持一致，三类机构均要求配备“专（兼）职卫生保健人员”，此外育儿园和看护点还要求配备保安人员，而提供餐饮的育儿园和看护点还需有符合要求的炊事人员。

（三）人员资质

《南京市 0 ～ 3 岁婴幼儿保育机构设置管理暂行办法》对机构中的从业人员总体要求为“从业人员应身体健康、具有相应资质”。此外，为了保障机构员工的合法权益和职业发展，南京市要求 0 ～ 3 岁婴幼儿保育机构应当按照《中华人民共和国劳动法》的规定用工，并定期对员工进行职业道德教育和业务培训。

育儿园和亲子园必须配备专职园长，并且园长应具有学前教育专业（包括教育管理专业）大专以上学历或中级以上技术职称。同时，园长应当持有教师资格证和育婴师证，有一定的组织管理能力和协调能力；看护点对专职负责人的资质要求没有进行明确的规定。

育儿园和亲子园中的指导人员直接提供婴幼儿保育等服务，对于指导人员的资质，南京市要求指导人员应具有教育学专业大专及以上学历，取得教师资格证和育婴师职业师资证书（以下简称“育婴师证”），其中育儿园还要求配备保育员，而保育员也要求必须经过保育职业培训；看护点对看护人员的资质要求没有进行明确规定，具体如表 5-6 所示。

表5-6　南京市婴幼儿保育机构人员配置

机构类型	人员配置	学历要求或培训要求	资格证要求
育儿园	园长	学前教育专业（包括教育管理专业）大专以上学历或中级以上技术职称	教师资格证和育婴师证
	指导人员	教育学专业大专及以上学历	教师资格证和育婴师证
	保育员	经过保育职业培训	—
	专（兼）任卫生保健人员	—	—
	保安人员	—	—
	炊事人员	—	—
亲子园	园长	学前教育专业（包括教育管理专业）大专以上学历或中级以上技术职称	教师资格证和育婴师证
	指导人员	教育学专业大专及以上学历	教师资格证和育婴师证
	专（兼）任卫生保健人员	—	—
看护点	专职负责人	—	—
	看护人员	—	—
	专（兼）任卫生保健人员	—	—
	保安人员	—	—
	炊事人员	—	—

三、建筑布局

《南京市0～3岁婴幼儿保育机构设置管理暂行办法》对婴幼儿保育机构的建筑设计进行了规定，主要涉及场地要求、配置用房两大方面。

（一）场地要求

场地的要求首先必须满足选址安全性，三类机构必须设置在“安全、无污染、相对独立的区域内”，机构所处楼层应当在3层以下且不得设置在地下建筑内，婴幼儿活动的区域应当“采光良好，空气流通”。

在活动场地面积方面，育儿园和亲子园要求室内人均活动面积不得小于3 m^2，看护点的室内人均活动面积不得小于1 m^2。

在户外场地方面，只有育儿园要求应当配置适宜的户外活动场地和游戏场地，且户外活动场地中应当摆放适合0～3岁婴幼儿活动的中小型户外玩具。

（二）配置用房

在满足机构场地的基本要求外，根据三类机构的服务定位，机构的配置用房类别也有所不同。

育儿园为婴幼儿提供全日/半日制的托育服务，因此有婴幼儿活动室、午睡室、盥洗室、多功能室以及卫生保健室等活动用房和服务用房，此外提供餐饮的育儿园需有符合要求的厨房。

亲子园提供计时制的托育服务，因而在用房配备上更重视对婴幼儿活动用房的合理功能划分，可以划分为亲子活动室（区）、游戏区、阅读区等活动区域。

看护点对房舍的要求不如育儿园、亲子园规定明确，仅要求房舍能够满足机构需要，提供餐饮的看护点必须配置符合要求的厨房。

四、安全防护

在安全制度方面，三类机构必须根据已有规章制度设置机构内的安全制度。在安全设备方面，《南京市 0 ～ 3 岁婴幼儿保育机构设置管理暂行办法》和三类不同机构均要求配备“安全防护设施”和“报警监控设施”，且“地面经过软化处理，无尖锐突出物，墙面有安全防护”。

五、卫生保健

《南京市 0 ～ 3 岁婴幼儿早期教养指南（试行）》和《南京市 0 ～ 3 岁婴幼儿早期教养机构设置管理办法（试行）》共同对婴幼儿保育机构的卫生保健工作进行了规定。《南京市 0 ～ 3 岁婴幼儿早期教养机构设置管理办法（试行）》规定，婴幼儿保育机构应当具备防暑保暖设备、卫生消毒设施。在生活照护方面，《南京市 0 ～ 3 岁婴幼儿早期教养指南（试行）》涉及了生活条件、营养膳食、生活制度、卫生习惯、体检和预防接种五个方面，条目详细明确，对机构作出了要求。

（一）饮食营养

1. 食物质量

机构提供的食物应当是新鲜优质的，给婴幼儿提供卫生的餐具，必须确保婴幼儿饮食安全。

2. 科学配膳

保证食物的多样化，注意营养的全面性。按月龄添加辅食及生长发育所需的营养补充剂，引导婴幼儿吃各种适宜的食物，注意个别差异。

3. 合理喂养

根据婴幼儿消化系统的特点，合理安排婴幼儿喂养时间，提供充足的奶量和水分，引导婴幼儿逐步适应各种食物，满足婴幼儿生长发育的需要。

（二）卫生防病

（1）婴幼儿卧具应当帮助其生长发育，工作人员要保证婴幼儿充足的睡眠时间，逐渐帮助婴幼儿形成有规律的睡眠。

（2）婴幼儿便器必须保持干净卫生，工作人员要细心观察照护，教会婴幼儿主动表示大小便，逐步养成定时排便的习惯。

（3）机构内应当设置“婴幼儿保健药箱”，及时处理突发的小事件，确保婴幼儿健康安全成长。

（3）培养婴幼儿漱口、洗手、剪指甲、洗头、洗澡、排便等良好的个人卫生习惯，使婴幼儿注意仪表整洁。

（4）指导婴幼儿维护环境的卫生，不随地大小便，不随地吐痰，不乱扔废弃物等。

（5）定期为婴幼儿进行体格检查，了解婴幼儿的生长发育状况和身体基本机能状况。

（6）按时为婴幼儿进行预防接种，帮助婴幼儿提高对传染病的抵抗能力，预防各种传染病。

（7）预防跌落、烫伤、误服，把小物品放入口、鼻、耳中等意外事故的发生。

第四节　中国上海 0～3 岁婴幼儿托育机构设置

上海市自 20 世纪 80 年代便开始探索婴幼儿托育服务，在经历人口低潮后，托儿所等婴幼儿托育机构纷纷关停或被挪作他用，近些年来随着人口新政的落地以及外来人口的不断涌入，上海市新生儿数量迎来新一轮高峰。随着某亲子园虐童事件在公众视野中的发酵，托育服务再度引起了上海市政府的重视，上海市政府从2017年底重启对3岁以下婴幼儿托育事业的管理和体系建设，3岁以下婴幼儿托育事业重新回归公众视野。

自2018年4月28日以来，上海市接连出台3岁以下幼儿托育服务工作“1+2”政策文件，包括《关于促进和加强本市3岁以下幼儿托育服务工作的指导意见》《上海市3岁以下幼儿托育机构管理暂行办法》《上海市3岁以下幼儿托育机构设置标准（试行）》（以下简称《设置标准》）。2018年7月10日，上海市出台了《托育机构从业人员与幼儿园师资队伍建设三年行动计划（2018—2020年）》，建立起上海市托育服务体系“1+2+1”的政策，明确了“政府引导、家庭为主、多方参与”的总体思路，促进托育服务健康有序发展。

《关于促进和加强本市3岁以下幼儿托育服务工作的指导意见》是上海市对婴幼儿托育事业发展的纲领性文件，直接影响了总体思路、主要目标、基本原则、主要任务和管理体制的确定，也为出台配套托育机构管理暂行办法及设置标准提供了根本依据。《设置标准》对上海市范围内各类托育机构设置提出了标准要求；《设置标准》界定了标准的适用范围，明确了设立托育机构的基本条件，包括选址要求、供餐标准、安全防护、班级规模、人员配置规格、卫生保健措施等，同时对举办者、名称、章程、组织机构、管理制度等也提出了一定要求。在文件中“托育机构”一词的概念仅包括在上海市行政区域内，由社会组织、企事业单位或个人举办、面向3岁以下尤其是2～3岁幼儿，实施保育为主、教养融合的幼儿照护全日制、半日制、计时制机构，幼儿园托班和托儿所不适用于《设置标准》。

一、资格认证

“政府引导、家庭为主、多方参与”是上海市发展托育事业的总体思路。在这种思路引领和目标导向下，上海市政府引导本市托育服务市场发展，支持社会组织、企事业单位和个人积极提供符合适龄幼儿家庭多样化需求的托育服务。因此，申请举办托育机构的既可以是社会组织、企事业单位，也可以是个人。申请举办托育机构的社会组织、企事业单位应当具有独立法人资格。事业单位出资举办托育机构时，应当经其上级主管单位批准同意；国有及国有控股企业投资举办托育机构时，应当向对其国有资产负有监管职责的机构履行备案手续。申请举办托育机构的个人应当具有中华人民共和国国籍并具有政治权利和完全民事行为能力。

上海市是由教育部门主管 3 岁以下婴幼儿托育服务事业。上海市教育委员会专门成立了托幼工作处，从基础教育处中分离出来，管理全市 0 ～ 3 岁婴幼儿托育和 3 ～ 6 岁幼儿保育工作，各区也成立了专门科室，负责托幼工作科室中专门成立了托育指导中心。在机构举办的过程中，市、区的托幼科室，联合其他部门共同对机构的准入审批进行管理，联合审批模式采用“派单制”，通过建立市、区、街道三级联动的综合监管机制，搭建市级监管平台，使用专门的托育机构网进行线上系统化管理，在审核准入上，将申办请求派单到各区，区里的不同部门分别登录系统进行自己辖区内的资格审查后在系统中打钩并出具证明，待整套程序全部结束后，由教育部门在系统中生成相关的审批通过单。

托育机构分为营利和非营利性质两种，以不同的方式进行申请，无论是营利性质托育机构，还是非营利性质托育机构，均需要满足《设置标准》中的软硬件条件才能通过审批。机构需要向区级主管部门提交托育机构卫生评价报告、食品经营许可证、消防安全合格证明文件、举办者资格证明、场所证明以及从业人员资格证明材料，由教育部门进行服务检查后，非营利性质机构才能获得法人身份，而营利性质机构在工商分局注册成为托育式公司之后还不能立即经营，只有按照教育部门的要求经过检查后，才具备了正式经营的资格。

二、机构规模

首先，托育机构按照幼儿年龄编班。单个托育机构的规模不宜过大，应当有利于 3 岁以下尤其是 2 ～ 3 岁幼儿的身心健康，便于进行照护和日常管理。其次，托育机构应当根据当地街道、乡镇的发展规划和实际需求，结合社区人口发展趋势、城市交通、环境等因素综合考虑，合理布点及规划托育机构的规模。托育机构（不含托育点）服务半径宜为 300 ～ 500 m。

在 24 ～ 36 个月幼儿生活的班级中，每班不超过 20 人；在 18 ～ 24 个月幼儿生活的班级中，每班不超过 15 人。全日制和半日制托育机构不宜超出 6 个班，计时制托育机构不宜超出 4 个班。具体托育机构规模和单班规模详如表 5-7、表 5-8 所示。

表5-7　上海市托育机构规模

分类	班级数	人数	服务居住人口
全日制 / 半日制	5 ～ 6	81 ～ 140	3 001 ～ 6 000
托育机构	3 ～ 4	41 ～ 80	小于 3 000
计时制	3 ～ 4	41 ～ 80	
托育机构	1 ～ 2	20 ～ 40	

表5-8　上海市托育机构单班规模

机构类型	幼儿年龄	人数
全日制 / 半日制	18 ～ 24 个月	10 ～ 15
托育机构	24 ～ 36 个月	15 ～ 20
计时制	18 ～ 24 个月	5 ～ 10
托育机构	24 ～ 36 个月	11 ～ 20

三、人员配备

上海市婴幼儿托育机构应当根据班级数量和收托婴幼儿数量，按照合理比例配置从业人员。专门负责提供婴幼儿托育服务的人员被称为保育人员，具体师幼比、人员配置和人员资质如下：

（一）师幼比

根据年龄划分班，每班的保育人员数量与婴幼儿数量的比例要求不同。2 ～ 3 岁幼儿与保育人员的比例应不高于 7 ∶ 1，18 ～ 24 个月幼儿与保育人员的比例应不高于 5 ∶ 1，18 个月以下婴幼儿与保育人员的比例应不高于 3 ∶ 1。

（二）人员配置

托育机构应当配备专门负责机构管理、运营等事务的负责人，负责人应当具有政治权利和完全民事行为能力，品行良好，身心健康，富有爱心，热爱保育工作。托育机构应当按照《设置标准》为每班配置保育人员，保育人员包括育婴员和保育员，且每班育婴员不得少于 1 名。

在卫生保健人员的配置方面，收托 50 人以上的托育机构应至少配备 1

名兼职卫生保健人员；收托 50 ～ 100 人的托育机构应至少配备 1 名专职卫生保健人员；收托 101 ～ 140 人的托育机构应至少配备 1 名专职和 1 名兼职卫生保健人员。

托育机构应至少有 1 名保安员在岗，保安员应由获得了公安机关颁发的保安服务许可证的保安公司派驻。

托育机构还应根据运营管理需要为婴幼儿配置营养员、财会人员。

（三）人员资质

在托育机构中工作的所有从业人员必须无刑事犯罪记录，无吸毒记录和精神病史，取得健康证明，无其他不适宜从事托育服务的情况。托育机构从业人员患传染病期间，应暂停在托育机构中的工作。

市、区主管部门建立托育机构从业人员资格审查机制，机构负责人、育婴员、保健员、保育员、财会人员、营养员、保安员等从业人员应具有完全民事行为能力，品行良好，身心健康，热爱儿童，热爱保育工作，机构负责人应具有政治权利。主管部门对托育机构中的从业人员设置了明确的学历、资格证书等要求。

托育机构负责人应当具有大专及以上学历，同时具有教师资格证和育婴员四级及以上国家职业资格证书，有从事学前教育管理工作六年及以上的经历，能胜任机构管理工作。

育婴员应当具有大专及以上学历，并取得育婴员四级及以上国家职业资格证书。

保健员应当具有中等卫生学校、幼师或高中以上文化程度，经过本市妇幼保健机构组织的卫生保健专业知识培训并考核合格。

保育员应当取得保育员四级及以上国家职业资格证书。

保健员、营养员等托育机构食品安全管理人员、关键环节操作人员应当取得食品安全知识培训考核合格证书。

保安员须由获得了公安机关颁发的保安服务许可证的保安公司派驻，并均应当经公安机关培训取得保安员证。

四、建筑布局

托育机构的建设必须坚持依法依规，确保安全卫生第一的前提，遵循

"功能完善、配置合理、绿色环保"的原则。建筑规划面积、建筑设计、功能要求、管线部署、房屋朝向、日照保障、机构内的道路、装修材料以及提供的设施设备等应符合《托儿所、幼儿园建筑设计规范》的有关标准要求，符合《建筑设计防火规范》的消防规定，符合婴幼儿生理和心理成长规律。

（一）场地要求

托育机构的功能布局、建筑设计、设施设备等应当以保障安全为先，因此在托育机构进行选址时，托育机构所在地点必须满足以下基本条件。

（1）地质条件较好，空气流通，日照有保障，交通方便，排水通畅，场地平整干燥，基础设施完善，周边环境适宜，邻近绿化带，符合卫生和环保要求。

（2）确保选址安全，避开可能发生地质灾害和洪水灾害的区域、加油站、输油输气管道和高压供电走廊等不安全地带。

（3）不得与公共娱乐场所、集市、批发市场等人流密集、环境喧闹、杂乱或不利于幼儿身心健康成长的建筑物及场所毗邻。

（4）确保选址卫生，远离医院、垃圾及污水处理站等危及幼儿安全的各种污染源，远离城市交通主干道或高速公路等，符合国家现行有关卫生、防护标准的要求。

（5）3个班级及以上的全日制、半日制托育机构以及企事业单位、园区或商务楼宇开办的托育机构宜独立设置。新建、改建、扩建托育机构应符合《托儿所、幼儿园建筑设计规范》和国家抗震、消防标准的规定；利用房龄20年以上的既有建筑提供托育服务的，须通过房屋结构安全检测。幼儿生活用房不应设置在地下或半地下，当设置在建筑的首层确有困难时，可设置在地上二、三层，但必须符合《建筑设计防火规范》要求以及其他消防要求。

（二）配置用房

房屋建筑由幼儿活动用房、服务用房、附属用房三部分组成。

全日制、半日制托育机构的幼儿活动用房包括班级活动单元（含生活区与游戏活动区）、综合活动室等。计时制托育机构的幼儿活动用房包括生活区与游戏活动区。

托育机构的服务用房包括保健观察室、晨检处、幼儿盥洗室（具备淋浴功能）、洗涤消毒用房等。

自行加工膳食的全日制托育机构的附属用房包括厨房、储藏室、教职工卫生间等，其中厨房平面布置应符合食品安全规定，满足使用功能要求，不得设在幼儿活动用房的下部，房屋为多层时宜设置提升食梯。非自行加工膳食的全日制、半日制、计时制托育机构的附属用房包括配餐间、储藏室、教职工卫生间等，不提供点心的计时制托育机构可无配餐间。

（三）建筑面积

托育机构整体建筑面积应不小于 360 m^2（只招收本单位、本社区适龄幼儿且人数不超过 25 人的托育机构的建筑面积应不小于 200 m^2），且幼儿人均建筑面积不小于 8 m^2。在户外场地符合《托儿所、幼儿园建筑设计规范》的机构中，幼儿人均建筑面积应不小于 6 m^2。

托育机构宜设专用户外活动场地，场地周围应当采取安全隔离措施，防止出现走失、失足、物体坠落等风险。户外活动面积不宜小于 60 m^2，各班活动场地之间宜采取分隔措施。户外公共游戏场地人均面积不宜小于 2 m^2。计时制托育机构每班户外专用活动场地不宜小于 40 m^2。

自行加工膳食的全日制托育机构应设不小于 30 m^2 的厨房，其中加工（包括初加工、切配、烹饪等）场所和备餐间分别不小于 23 m^2 和 7 m^2。不自行加工膳食但提供午餐的全日制托育机构应设置不小于 8 m^2 的配餐间。若用餐人数超过 50 人，机构需执行上海市食品经营许可中关于幼托机构食堂的要求。半日制、计时制托育机构或企事业单位、园区、商务楼宇自办托育点若提供点心且由其他单位配餐，应设不小于 8 m^2 的配餐间。

五、安全防护

《设置标准》对机构的安全制度的建立以及安全设施的运用作出了明确且详细的规定，具体涉及安全责任、防范预警、巡查上报等方面。

（一）安全制度

在安全责任制度方面，机构应当建立责任主体制度，托育机构法定代表人和托育点举办者是机构安全和卫生保健工作的第一责任人。在安全问责制度方面，托育机构第一责任人负责进行针对幼儿人身安全问题的内部监督和责任追究。在首问责任制度方面，第一位接到家长来访、来电或来信对托育机构提出异议的从业人员即为首问直接责任人，负责做好事件的全程跟进。在行为规范制度方面，严禁从业人员做出虐待、歧视、体罚或变相体罚幼儿等损害幼儿身心健康的行为。

在防范预警制度方面，机构首先应当建立安全防护制度，实施全封闭管理；报警系统确保 24 h 设防，建立健全机构一日生活各方面的安全防护制度。此外，机构还应当建立应急预警制度，制定突发事件的应急预案和管理制度并规定优先保护幼儿的措施。全体托育从业人员应当掌握基本急救常识和防范、避险、逃生、自救的基本方法，并定期进行事故预防演练，机构中至少有一名保育人员接受过急救培训并持有有效急救证书。

在巡查上报制度方面，机构应当建立安全巡查制度，对园舍、活动场地和设施设备的安全进行检查，落实各项安全防范措施，执行每日巡查制度，做好安全巡查记录；建立安全上报制度，发现安全或暴力问题后应按要求及时准确上报有关信息。

（二）附属安全设施

为了做好机构中的安全防护工作，机构应当配置相应的附属安全设施，其中包括安全防范设备和消防设备。

机构应当配置安全技术防范系统和智能安防系统，机构应确保监控全面覆盖幼儿的活动区域，符合上海市“智慧公安”相关要求。机构实施全封闭管理，周边宜设置入侵报警系统。机构应根据场地实际情况，设置电子巡查系统。托育机构的门卫室、安防控制中心、负责人办公室应安装紧急报警装置，且与区域报警中心联网。

根据消防要求，托育机构区域内和建筑内应配置相应的消防设备。

六、卫生保健

婴幼儿生理和心理卫生保健工作是婴幼儿托育机构的重要工作内容，因此机构应当遵守行业操作规范，建立健康检查制度，确保保健资料齐全，定期进行检查与指导，并对从业人员进行健康与安全教育，做好卫生防病、营养、极端天气防护工作。

（一）健康检查制度

（1）幼儿入托后，工作人员应当定期进行健康检查、晨检或午检以及全日健康观察，建立幼儿健康档案并进行管理。

（2）工作人员发现幼儿身体、精神状况、行为等异常时，及时处理并通知其监护人。

（3）建立从业人员上岗体检、在岗定期体检和健康档案管理制度，制定对患有可能影响幼儿身体健康疾病的从业人员及时调离工作岗位的规范条例。

（二）卫生防病工作

托育机构应建立卫生与消毒、传染病防控与管理、饮用水卫生、常见病预防与管理、健康教育宣传等相关制度，落实各项相关工作要求。

（三）营养工作

托育机构应严格执行国家和本市有关食品安全的法律法规，建立健全各项食品安全管理制度和确定营养食谱。

（1）托育机构提供的餐饮、点心服务必须符合托育机构提供餐点的卫生要求与操作流程，托育机构应有食品经营许可证。

（2）建立为全日制幼儿提供安全、卫生、健康膳食的管理制度，确保每周向家长公示幼儿食谱，定期进行营养摄入量分析。

（3）建立食品留样制度。

（四）极端天气防护工作

托育机构应建立极端天气防护制度，确保做好夏季防暑降温和冬季防寒保暖工作，防止幼儿中暑或冻伤。

第六章　我国城市地区家长托育服务需求

第一节　托育服务需求基本理论

一、托育服务需求理论相关研究综述

（一）托育服务需求的内容研究

通过查阅相关文献，结合不同托育类型，对家长托育服务需求内容的研究将从家庭式托育需求和机构式托育需求两方面来阐述。

1. 家庭式托育需求的内容研究

对于家庭式托育需求相关研究表明，家庭式托育的照顾者多为祖辈和保姆，且家长希望他们掌握科学的育儿指导知识。林惠琴通过对南京鼓楼区150名0～3岁婴幼儿家长的调查结果表明，部分由长辈和保姆带的婴幼儿家长认为长辈和保姆需要接受早教指导。① 杨斐然以育有0～2岁婴幼儿的大学教师团体为例，调查表明由祖辈照顾且和父母分开居住的婴幼儿家长几乎都存在有关婴幼儿习惯和交往方面的烦恼。②

李芬和风笑天基于全国12个城市祖辈样本量的问卷调查和部分实地访

① 林惠琴．家长早教需求与早教课程设置关系研究 [D]. 昆明：云南师范大学，2014.

② 杨斐然．家长对婴儿托管的需求度与接受度调查——以成都大学教师为例 [J]. 青年与社会，2015(6)：175-177.

谈、观察资料的分析显示祖辈在3岁以下婴幼儿的照料参与度达40.3%，双方老人都不愿意带二孩的比例占35.7%。[①] 据上海市科学育儿基地2014年的调查，73.4%的祖辈是孩子的主要带养者，但在祖辈带养中，有48.1%的祖辈是处于“无可奈何”带养的窘境。[②] 妇女角色的变迁使母亲因工作而无法亲自照顾年幼子女，家庭结构、家庭关系的变迁与老人健康等问题使儿童看护得不到家庭内部的支持。基于此，随着二孩的出生，祖辈由于年龄、身体健康、延迟退休等因素，对于职业化保姆或专业托育机构的需求很可能逐渐上升。

2. 机构式托育需求的内容研究

随着全面二孩政策的普及，我国对婴幼儿托育的相关研究逐渐增多，但系统研究相对较少，且主要针对未入托家长的托育需求，通过对机构式托育需求相关研究内容的梳理总结发现，家长需求主要涉及孩子能力提升、托育便利性、软硬件设施、收费、托育时间方面。

未入托家长的需求强烈，但对于具体的需求内容研究缺乏系统性。李沛霖等从入托原因方面入手讲述家长对托幼机构的需求，主要包括室外活动空间充足、离家近、专业的师资、监控摄像随时了解孩子的情况以及孩子的能力提升，如接受更专业的早期教育、培养社交能力等。[③] 王晖指出家长除了对孩子能力提升的托育期望外，更强烈的需求是对公立托育机构的呼吁。[④] 张苹和茅倬彦从入托原因、托班性质、入托费用、指导内容四方面阐述需求，调查发现大部分受访者打算让孩子上托班，一是家里没有人带，二是认为托班可以培养孩子良好的性格和生活习惯、提早适应入园生活、和同龄小朋友一起玩耍；对于托班性质的需求上依次为公立幼儿园的托班、私立幼儿园的托班、社会上的商业早教机构、社区里的家庭式早托班；对于托育的费用上，大多数受访者选择能接受的范围在1 000～2 999元；对幼儿指导内容的需求主要集中在三方面，婴幼儿喂养和疾病防治知识的了解、婴幼儿

① 李芬，风笑天．照料“第二个”孙子女？——城市老人的照顾意愿及其影响因素研究[J]. 人口与发展，2016，22（4）：87-96.

② 李沛霖，王晖，丁小平，等．对发达地区0-3岁儿童托育服务市场的调查与思考——以南京市为例[J]. 南方人口，2017，32（2）：71-80.

③ 同上。

④ 王晖．3岁以下婴幼儿托育需求亟须重视[J]. 人口与计划生育，2016（11）：22.

智力开发的需求及婴幼儿心理健康的处理。[①] 徐浙宁从托育形式和托育质量方面阐述家长的托育需求，公立托幼机构和社区看护是家长对托育形式的首选，就托育质量而言，家长更关心保育和师资以及育儿指导。[②] 李惠渝从教师要求角度着手调查，母亲希望教师是学历为大专及以上学历的 30 ～ 49 岁的女性，且形象和善，具有全面的育儿知识、科学的带养技能。

已入托的婴幼儿家长对托育需求的表达较具体，但二孩背景下大陆地区的需求研究数量仍然薄弱、欠缺需求内容表达的深入性研究。韦素梅对上海市两个区开设托班的早教机构进行了调查，结果表明家长普遍期待公办托育机构，期待托育机构能做到托管和教育并重、托育形式多样、入托时长增加，对孩子托育服务内容的期待依次为均衡的饮食、适当的身体锻炼、良好的睡眠环境，期待育儿指导内容丰富、采用面对面的直接沟通方式。丁利芳等基于 0 ～ 3 岁婴幼儿家长的访谈结果得知家长最关注的是师资队伍、教育理念与方法、保育与服务及环境与设备方面。陈若琳和涂妙如等通过对新北市家长的满意度调查研究发现，使用社区保姆系统、托婴中心的家长选择托育地点以离家近为主，少部分家长选择离工作地点近，托育类型以日间托育为主。陈若琳和涂妙如等基于托婴中心使用者视角系统讲述家长需求，研究表明多数家长最赞同的托育服务政策除了政府提高 0 ～ 2 岁婴幼儿家长的保姆托育费用补助金额外，还有政府设置平价的托婴中心或公共托婴中心，使用托婴中心的家长需求较高的依次为增设公共的托育中心、提供平价的托育服务、提供哺乳室或无障碍的婴儿车动线或亲子厕所等友善的育儿环境、提供配合延长托育需求的时间的措施、落实保姆督导管理及考核机制，以及落实保姆和托婴中心的考核制度、增加临时托育及调整费用、安全的托育环境。[③] 施明慧从家长对托儿所服务品质满意度角度出发，提出家长对托儿所提供托育服务品质的期望重视程度依次为场地设施、亲切热诚、关怀保证、专业可靠。

---

① 张苹，茅倬彦 . 上海市社区 0 ～ 3 岁婴幼儿家庭养育模式与需求的调查 [J]. 中国妇幼保健，2017，32（18）：4500-4503.

② 徐浙宁 . 早期儿童家庭养育的社会需求分析 [J]. 当代青年研究，2015（5）：25-30.

③ 陈若琳，涂妙如，李丽圳 . 新北市家长对婴幼儿托育照顾的满意度研究 [J]. 人类发展与家庭学报，2014（16）：79-102.

（二）托育服务需求影响因素研究

影响家长对托育服务类型选择的因素主要有家庭和托育机构方面，尤其是托育照顾者的个人特质。张美娟和段慧莹基于母亲选择托育服务的访谈资料分析得出，母亲的年龄、受教育程度和工作时数，照顾者的年龄和个人特质，以及托育费用、托育方式、收托时间是影响托育服务类型选择的重要因素。陈惠铦的研究表明女性工作者上班期间，希望由自己熟悉的人来照顾子女。张美娟、王哲源等从家长选择家庭式托育服务类型角度，指出托育地点、托儿环境、托育时间、保姆个人特征及本身的幼儿经验是影响托育服务类型选择的主要因素。家长托育需求强烈但未使用托育机构进行托育，一方面是由于家庭式托育或父母自己带养，另一方面主要是由于托育费用高、缺乏便利性及托育服务短缺。此外，孩子年龄也是家长选择入托的考虑因素之一。吴金晏通过对重庆市 38 个家庭的访谈结果表明父母因为工作和现实条件的制约不能照顾孩子，现在这个责任从年轻女性转移到老人身上，对于未选择育婴服务的原因，一是家长不放心购买社会提供的育婴服务，二是家庭难以承担高额的育婴服务费用。[①] 李莹和赵媛媛通过对儿童早期照顾和教育的现状调查表明 3 岁以下的孩子，主要依靠祖父母等隔代照顾，贫困家庭的孩子家长因可能无法承受托幼机构的费用，而不能送孩子入托。陈若琳和涂妙如等通过对新北市未使用托育服务家长的调查研究发现，主要原因为增进亲子或家人情感、托育费用高、送托给认识或别人推荐的保姆照顾、住家和工作附近没有适合的托育机构或人选、不知道托育的相关讯息。王磊通过对安徽等 7 个省或直辖市的 6 000 份样本调查表明孩子未进入托幼机构的主要原因是感觉孩子太小、家里有人照顾、住所附近无托幼机构、托幼机构费用太高。[②] 家长送孩子入托的选择根据孩子年龄变化，多希望在 2 岁左右能够入托，且该需求随着儿童年龄的增长在增加，部分家长则选择在孩子 1 周岁以上送去全日制托幼机构。

① 吴金晏．“老年漂”：现状、问题与对策研究 [D]. 上海：上海社会科学院，2012.

② 王磊．“全面两孩”政策下育龄女性的生育行为与家庭幸福感——从生育服务和托幼资源视角的观察 [J]. 西南民族大学学报（人文社科版），2017，38（6）：7-12.

（三）托育服务供需矛盾及解决措施的研究

我国托育服务供需矛盾主要体现在数量跟不上、质量不均衡、区域发展不均衡方面。刘中一结合中西方机构托育的历史，指出当前我国托育机构在发展过程中的普遍性问题主要体现在供求严重失衡、企业办托缺少动力、0～3岁公共托育和保教服务的法律缺失、服务受众群体阶层化、家长对机构托育需求的多元化、农村和偏远贫困地区机构托育发展滞后。[①] 吴苏贵等通过对上海市0～3岁婴幼儿托育服务的实情分析，指出托育顶层设计和社会共识仍然缺乏、服务的技术标准体系尚不明晰、人才培养和储备薄弱、办学主体发育不足是其托育服务存在的主要问题。韦素梅研究表明上海市0～3岁托育服务需大于供、儿童入托时长和入托月龄失衡，且重育轻托、形式单一。[②] 李沛霖等通过对南京市托育服务的现状调查表明，办托面临的困难主要集中反映在民办机构上，具体表现为创办艰难、运营成本高、从业人员流动大、相关法律法规不健全。

针对我国托育服务供需矛盾的解决措施主要涉及政府、市场、社区、机构、家庭层面。和建花从树立托幼公共服务理念的角度谈及托育公共服务的发展。[③] 杨菊华指出应从整体规划到法规监管再到人力和资金的全方位体系的构建来促进托育服务体系的供给侧改革。韦素梅和刘霞均从政府的财政投入、机构的设施和师资建设方面提出发展建议。刘中一结合国内外机构托育的发展趋势提出坚持全社会共同参与的机构托育发展路径、走多元化的机构托育发展道路、科学合理地兴办托育机构。赵建国和王瑞娟基于对我国幼托事业发展现状的分析，运用治理理论，提出我国应选择权威—商业—志愿混合型幼托服务供给模式，即政府建章立制，以财政和社会配套政策支持并引导社会力量办托，利用社区平台倡议互助方式，鼓励家庭承担首要责任，以此实现幼托服务的整体性治理。[④] 王晖等针对入托难的社会现实从氛围营造、

① 刘中一.从西方社会机构托育的历史趋势看我国托育机构的未来发展[J].科学发展，2018（3）：42-48.

② 韦素梅.上海市托育供需现状调查及对早教中心职能的再思考[D].上海：华东师范大学，2018.

③ 和建花.关于3岁以下托幼公共服务理念的再思考——跨学界视野与跨学界对话[J].学前教育研究，2017（7）：3-10.

④ 赵建国，王瑞娟.我国幼托服务供给模式选择及实现路径[J].社会保障研究，2018（3）：84-91.

体系构建、产业发展三方面促进托育服务发展。徐浙宁指出以家庭为主、机构和社区为辅的目标定位来满足家长早教需求。丁利芳等基于家长的托育服务需求访谈结果提出园所应践行先进的早教理念、加强师资建设、落实保育工作，家长应树立科学的儿童观。[①]

二、托育服务需求的相关理论

（一）需求层次理论

马斯洛指出人的需求可以分为基本需求和特殊需求。基本需求是人共有的，以一种层次和发展的方式、以一种强度和先后的次序，彼此关联起来的，分为生理需求、安全需求、社交需求、尊重需求、自我实现需求。[②] 特殊需要则是在不同的社会文化背景下形成的不同需要。0～3岁托育机构以保为主、保教融合，不同社会背景和社会阶层的家长对孩子的托育服务需求受其背景影响存在一定差异，处于不同需求层次的家长的需求表达亦是有所不同，托育服务体系的构建只有在充分了解家长的托育服务需求，明白人在特定时期都会有某种需求占主导地位，提供普遍化托育服务的同时兼顾个体差异，提供常规化托育服务的同时兼顾发展变化，才能提供让家长满意放心的托育服务。马斯洛的需求层次理论为我们提供一个需求多样、动态递进的视角去看待家长的托育服务需求表达。

（二）生态系统理论

布朗芬布伦纳的生态系统理论根据与个体互动的频率和密切程度将生态环境分为微、中、外、宏四个系统，根据其理论划分，在婴幼儿时期，家庭、托育机构、社区等直接接触或参与的环境是其微系统，家庭和托育机构等微系统之间的相互作用构成了中系统，父母的职业状况、收入水平，幼儿园的师资水平等构成了外系统，社会的相关政策、教育价值观念等构成了宏系统，以儿童为核心，将不同层次和性质的环境构成一个向外辐射扩散的同

① 丁利芳，方玉倩，邢丽娜．早期托育机构家长需求现状调研——基于56位0-3岁婴幼儿家长的访谈［J］．山东英才学院学报，2018（1）：9-14．

② 马斯洛．人的潜能和价值 人本主义心理学译文集［M］．北京：华夏出版社，1987．

心圆网络形式，强调不同环境与儿童的相互作用。因此，为促进个体的充分发展，需考虑个体所处的环境，了解各系统的影响，对于婴幼儿时期而言，最重要和最常接触的环境是家庭和托育机构，托育机构和家庭需协同构建婴幼儿成长的良好环境以促进婴幼儿健康发展，在托育服务体系的构建和托育机构的创设过程中，需从不同角度了解家长需求以取得托育共识的最大化，实现婴幼儿发展最优化。

（三）Kano 需求模型

狩野纪昭（Noriaki Kano）在《魅力质量与必备质量》（*Attractive Quality and Must-be Quality*）的研究报告中提出了 Kano 需求模型，该模型主要阐述了三个层次的需求：基本型需求、期望型需求、兴奋型需求。[①] 具体而言，基本型需求是产品必须具备的功能或属性，又称作必备型需求；期望型需求虽不是产品必须具有的，却是顾客期望具有的；兴奋型需求是预期之外的产品功能或属性，会给顾客带来惊喜。托育服务作为服务的一种，婴幼儿家长作为消费者，托育机构的服务质量和家长需求也遵循 Kano 模型。0 ～ 3 岁婴幼儿家长的基本型需求是家长对托育机构最低层次的要求，是托育服务供给的底线和基本的服务；0 ～ 3 岁婴幼儿家长的期望型需求是托育机构提供的服务质量的一种合理状态和水平，托育机构提供的实际服务能较好地满足家长的托育需求或期望；0 ～ 3 岁婴幼儿家长的兴奋型需求则是托育机构提供的实际服务质量较高，在某方面超出了家长预期，家长对此非常满意。Kano 需求模型使人们从一个全新视角去看待托育服务和 0 ～ 3 岁婴幼儿家长的托育需求，但是教育并不能仅作为商品解释，教育同时承载着传承中华文化以及引领正确价值观的重要责任。

第二节　城市地区家长托育服务需求分析

一、城市家长托育服务需求分析

以石家庄市为例，对城市家长托育服务需求的现状及策略进行分析。

① 狩野纪昭，樊桦．在全球化中创造魅力质量[J]. 中国质量，2002（9）：39-41.

（一）城市家长托育服务的基本需求及不同维度的需求现状分析

1. 城市家长托育服务基本需求的现状分析

全面二孩政策的开放使0～3岁婴幼儿数量剧增，家庭结构、家庭关系、母亲角色的转变以及家族中老人的身体状况等问题使家族内对儿童的看护难以实现①，婴幼儿托育需求随之增加。通过对石家庄市0～3岁婴幼儿家长的调查结果可知，大约四分之三的家长认为入托是有必要的，其余家长认为没有必要选择托育服务或暂时没有选择托育服务的原因排名前三的是：0～3岁的婴幼儿最需要的是陪伴；孩子太小，交给他人托育不放心；托育服务机构乱象丛生，师资、监管等不到位。另外，在参与本次调查的246个家庭中，除去88个非独生子女家庭，其余的158个家庭中有60.8%的家庭表示不打算生育二孩。调查发现，带养过于耗费时间精力、祖辈带养体力有限、没有合适的托育机构成为影响家长放弃二孩的重要因素。

从托育服务的入托年龄、入托费用、类型及教师学历来看，家长的需求呈现以下特征：在入托年龄上，家长更希望幼儿的入托年龄在24个月以上，除家长不放心将年龄太小的婴幼儿放在托育机构的原因外，家长缺乏对托育服务的科学认识也是原因之一；在入托费用上，87.4%的婴幼儿家长能够接受2 000元以下的月入托费用，家长更偏向价格较低的托育服务，性价比是家长较为重视的方面；在托育服务的类型上，被选频率最多的为日间托育（早送晚接），其次为弹性托育（如每周托管3天），另外也有部分家长希望托育机构提供临时托育、半天托育、全天托育，说明除最常见的托育类型外，不同的家长对托育服务的类型有着不同的需求；在托育机构中的教师学历上，家长普遍认为教师至少应为大专学历，说明家长对托育机构中教师学历的要求并不高，然而学历是衡量教师水平的硬性指标之一，应予以相当重视。

2. 环境与设施维度家长需求现状分析

环境与设施是托育机构生存发展的物质基础，也是直接呈现在家长眼前的最表层内容，没有家长愿意让自己的孩子在一个环境与设施差的托育机构中成长。具体到环境与设施中的子项目，家长需求得分最高的是机构内部定期进行消毒清洁、环境安全卫生；其次是在机构内各区域安装视频安防监控

① 栾俪云．变迁中的中国家庭与儿童看护的社会学考察[J]．湖北社会科学，2009（8）：50-52.

系统；再次是机构内气氛舒适温馨。环境创设符合儿童身心发展特点，表明家长也很关注孩子在机构中是否安全、舒适。相比而言，家长需求得分最低的为机构周围环境适宜，表明相对于机构范围外的环境而言，家长更重视机构范围内的环境与设施。

3. 保育服务维度家长需求现状分析

在保育服务的子项目中，家长需求得分最高的两项为饭菜质量、安全卫生和饭菜足够婴幼儿吃饱，由此可以表明家长比较关注婴幼儿的生理需求。需求得分由高到低排名第四项的为教婴幼儿做一些简单的劳动（如擦桌子、收拾玩具等），说明除生理需求外，家长还表达了对孩子自我能力培养的强烈需求。这符合马斯洛需求层次理论，马斯洛需求层次理论将人类需求分为五个层次，分别是生理需求、安全需求、社交需求、尊重需求和自我实现需求。从这一层面来探析家长对托育服务的需求，首先是托育服务要满足婴幼儿的生理与安全需求，家长对托育服务的关注点大多为是否能为婴幼儿提供保质保量的饭菜及安全舒适的环境。当低层次的需求得到满足之后家长便会追求高一层次的需求，如家长在确保了婴幼儿生理与安全需求满足后，才会关注婴幼儿简单劳动的培养。各个子项目相比，需求得分相对较低的是为错过饭点的婴幼儿提供加餐，为不午睡的婴幼儿提供活动场所且有教师看管，为弄脏衣物（沾上脏物、尿裤子等）的婴幼儿提供干净衣物。

4. 教育活动维度家长需求现状分析

家长希望婴幼儿养成讲卫生、懂礼貌的好习惯，以及遵循婴幼儿身心发展规律和采取游戏的形式组织教育活动，表明在教育活动中，家长更看重的是婴幼儿在情感、社会性方面的发展，希望婴幼儿能够在玩中学，在托育机构中开心快乐。相对而言，家长对于开设拼音、写字、算数、外语、舞蹈、音乐、绘画等课程的需求相对较低，表明更多家长认为写字能力、音乐能力等不是婴幼儿时期最需要的教育活动内容，更希望婴幼儿能够健康快乐成长。然而，也存在部分家长过分看重托育服务对婴幼儿的教育，由此就出现了两种错误的极端认识，即部分家长认为托育机构的任务就是能让孩子安全和快乐，从而忽视了托育机构以保为主、保教并重的科学理念；部分家长只看到了托育机构的教育功能。这两种认识无疑都是片面的，需要家长重新衡量托育机构的“保”“育”两大功能。

5. 教师专业性维度家长需求现状分析

家长更加注重的是教师是否有爱心和责任心，是否受婴幼儿喜欢、是否与孩子积极互动、是否关注到了婴幼儿的个体差异，表明婴幼儿家长更加重视教师对孩子情感方面的教育，希望教师能够关爱并照顾到每一位婴幼儿。需求得分最低的项目为教师的教龄越长越好，此项目的标准差（*SD*=0.883）相对较大，说明数据集的离散程度相对较大，不同家长的需求程度不同，如部分家长认为教龄越长的教师越有育儿经验，因此需求程度也相对较高，还有一部分家长认为教龄与育儿效果之间不一定呈正相关，因此需求程度相对较低，这与家长的自身观念有关。同时，部分家长认为教龄是衡量教师专业性的指标，而对受过相关的专业培训并获得相应证书的教师的需求并不明朗，忽视了教师自身的专业素质对婴幼儿健康成长的重要作用。

6. 便利性服务维度家长需求现状分析

与托育服务需求的其他几个维度相比，家长对便利性服务的需求相对较低。在便利性服务中，家长对托育机构的地点离家庭住址近的需求得分最高，说明离家近是家长在进行托育机构选择时优先考虑的因素。家长需求得分最低的是托育地点离工作地点近，家长对此项目并未表达强烈的需求，但由于此项目的标准差（*SD*=1.063）相对较大，说明数据集的离散程度相对较大，不同家长有着不同的需求，如部分特殊职业类型的家长需要长时间在单位工作加班，更倾向于托育服务机构离工作地点较近，方便工作之余能够更多地照看孩子。除托育地点离工作地点近之外的其余各项目的标准差也呈普遍较高的现象，这可能与每个家庭的实际情况不同有关。

7. 家托互动维度家长需求现状分析

通过对托育服务家托互动维度的家长需求现状进行分析后发现，家长需求得分最高的是托育机构能够与家长及时沟通与反馈婴幼儿的情况，包括临时情况（如突发状况需要与家长沟通联系）和日常情况，因此每日家长到托育机构接送婴幼儿的时间是家长与教师相互交流反馈婴幼儿情况的黄金时期，要予以重视。家托互动各个项目相比，家长需求得分最低的是托育机构通过网络、讲座等形式帮助家长提高科学育儿方面的知识，一方面原因可能是家长的日常工作比较繁忙，没有时间照看婴幼儿或没有专门的时间通过讲座、网络等形式学习育儿方面的知识，另一方面可能是家长增加育儿经验的意识较薄弱。

8. 政府支持维度家长需求现状分析

政府支持维度家长需求得分最高的是市场上的早教机构、亲子园由政府有关部门统一管理和监督，表明家长希望政府有关部门加强对托育服务机构的管理和监督，改善托育服务乱象丛生的现状。而家长需求得分最低的是幼儿园托班招生年龄扩大到 0 ～ 3 岁，表明家长在此方面有需求，但相比于其他项目需求程度较低，原因可能和婴幼儿年龄太小有关，或与婴幼儿有固定带养人有关。0 ～ 3 岁是婴幼儿各方面发展最为迅速的关键时期，科学育儿对婴幼儿成长的重要性可想而知，部分家长对学习科学育儿知识的需求并不强烈，如在政府支持维度中，家长对社区定期免费举办相关 0 ～ 3 岁婴幼儿教养知识专家讲座的需求均值也相对较低，此结果与家托互动维度相呼应，一方面反映出家长平时工作忙碌没有充足的时间接受育儿指导服务，另一方面反映出家长对提升自身科学育儿知识的意识有待提升。

9. 家长需求度总体情形分析

采用李克特五级量表，将家长的需求程度划分为五种水平，需求程度最高水平为“非常需要（5 分）”，其次为“比较需要（4 分）”。家长对托育服务总体需求程度的均值为 4.43 分，处于比较需要与非常需要之间，说明家长对 0 ～ 3 岁婴幼儿托育服务总体需求呈较高水平。具体到托育服务的七大维度，需求得分由高到低分别为环境与设施、保育服务、教师专业性、家托互动、教育活动、政府支持和便利性服务。综上表明，家长最看重的是婴幼儿所处的环境与设施和教师对婴幼儿的保育服务。需求得分最低的维度是便利性服务，原因可能是其余六个维度的直接受影响者为婴幼儿，而便利性服务的直接受影响者为家长自身，大部分家长都会更多地考虑孩子，还可能和家长与婴幼儿之间的依恋情感有关，家长更希望多一点时间陪在婴幼儿身边。

（二）满足城市家长托育服务需求的策略

1. 对 0 ～ 3 岁婴幼儿家长的建议

（1）重视 0 ～ 3 岁婴幼儿成长阶段，树立科学的育儿观念。0 ～ 3 岁作为婴幼儿成长的黄金阶段，对每个个体未来发展有着重要作用。日本著名的早期教育家木村久一在其著作《早期教育与天才》中指出：“儿童具备潜在能力，但这种潜在能力是遵循递减法则的，如果从一出生就给他进行理想的教育，那么他潜在的能力就可能达到 100 度，如果从 5 岁开始教育，即使是施以最优秀的教育，他的潜能也只能达到 80 度，而从 10 岁开始，不管教育方法怎样好，潜能也只能达到 60 度，也就是说，教育开始得越晚，儿童潜在的能力实现得就越小。"① 家长作为婴幼儿成长的直接负责人，应重视 0 ～ 3 岁婴幼儿成长阶段，正确认识 0 ～ 3 岁阶段教育的重要性，理性科学地对待托育服务，在托育服务的选择上应摆正心态，不应将"贵"作为"好"的评价标准，要审慎思考并做出客观的价值判断，选择对孩子真正有价值的托育机构。此外，家长可以通过阅读相关科学育儿的书籍、参与专家讲座等途径提高自身的科学育儿观念，促进婴幼儿健康成长。

（2）正确认识托育服务，承担应尽责任，为孩子成长保驾护航。托育服务具有"托"和"育"两方面功能，是一种补充性服务，根据国务院办公厅发布的《关于促进 3 岁以下婴幼儿照护服务发展的指导意见》（2019），家长应坚持"家庭为主，托育补充"的原则，要认识到托育服务所带来的强大优势，但也不能"放手不管"完全依赖托育机构的照护。家长应正确认识托育服务，避免对托育功能的片面认识，应视托育机构为合作伙伴，树立家托协同照料的理念，了解婴幼儿所在机构的教育理念、发展目标及发展任务，经常与托育机构沟通婴幼儿的各方面实际情况，形成教育合力，真正做到无论婴幼儿在托还是非在托，都能享受到优质的保育与教育。希望每一位家长都能在承担应尽责任的基础上，发挥托育机构的最大功能，真正为孩子成长保驾护航。

2. 对托育机构的建议

（1）发展普遍性与特殊性兼顾的托育服务。不同家长之间的托育服务需求存在差异性，但从家长在托育服务总体需求和各个维度的需求得分上可以看出，家长的需求呈现出普遍性与特殊性共存的特点。普遍性是指大多数家长的共同需求，特殊性是指根据自身不同条件而产生的个别需求。首先，托育机构应认识到家长需求的普遍性，使之成为托育机构的办托底线，如安全卫生需求、基础设施需求等。其次，托育机构要深入了解家长的不同需求，对于由不同背景差异引发的不同需求要予以合理满足，如提供全天托育（寄宿式）、半天托育、临时托育、弹性托育等多种托育类型以满足家长因不同

① 白艳霞 .0-3 岁幼儿早期教育的重要性 [J]. 赤峰学院学报（自然科学版），2013，29（20）：154-155.

工作时间而产生的不同托育需求。家长需求的满足程度是衡量托育服务质量的重要参考内容，托育机构应提供多元化的服务，发展普遍性与特殊性兼顾的托育服务，更好地适应家长需求多元化的趋势。

（2）加强环境设施建设，提供丰富充足的活动材料。安全、舒适、丰富、合理的环境设施建设是婴幼儿健康成长必备的外部条件，环境设施分为室内和室外两种，无论哪一种都对婴幼儿的成长起着重要作用。0～3岁是成长的关键阶段，感觉是此阶段婴幼儿获取外界知识的重要途径，他们更容易接受直观、具体、形象的事物，婴幼儿接触什么样的环境，触摸什么样的设施，将会使其对这个世界产生相应的认知。作为托育服务机构，应该一切以为了婴幼儿的健康成长为原则，设置有利于婴幼儿成长的环境设施，除了机构的装修选材应符合国家规定的相关标准外，更应该结合本地特点，借鉴国内外专业化托育机构的环境设施建设原则，根据婴幼儿成长的不同阶段，合理设置本机构的室内外环境设施。此外，活动材料是婴幼儿发展的必备物质基础，托育机构应在保证活动材料安全、丰富的基础上，把握不同年龄段婴幼儿的发展特点及兴趣特点，提供适宜的活动材料。

（3）优化教师培养方案，提升教师专业化素养。一方面，师资水平是衡量一个托育机构质量高低的重要标准；另一方面，在托育机构中与孩子接触最多的便是教师，师资建设的重要意义不容忽视，任何一家托育机构都应予以重视，提升教师的专业素养，构建一支强劲的师资队伍。首先，托育机构应本着“师德为先，能力为本”的原则吸纳人才；其次，托育机构可以定期开展对教师的专业培训，如提高教师的观察能力、指导能力；进行育儿知识的培训等；再次，通过交流学习，取长补短，托育机构可以在机构内部或与周边的相关幼儿园、托儿所等单位开展教师交流学习活动，借鉴其他教师在育儿过程中的经验，以期达到启发自己的目的；最后，在机构内部开展育儿教师课程比赛，提高教师的育儿课程自主创新能力。

（4）提高家托互动频率，加强科学育儿指导。当下社会，育儿不仅仅是托育机构的事情，把孩子教育好，需要发挥社会、托育机构以及家长的合力，即幼儿的健康成长不仅需要育儿教师的专业化带养，也需要家长的全力配合，由此看来，家托互动显得尤为重要。首先，托育机构应主动提高家托互动的频率，通过电话、家访、家长会或便捷高效的网络形式与家长保持密切的联系，及时了解并沟通婴幼儿的每日生活。其次，托育机构也可以通过多种形式的亲职教育，如亲子活动、专题讲座、家庭访问等，加强对家长的科学育儿指导，使婴幼儿无论在机构还是在家庭中都能接受科学健康的教育。

3. 对政府方面的建议

（1）大力发展普惠性公办托育服务机构

现阶段托育服务总供给存在较大缺口，供需不平衡。与此同时，托育机构收费标准差异大，且大多费用昂贵。家长不仅要面对婴幼儿入托难的问题，还要承担昂贵的托育费用。本次调查研究发现，家长更需求性价比高的托育机构，托育机构应充分考虑家庭经济承受能力和入托的便利性。公益性、普惠性托育机构的建设是目前托育行业发展的重点。

政府是发展普惠性托育服务的主要力量，应支持建设一批示范性托育机构，加强对现有托育机构发展的引领作用。除此之外，发掘社区的托育服务功能，推动托育社区化，给家庭提供就近的、贴心的照料协助也是可行之策。另外，鼓励有条件的公办幼儿园开设托班，提高 2 ～ 3 岁幼儿入园率，为家庭减轻负担。

（2）加速培养 0 ～ 3 岁婴幼儿托育服务专职教师

现阶段 0 ～ 3 岁托育服务教师主要是幼儿园教师和育婴师两种类型。首先，幼儿园教师所积累的理论知识与教育实践经验大多是针对 3 ～ 6 岁幼儿，而 0 ～ 3 岁婴幼儿的托育知识与技能并不完善。其次，育婴师的培养方式并不规范，培训机构的正规性有待提升。再加上仅是短期的培训，一定程度上限制了育婴师知识水平的发展。此外，虽然我国少数高职院校设置了早期教育专业，但大多重教育轻保育，重理论轻实践，且培养周期长，无法满足当前 0 ～ 3 岁托育师资需求。

在提高现有托育机构师资水平的同时，我们也不能忽视后备力量的培养，即扩大师资。高校应加强 0 ～ 3 岁托育专业的建设，如国务院《关于促进 3 岁以下婴幼儿照护服务发展的指导意见》（2019）中所指出的，高等院校和职业院校（含技工院校）要根据需求开设婴幼儿照护相关专业，合理确定招生规模、课程设置和教学内容，将安全照护等知识和能力纳入教学内容，加快培养婴幼儿照护相关专业人才。

（3）加强行政管理，完善法律法规

现阶段我国对托育行业的管理、指导以及评价没有系统的参考标准。关于0～3岁婴幼儿托育服务的政府文件数量稀少，0～3岁婴幼儿托育服务的形式、内容、设施及师资要求等一系列应有的规范标准尚不明确。政府要统筹规划婴幼儿照护和早期教育服务行业的发展，并加强对托育行业的行政管理，制定出符合当地实际、符合风俗民情的法律法规。针对办理托育机构难的问题，应当制定托育机构办理流程与标准，要求办理人员严格按照流程与标准开办托育机构，同时应尽量简化程序，使办理人员少跑腿，多办事；针对托育机构乱象丛生、胡乱收费、肆意招生的行为，应当及时制定相应的收费标准，在考虑不同层次家庭自身承受能力的基础上扩大招生。

（4）加强监管力度，落实惩戒措施

各级行政管理机关落实责任担当，在有法可依、有法必依的前提下，更应该执法必严、违法必究。针对小微机构手续不齐全、设施不完善、环境不达标等一系列问题，行政执法队伍应当加强巡视，扩大监管范围，加强监管力度，针对部分托育机构不顾法律的约束，片面追求利益降低成本的行为，应当严肃处理，针对严重违反法律法规的行为，应依法对相关责任人严肃查处，涉嫌违法问题交由相关部门依法处理。同时，严防各种虐童事件的发生，对于虐童事件，除严肃处理有关人员外，更应当要求托育机构停业整顿，加强管理。

二、城中村家长托育服务需求的分析

在此以河南郑州市的城中村为例，分析城中村家长托育服务需求的现状与策略。

（一）城中村家长托育服务需求的现状

1.城中村0～3岁婴幼儿养育以家庭为主

城中村0～3岁婴幼儿以母亲和祖辈为主要照看者。3岁以下婴幼儿照护主要以家庭为主，这是当前国情所需，也与我国的养育传统密不可分。我国素有“男主外、女主内”的传统，中华人民共和国成立后，妇女在参与生产劳动方面做出了巨大贡献。但是，在历经千百年的历史积淀流传下来的传统文化影响下，广大妇女依然是家庭诸多事物的顶梁柱，照顾未成年子女便是其一。隔代教养已成为社会中非常普遍的现象，祖辈照看孙辈被很多人认为是理所应当的事情。

2.城中村0～3岁婴幼儿家长托育服务需求总量不大且托育需求在“育”

（1）仅有不到一半的家庭在托育服务上有需求。城中村中有将近40%的家庭在托育服务上有需求，且需求呈现出多元化。这与“至少有超过三分之一的受访者有社会托育服务需求”[①]的结果基本上一致。与需求形成鲜明对比的则是入托情况，仅有极少部分家庭的孩子在3岁之前有入托经历，其中还包括在早教机构中上亲子课以及未满3岁入幼儿园小班的（部分民办幼儿园会放宽入园年龄限制）。

（2）家庭代际育儿矛盾影响托育服务需求。城中村的托育服务需求呈现出家庭内部“自相矛盾”的情况：婴幼儿父母与祖辈托育需求意见相左，父母托育需求强烈但祖辈不愿孩子入托。这就导致家庭内部托育服务需求有所不同。

（3）城中村0～3岁婴幼儿家长的托育服务需求点在“育”。随着时代的发展，人们的生活理念及教育理念也发生了改观。近些年来早教市场的繁荣反映出家长对孩子教育的重视程度，大多数家长对托育服务的诉求集中在早期教育方面。尤其是在如今低生育率时代，广大家庭普遍追求的不是子女的数量而是质量，其在早期教育上的诉求正印证了此观点。0～3岁婴幼儿身体各方面发育尚未成熟，更需要科学喂养、精心照料。

3.城中村家长的托育服务需求呈现多元化特征

石中英教授提出：“公众的教育愿望、需求和观念往往是以他们的个体经验为基础并从他们的个人利益出发的，带有很强的个体性、易变性和模糊性。不同地域、阶层或种族公众彼此之间的教育愿望往往还是相互冲突的。”[②] 由于目前儿童早期照顾责任主要由家庭承担，在缺少社会支持的情况下，不同家庭的托育服务需求呈现多元化特征。

（1）托育服务内容需求丰富。城中村家长对0～3岁婴幼儿托育服务的内容表现为“托教并举”，在看护和照料好孩子的基础上对婴幼儿的入托需求涉及身体健康和运动能力、生活自理和独立能力、人际交往和环境适应能力、语言理解和表达能力及早期智力开发几方面。家长在谈及“理想的托育机构”时，最基本的要求是能够给孩子安全周到的照料，在此基础上希望能

① 杨菊华.理论基础、现实依据与改革思路：中国3岁以下婴幼儿托育服务发展研究[J].社会科学，2018（9）：89-100.

② 石中英.教育哲学[M].北京：北京师范大学出版社，2007.

通过机构中教师的引导让孩子有所发展。

（2）托育服务形式需求多样。在送托时长上，双职工核心家庭需要全日制形式的托育服务，祖辈带养家庭更倾向于半日制形式。也有全职妈妈需要临时照料，以期能够得到一点“喘息时间”，可见人们对托育服务形式上的需求各异。在班额配比上，家长希望年龄小的孩子少一些，年龄大的孩子多一些，以求教师能够更好地分配精力。

（3）婴幼儿年龄阶段不同需求不同。年龄划分上，0～3岁固然是孩子身心发展特征相对统一的阶段，但细分到每一年龄甚至月龄都有所不同。1岁以下婴幼儿活动量小，家长的主要诉求是看护好并保证科学喂养；1～2岁孩子逐渐会走并处于各项机能发展的关键期，除了精心照料之外还需适时引导其心智发展；2～3岁孩子已初步掌握一定的生活技能，需要培养孩子的自理能力。

4.人口统计学变量对家长的托育服务需求影响显著

（1）婴幼儿年龄。随着婴幼儿年龄的增长，城中村家长的托育需求增强，2～3岁最强烈。一方面是家长考虑低龄幼儿需要受到更多、更细致的照料，在家中照看更能够做到事无巨细；另一方面考虑到2岁以后孩子的语言、心理及其社会性发展都更需要外部环境的支持，尤其是集体环境。

（2）家长的职业及学历。家长的职业和学历对其托育服务需求有一定影响。职业稳定、工作时间固定的家长托育服务需求相对强烈，而职业自由、工作时间相对弹性化的家长托育服务需求相对较低，这体现出不同家长在托育需求选择上的异质性。学历层次较高的家长相对学历层次较低的家长，因其自身受教育背景与教育理念的影响，对0～3岁婴幼儿的教育重视程度以及托育服务需求较高。

（3）家庭收入。家庭收入对家长托育服务需求存在影响。中高收入水平的家庭相对较低收入水平的家庭托育服务需求更明显，收入相对较低的家庭更愿意考虑家庭的一位成员全职带养孩子，这主要受托育费用价格的影响。因此，托育服务的可获得性和可负担性也会影响家庭的托育服务需求，反映出家长对“近一点、便宜点、质量好一点”托育服务的期待。

5.外部环境对家长托育需求的影响

（1）托育服务的可获得性。这里所说的可获得性一是指住所或单位附近是否有托育机构，二是存在托育机构的情况下，其提供的服务是否与家长的托育需求匹配。托育服务供给匮乏是当前托育事业发展的掣肘之处，部分家长或表示住所附近没有托育机构，或表示托育机构收费高昂难以承担，由此可见托育服务的实体存在是影响家长托育服务需求不可忽视的一个因素，而托育服务的供需不匹配也会让许多家长望而却步。

（2）社区人文环境。城中村由于其居民的特殊构成，邻里关系更为亲密，小区内部已然形成“熟人圈”。从社会心理学的角度分析，从众心理会驱使人们做出符合公众舆论或多数人的行为方式。城中村中极少有家庭选择将孩子送到托育机构，多为祖辈和母亲带养，熟人氛围会影响家庭的养育方式和托育需求。当然，在此问题上也应辩证看待，年轻家长出于平衡工作和家庭的考虑将孩子送到托育机构也势必会对周围家长产生影响，进而能够“以点带面”对区域内家长产生影响。

（二）满足城中村家长托育服务需求的策略

1.政策层面

（1）出台地方性托育服务政策规范及监管条例。出台关于促进3岁以下婴幼儿照护服务发展的地方性实施意见，建议省级政府有关部门尽快出台地方性托育服务规范，尽快落实国家关于大力发展3岁以下婴幼儿照护服务的号召，因地制宜地进行地方性托育服务行业准入机制及监管实施细则的探索，促进地方托育事业的发展。在国家托育服务政策规范的指导下，统筹城乡差距，加强托育机构标准建设，对选址、设施、卫生、监管等工作进一步细化，制定婴幼儿托育机构运营规范。城中村地区相较于城市中心，托育服务需求暂时是“弹性需求”。市政府有关部门应当在统筹大局的同时兼顾区域特色，利用好城中村地区独特的行政管理优势，责任划分到行政村所在社区，由街道办事处负责具体事宜，鼓励社会力量开办托育机构。托育机构登记备案管理，市场监管部门、卫生健康部门严格把关，地方政府分工负责，地方妇联、计划生育委员会等群策群力，严格监管托育服务机构的日常运营。

（2）落实利民家庭政策。家庭政策方面，建议政府进一步出台与落实男性的“育儿假”，一方面分担母亲在生育孩子过程中的压力与负担，另一方面平衡女性在家庭和事业上的关系。比如，河南省2020年修订的《河南省人口与计划生育条例》规定：“符合法律、法规规定生育子女的，除国家规定的产假外，增加产假三个月，给予其配偶护理假一个月。”但是，产假政策的落实与用人单位的管理制度息息相关，家庭是否能够真正享受如此“丰厚”的产假还取决于用人单位。当前产假政策对女性生育的确十分有利，但在女性就业方面未能起到良好的支持作用，造成许多企业的“性别歧视”。男性“护理假”“育儿假”不仅是职业性别的再平衡，也是呼吁男性回归家庭的重要举措，应当鼓励用人单位采取灵活安排工作时间等措施为职工提供符合政府规定的“产假”和“育儿假”。此外，建议政府部门建立健全专门的社会支持制度，可以通过基层办事处申请并核实，以补助或津贴的形式给照顾孙辈的祖辈发放“劳动补偿”，或在医疗服务方面给予一定的倾斜，减轻祖辈育儿的家庭负担。

（3）实行积极灵活的用人政策。用人政策方面，首先，建议政府依托地方高校、职业院校等资源，开展早期教育、家政服务等相关专业并进行校企联合推动人才的对口就业。其次，落实行业准入制度，按照教师行业和医疗卫生行业标准，在人才引进方面对托育服务进行把关。对托育服务行业从业人员坚持高标准和严要求，凭证从业、按期培训。再次，鼓励有育儿经验的女性在托育机构就职，缓解地区就业压力，建立婴幼儿托育服务人才培养平台，加强从业人员的职业道德和心理健康教育，提升专业技能，争取建设素质高、服务好的人才队伍。最后，要建立健全托育服务人员的考核和晋升机制，充分发掘托育服务行业的发展潜力，促进托育服务行业蓬勃发展。

（4）加强土地资源的科学规划。省、市、县自然资源部门应当将婴幼儿托育服务机构建设用地归入土地资源空间规划当中，鼓励利用闲置土地建设婴幼儿托育机构。社区规划及住宅建设要充分考虑托育服务机构的建设用地，参照住房和城乡建设部2019年最新发布的《托儿所、幼儿园建筑设计规范》，“服务半径宜为300 m”，将0～3岁婴幼儿托育机构建设纳入小区的规划建设中。0～3岁婴幼儿托育亦可依托社区进行规划，作为住房和城乡建设部核实住宅小区验收评估内容之一，并且托育机构建设和布局要充分考虑居住、就业、集中建成区域等因素，充分考虑进城务工人员需求。

2. 财政层面

总体来看，各省市在0～3岁婴幼儿的保育和教育方面还未建立财政投入与经费保障机制，家庭较政府而言依然是经费投入的主要承担方。另外，托育机构经费来源也比较单一，财政部门应当引导各方资本投入，发挥好杠杆作用。

（1）加大各级财政部门的支持力度。从中央到地方各级财政部门应当将3岁以下婴幼儿托育服务经费纳入当地财政支出范围内，作为公共服务和教育财政的开支。省级财政部门要立足全省发展规划，将各市（县）学前教育发展专项资金落实到位，其中应囊括0～3岁婴幼儿托育服务的部分，力求使财政取之于民、用之于民，促进托育服务事业的发展。再次，市（县）一级的财政部门要结合地方实际情况，坚持将教育财政拨款用于地方教育事业，依托公共服务的财政指标进一步发展托育服务事业，了解并回应地方民生需求。区级层次的财政部门要结合辖区内“划片”社区的实际情况，与妇联、卫生部门以及工商管理部门积极配合，落实对辖区内托育机构的帮扶，将国家的托育服务政策落实到位。

（2）多渠道鼓励社会力开展托育服务。社会力量是托育服务事业发展的中流砥柱。要通过各种渠道鼓励社会力量开展托育服务，使托育机构与民生事业协同发展。首先，工商管理部门应当尽量简化托育机构申办流程，卫生部门要积极配合并做好对托育机构的卫生核验，严格把关。通过政府购买、财政补贴、减免租金等措施加大对托育机构的支持力度，让各类型托育机构都能焕发生机。同时，对于符合条件的托育机构，按照国家标准免除增值税、房产税等相关费用。其次，银行信贷部门要创新金融产品，放宽托育机构的贷款标准，鼓励各行各业进行托育服务的尝试与探索，为托育服务行业发展解除融资的后顾之忧。

3. 社会层面

（1）基层部门联动，做好育儿指导。针对城中村家长在托育需求当中所反映出的早期育儿指导需求，建议以基层政府为抓手，变被动服务为主动服务，充分发挥妇联、卫生部门和教育部门的职能，加强对家庭婴幼儿照护的宣传和支持。首先，落实并细化家庭医生签约服务，做好婴幼儿预防接种和健康管理服务，确保家庭和社区通力合作，为区域内婴幼儿科学喂养、健康成长保驾护航。其次，通过灵活多样的形式为家长提供科学照护指导，如入户指导、父母课堂、微信公众号推送以及社区宣传栏等为0～3岁婴幼儿家长提供切实可行的育儿指导，并能够让家长在答疑解惑上有章可循。基层政府要以社区为单位，划片开展婴幼儿照护知识及技能讲座、家庭照料个性化辅导以及家长育儿指导，促进婴幼儿健康成长。

（2）多种方式并举，扩大托育供给。对于城中村家长托育服务需求，可以通过多种途径进行协调满足。首先，鼓励有条件的幼儿园开设托班。幼儿园在设施建设、环境卫生等方面具有得天独厚的优势，可以开设托班，从而充分考虑吸纳社区中 2 ～ 3 岁婴幼儿，缓解当前托育服务供给不足的局面。其次，建议社区开展家庭托育点。家庭式托育的优点在于价格优、距离近，辅之以妇联及教育部门的育儿指导能够较好地为城中村家长提供托育服务。以社区为依托，开展全日制、半日制、小时制等多种形式的托育服务，满足家长对托育服务的基本需求。再次，鼓励用人单位为职工提供福利性婴幼儿托育服务，免除职工的后顾之忧。有条件的企业也可对外开放部分托位，为周边居民提供便利。最后，进一步考虑小区内部综合活动室的规划建设，给选择祖辈托育的家庭提供低龄幼儿活动的场地和器材。这一方面能够弥补 0 ～ 3 岁婴幼儿公共服务设施的不足，满足不同年龄阶段孩子成长的需要，另一方面也可以为祖辈育儿群体提供平台，丰富老年人除照顾孙辈之外的晚年生活。

（3）依托社区特色，探索新型托育。城中村相较于城市来讲，居民小区进行托育服务探索有着无法比拟的优势，城中村居民之间大多十分熟悉，有许多是同族亲戚。城中村独特的“熟人社会”能消除家长的安全顾虑，大可以进行家庭式托育的积极探索，家庭式托育不仅可以解决城中村基本的托育需求，在一定程度上还可以促进全职妈妈再就业以及老年群体的“积极老龄化”。有学者指出，祖辈托育是老年人“积极老龄化”的重要途径，“积极老龄化”就是老年人在退休后仍积极参与家庭、社区甚至国家的活动。祖辈之间可以自发形成“托育团体”，秉承方便与利益最大化的原则，轮流照看 3 岁以下婴幼儿，并为孩子们提供简单的学龄前教育。普惠性托育时代的到来还需很长一段路要走，家庭仍然在 3 岁以下婴幼儿照料中承担主要责任，科学引导祖辈进行带养不失为权宜之计。并且针对城中村目前的托育需求，应当“好钢使在刀刃上”，在有限的人力、物力、财力条件下充分发挥社区自身的作用，改善城中村的低龄幼儿照护现状，维护好区域内部的公共服务生态。

4. 家庭层面

（1）转变传统观念，革新育儿方式。城中村家长的育儿理念虽较之从前有所进步，但受到传统观念的影响，不少家长在育儿方式上还沿袭上一代人的方法，最明显的一点就是完全“顺其自然”。殊不知对于3岁以下的婴幼儿来讲，完全放之任之会使婴幼儿错失许多宝贵的发展机会。首先，城中村家长应当主动到社区卫生部门监测婴幼儿的发展状况，积极主动向社区妇联及卫生服务中心寻求指导，学习科学喂养及早期教育方法，改善家庭育儿方式。其次，在身体发育良好的基础上，关注婴幼儿的心理健康成长。当前城中村家长在喂养方面能够做到按需喂养、营养均衡，但很少有家长将婴幼儿的心理发展放在与之同等重要的位置。家长应当关注婴幼儿的情绪及心理，做好其成长路上的引导者。最后，家长要善于接受新的教养理念，合理采纳行之有效的养育方式，不断改善家庭养育的质量。

（2）营造良好氛围，优化家庭养育环境。目前城中村0～3岁婴幼儿养育以家庭为主，家庭环境是婴幼儿成长发展的主要阵地，在家庭照看人手充足的情况下，父母要为婴幼儿尽力营造良好的家庭环境。物质环境上力求干净整洁，尽可能为婴幼儿提供适宜的玩具和读物。心理环境上要给婴幼儿提供和谐温暖的家庭氛围，让其感受到爱与陪伴的温暖。此外，在家庭中培养婴幼儿良好的生活习惯、学习习惯将会对其成长大有裨益。尤其是由祖辈带养的家庭要尽量减少对婴幼儿的溺爱和包办，在婴幼儿有能力进行自我尝试时给其提供机会。家长要积极为婴幼儿营造良好的家庭环境，让其能够在人生中的第一个1 000天受到精心的照料和科学的引导。

第三节　城市婴幼园托育服务供需个案研究

一、X婴幼园托育服务供给基本情况

X婴幼园是山东省济南市高新区首家专业的日托式婴幼儿托育服务机构，由山东某高校和X教育咨询有限公司等社会力量在省市妇联和高新区领导的支持下筹划建立。婴幼园的托育总面积约为1 000 m^2，其中室内总面积为880 m^2，户外活动场地总面积为180 m^2，共有6间教室，平均每间教室的面积为70 m^2。现共四个班，每个班级婴幼儿的年龄段划分为0～18个月、18～24个月、24～30个月、30～36个月。但这个年龄阶段的划分并不是固定不变的，据园长介绍，婴幼园会根据招生规模调整班级年龄段的划分。

（一）托育机构性质

通过园长访谈了解到，X 婴幼园为自收自支的私立机构，但婴幼园所在市区政府对该区符合条件的女性职工孩子入托予以 3 000 元 / 月的托育补贴，导致家长出现对机构性质的认知偏差，认为 X 婴幼园为公立或公助民营托育机构。

（二）托育形式

入托机构的托育形式为全日制，婴幼儿每天早晨 8:00 入园，下午 16:40 离园。还可根据家长需要适当调整在园时间，特别是晚上离园时间，突遇加班不能按时接孩子的家长可事先同教师联系，婴幼园将妥善安排。

（三）托育内容

X 婴幼园的托育内容为保育 + 教育，得到家长的一致认可，也与家长的期望一致，保教结合是婴幼儿阶段必须坚持的教育理念。美国高瞻课程、沉浸式英语教学是 X 婴幼园的最大特色。

（四）师幼比

X 婴幼园师幼比原则上不低于 1 ∶ 3，但根据婴幼儿的月龄和发展情况不同有所差异，具体师幼比情况如表 6–1 所示。

表6–1　X婴幼园师幼比在婴幼儿年龄中的占比

婴幼儿月龄	比重 /%			
	1 ∶ 1	1 ∶ 2	1 ∶ 3	1 ∶ 4
6 ～ 12 个月未满	100.0	—	—	—
12 ～ 18 个月未满	—	66.7	33.3	—
18 ～ 24 个月未满	—	18.2	45.5	36.4
24 ～ 30 个月未满	—	61.5	38.5	—
30 ～ 36 个月未满	33.3	33.3	33.3	—

根据入托婴幼儿月龄的不同，婴幼儿月龄在 6 ～ 12 个月，师幼比全部为 1 ∶ 1；婴幼儿月龄在 12 ～ 18 个月，师幼比为 1 ∶ 2 和 1 ∶ 3；婴幼儿月龄在 18 ～ 24 个月，师幼比 1 ∶ 2 占 18.2%，1 ∶ 3 占 45.5%，1 ∶ 4 占 36.4%；婴幼儿月龄在 24 ～ 30 个月，师幼比 1 ∶ 2 占 61.5%，1 ∶ 3 占 38.5%；婴幼儿月龄在 24 ～ 30 个月，师幼比 1 ∶ 1、1 ∶ 2、1 ∶ 3 各占 33.3%。总体而言，X 婴幼园在数量上有着较高师幼比。

二、X 婴幼园托育服务供给的典型经验

（一）得到政府、高校的支持

婴幼园的开办通过教育、卫生、消防等部门的验收，取得合法运行资质。同时，政府提供制度、政策的支持，婴幼儿入托，达到一定标准的女性职工可申请高新区政府提供的育儿补贴，这在一定程度上保证了婴幼园的生源。家庭重视 0 ～ 3 岁婴幼儿早期教育，认同托育服务机构，将婴幼儿放心托付婴幼园，支持婴幼园的发展，并对婴幼园的各项服务予以反馈促其不断改善与提高。X 教育咨询有限公司提供资金支持，负责园所的装修、前期招生的工作、玩教具的投放等前期资金的投入。政府、高校、企业、社会共同协作促进婴幼园各方面的建设与发展，建设婴幼儿托育服务体系，使其获得长足发展。政府、社会、高校等的多方参与（特别是政府的参与）增强了家长对机构的信赖。

（二）收托婴幼儿月龄平衡

我国目前托育服务表现出严重的托育年龄失衡，2016 年国家卫生和计划生育委员会（现为国家卫生健康委员会）公布的数据显示我国 3 岁之前在各类托幼机构入托的婴幼儿年龄差别很大，超过 80% 的孩子在 2 岁后入托。X 婴幼园分别设有 0 ～ 12 月龄、12 ～ 18 月龄、18 ～ 24 月龄、24 ～ 30 月龄、30 ～ 36 月龄五个不同月龄的班级，提供 0 ～ 36 全月龄婴幼儿的托育服务，符合托育月龄向 0 ～ 6 月龄延伸的趋势，满足大众的需要，为低月龄需要托育婴幼儿的家长提供了便利。

（三）室内环境设施安全卫生

送婴幼儿入托，家长最担心疾病感染等健康问题和安全问题。X 婴幼园利用室内立体空间建设滑梯，给婴幼儿提供足够的活动空间。

玩、教具方面，X 婴幼园全套引进源自德国的 Hape 木质玩、教具，环保无毒，图书都来自正规厂家，质量过关。根据每个班级婴幼儿的月龄设置投放玩、教具、家具、图书等，遵循儿童身心发展规律，创设安全便利的国际化学习环境。严格遵循《托幼机构卫生保健工作规范》，安排专人负责卫生保健工作，每日定时消毒，为婴幼儿提供安全卫生的环境设施。很多婴幼儿家长在选择 X 婴幼园时首先看中的就是它的环境设施。

（四）教师具有专业资格证

X 婴幼园拥有一支由博士、硕士护航的专业保教队伍，合作高校负责早教人才培养与供应、课程的研发、实践教学组织和园务管理。托育服务机构教师流动性大，X 婴幼园最大的优势在于合作院校能够保证教师的输送，且所输送教师均具有“双证”——幼师资格证和育婴师证。目前，X 婴幼园有专任教师 13 人，均为幼儿教育专业毕业，11 人为普通高校大专学历，1 人为本科学历，1 人为研究生学历。11 名大专学历的专任教师只有两人持“单证”——幼师资格证。合作高校还为 X 婴幼园提供营养顾问、课程顾问、教学督导，并长期进驻婴幼园及时解决遇到的问题。

（五）师幼依恋关系相对固定

依恋指个体在发展过程中与他人建立的一种深层的、坚固的、持久的情感联结。[①] 依恋分为安全型依恋和非安全型依恋，安全型依恋会让儿童感觉自己是有价值的、重要的，别人是可信赖的、可靠的；非安全型依恋则与之相反。X 婴幼园为每位新入园婴幼儿指定固定的育儿责任者，X 婴幼园中每位教师对应的婴幼儿在 1 ~ 3 名，这样有助于形成较为稳定的依恋关系，使教师在父母不在时成为代替母亲的依恋对象，帮助婴幼儿形成安全的依恋关系，提高婴幼儿的安全感，也有助于对婴幼儿进行个别化的养育，促进婴幼儿健康发展。

---

① 王晓蕾，陈丽华，卜钰，等. 父子依恋、母子依恋与儿童应激下皮质醇反应的关系 [J]. 心理发展与教育，2018，34（1）：10-20.

三、X 婴幼园托育服务供给的现存问题及其产生原因

（一）X 婴幼园托育服务供给的现存问题

1. 收费偏高，受众狭窄

2019 年 1 月，上海两会代表呼吁建设更多普惠性公益性 0～3 岁托育点。关于日间（6～10 小时 / 天）的月均托育服务费用，X 婴幼园已送婴幼儿入托的家长中有 90.9% 的人认为应该在 3 000 元以下。

X 婴幼园应所在市区的吸引人才的特殊政策“人才引进 20 条”而开办，政策规定年薪税后达到 12 万，子女在 3 岁以下且入托的女性将能够享受每月 3 000 元的托育补贴。可见，婴幼园在开办之初就将服务群体定位于服务该片区的高收入女性。然而，这样的女性毕竟为数不多，而且她们有足够的能力通过聘请专职保姆、家庭教师等方式获得针对自己孩子的个性化服务。该片区内还有很多的中低收入的职业女性迫切需要托育服务，却没有被考虑在服务对象之内。

2. 家园沟通方式单一，缺乏亲子活动

婴幼儿的发展是一个连续的过程，家庭、机构和社会是一个统一的整体。澳大利亚学者 Salveron 的研究表明，家长参与亲子课程有助于帮助家长建立良好的亲子关系，并帮助家长解决一些儿童照顾中出现的问题。托育机构想要达到托育目标，实现婴幼儿的健康发展，还需要每一个婴幼儿的家庭予以良好的家庭教育。

X 婴幼园教师会通过微信群和每日家长接送孩子的时间（主要是接孩子）与父母进行交流。据了解，交流的内容基本停留在婴幼儿在园吃饭、睡觉等生活方面的表现，开园以来只开展过一次万圣节主题的亲子活动。婴幼园方面只有规定教师在婴幼儿吃饭、睡觉、游戏活动中必须拍摄照片发到微信群中，孩子出现问题及时同家长沟通，这些只对教师进行个人行为的要求，却并没有从婴幼园层面做出家园沟通的规定，因而在提供育儿资讯和亲子课程一项中家长满意度较低。

3. 注册师幼比高，在场师幼比低

师幼比是教师和幼儿数量的比率，师幼比是影响托育服务机构服务质量的重要因素。国家或地方相关政策法律中规定的师幼比标准被称为注册师幼

比或规定的师幼比，机构开办最低要求是必须按照规定的最低标准注册，但在实际适用中，机构中的教师总会因生病、产假、事假等各种原因缺席，也存在临时聘用等原因，导致实际师幼比低于注册师幼比。根据具体活动中师幼互动的状况，可以把师幼比分为现场师幼比和幼儿体验到的师幼比。现场师幼比是从数量上来计算，指活动中实际在场的教师和幼儿数之比。幼儿体验到的师幼比是指幼儿与教师共同参与时段内体验和感知到的师幼比。幼儿体验到的师幼比通常低于现场师幼比。

从调查情况来看，X 婴幼园确实具有较高师幼比。笔者在与婴幼园教师交流的过程中了解到从教师工作时间来看，教师要求早晨 7:30 入园到下午 17:30 后离园，在园时间超过 10 小时；就工作内容来看，婴幼园未配备保育员，带班教师除了要照顾婴幼儿还需要负责婴幼园环境卫生、三餐两点清洗餐具等工作。吃饭时需要教师自己去打饭，吃完饭后需要清洗餐具、擦洗餐桌椅，午睡时还需要搬床、收床，处理婴幼儿拉裤子等突发状况，偶尔还会兼顾前台的工作。教师工作时间长，工作量及工作压力都非常大。遇到教师生病请假等突发状况，就会出现一名教师照看多名幼儿的情况，有时一个班只有一位教师，势必导致在场师幼比低。同时，在场教师也并未一直关注婴幼儿，以饮食活动为例，婴幼儿用餐时，一些教师会偶尔玩手机或者教师互相聊天，从而无法关注到婴幼儿加饭等需要，致使婴幼儿体验到的师幼比就更低了。

4. 环境设施未充分利用

心理学家班杜拉指出："人和环境并不是两个独立的实体，他们都仅仅是一种潜在的性能。环境的性能只有在特定的行为实现之后才能起作用。同样，人的潜能在未被激发之前，也并不发生作用。"可见，环境对婴幼儿发展的影响是极其深远的

X 婴幼园家长对婴幼园的环境设施满意度较高，但家长只看到环境设施的供给，无法看到其具体的使用情况。婴幼园提供了适宜的玩教具，优越的环境设施是其亮点，根据"高瞻课程"的要求，每间教室根据幼儿的月龄为幼儿提供建构区、美工区、音乐区、表演区、科学区等各种兴趣区域，但并不是所有区域都得到充分使用。音乐区就是其中的一大冷门区域，表演区也未真正按其功能使用，孩子因缺乏相应经验，不知道操作方法，表现得不感兴趣，教师也未进行引导。

（二）X 婴幼园托育服务供给现存问题的产生原因

1. 政府监管不到位

相关政策缺位，托育服务事业发展无章可循。目前，中国托育服务总体目标不明，部门职责不清，法律法规和政策支持缺位致使托育服务机构缺乏管理和监督标准。济南市对民办托育服务机构没有专门的管理规定，在收费方面将托育服务机构视同民办幼儿园，实行收费备案管理，收费标准根据园所财务状况、成本支出等核算自主定价。这就导致托育服务机构在开办之后缺乏相应的监督与评价。

2. 机构运营成本高

托育服务机构选址要求不能在地下室、楼层不能超过三层，必须利于改建消防通道等，适合场所难寻，租金也很高；装修要求选用环保材料，消防安全要求级别较高，投放图书、玩教具质量要达标，首先前期投入就比其他行业投入大；运营过程中较高师幼比也成为托育服务机构最大的支出项目。X 婴幼园前期固定资产投入 400 余万元，建园标准高，运营过程中成本主要集中在房租、前期装修和人员费用几个项目上，想要赢利只能将价格定得更高，并尽量减少人员开支，因此出现人员配备不齐、师幼比不合理和定价偏高等问题。一般情况下，托育机构的日常总开支的 70% ～ 80% 都用于房租和人员开支上。此外，由于婴幼儿玩具等损耗较大，更新速度快，支出也不容小觑。[①] 这样，托育服务机构就会在一些硬性规定必须达标的要求之外，想办法缩减开支，降低成本，从而影响服务质量。

3. 公众认识不足

托育服务是随着“二孩政策”的开放而“热”起来的一个行业，各方面的发展还不十分成熟，新办的机构中负责人及相关工作人员甚至没有 0 ～ 3 岁婴幼儿教育的相关经验，其管理及运作模式都源自幼儿园。同时，托育服务机构缺乏统一教材，服务内容尚不明确。发展较早的早教中心实际是一种婴幼儿培训机构，通常迎合家长“望子成龙”的心态，将重点放在“教”上；一些民办亲子园都以家长为教育对象，目的在于指导家长组织亲子游戏活动；有些托管点则把重点放在“托”和“照管”上，甚至只提供生活照料服

① 李沛霖，王晖，丁小平，等．对发达地区 0-3 岁儿童托育服务市场的调查与思考——以南京市为例 [J]. 南方人口，2017，32（2）：71-80.

务。收费方面，注重生活照料的托管点收费相对而言会低一些，但以婴幼儿教育、潜能开发为目的的早教中心按课时收费，每课时几十到几百元不等，使接受早期教育成为一种奢侈性消费。托育服务机构提供“保教结合”的托育服务，在满足家长基本的托管需求的同时，也关注婴幼儿教育、潜能开发，致使托育服务机构在定位之时就只面向少数高收入家庭，因而社会中普遍认为托育应该在家庭中进行，机构托育是一种奢侈性消费。

4. 教师缺乏相关工作经验

X 婴幼园教师全都是学前教育专业，且基本为应届毕业生，除了两名只具有教师资格证书，其他均同时持有幼师资格证和育婴师证。学前教育专业学生在校学习的保教知识与专业能力针对的是 3 ～ 6 岁幼儿，但由于 3 ～ 6 岁幼儿与 0 ～ 3 岁婴幼儿无论是身体还是心理的发展都存在着巨大的差异，因此即便在校十分优秀的学前教育专业学生，也不一定能够很好地完成 0 ～ 3 岁婴幼儿的托育和照护工作；育婴师证的考核较为简单，参加培训的学员基本上都能获得，取得这类证书并不代表能力的匹配。另外，X 婴幼园采用的是美国“高瞻课程”，但在实际运用中教师并未真正掌握“高瞻课程”的理念，缺乏顺利开展区域活动的经验和专业能力，教师在工作中力不从心，而职后对于教师的培训截至笔者调研结束，只有个别教师参加过讲座式的培训，缺乏系统性和针对性，致使班级活动区域未能全部投入使用。

四、X 婴幼园托育服务供给的提升策略

（一）政府方面——发挥监督管理作用

1. 设立托育机构准入标准

在多方努力下，我国于 2019 年 5 月 9 日出台了《国务院办公厅关于促进 3 岁以下婴幼儿照护服务发展的指导意见》，规范发展多种形式的婴幼儿照护服务机构。但目前我国各地的托育机构的发展极不均衡，质量参差不齐，这就需要各地政府根据当地具体情况利用国家公权力予以协调。设置托育机构准入标准，严格履行审批程序，加强对教职工资质与配备标准、办园条件等方面的审核。

2. 完善托育机构运营全过程的监管

政府部门应当强化对托育机构教职工资质和配备、收费行为、安全防护、卫生保健、保教质量、经费使用以及财务管理等方面的动态监管，完善年检制度。建立托育机构基本信息备案及公示制度，充分利用互联网等信息化手段，向社会及时公布并更新托育机构各方面信息，主动接受社会监督。国家相关法律法规缺位，市场竞争机制不完善导致市场调节力量薄弱或调节范围狭小，这就需要政府加强对托育服务市场的监管，形成社会监督和市场竞争机制，根据当地经济发展水平，出台规范各类托育服务项目收费监管办法。定期开展托育机构等级评定，向社会公开发布，借助行政手段，规范并敦促托育机构提升管理服务水平、依法保障服务对象的合法权益。同时，相关部门联动，定期或不定期地开展监督检查工作。

3. 深入托育机构一日活动的监管

政府对婴幼园过程的监督不应只停留在标准制定、质量评估方面，还应当深入婴幼园，将监督的视角切入婴幼园一日活动的组织。通过定期检查和不定期抽查了解婴幼园一日活动的开展情况，做好评估工作，为日后的等级评定等提供有效证据。政府加强对婴幼园一日活动组织的监管，一方面可以调动幼儿教师活动组织的积极性，另一方面可以帮助幼儿教师发现问题，提高婴幼园的保教质量。

（二）托育机构方面——加强内部组织与管理

1. 完善管理制度

合理的管理制度能够使集体的力量最大化。针对所存在的问题，X 婴幼园需要从以下几个方面制定合适的管理制度。

（1）增强服务意识，合理定价。世界上很多国家和地区为了解决双薪家庭因“难以兼顾就业与育儿”“幼儿托育费用过高”或“托育服务不普及”等问题而无力或不愿生养小孩这一难题，都在努力地发展低成本、公益化的托育服务。托育服务作为我国“二孩政策”的配套性政策，城市地区双职工家庭群体大、需求强烈，帮助其缓解育儿与工作的矛盾，能够促进家庭及整个社会的良性发展。开办托育服务机构不应想着短时间回本或者谋取利润将其当作一项事业来发展，而应突出它的福利性质，面向普通群众，提供低成本、公益化的服务。

X婴幼园成立之初旨在用最好的行业设备、最严格的环保标准、最专业的保教规范、最高等级的安全措施和最优质的服务全力打造婴幼园品牌，努力创立行业标准。其收费实行行政备案、自主定价，但收费标准将其定位于“贵族式”婴幼园，面向的是高收入的小众群体，使急需投入工作而对托育服务需求较大的家庭只能望而却步。托育服务机构在制定价格时除了考虑自身的运营成本之外还应当加大对客户群体的研究，对比同行业机构的价格，同时可以考虑根据家长的需求实行差异化定价策略。

（2）完善家园合作制度，丰富家园沟通方式与内容。从系统论的观点出发，家庭和婴幼园是一个整体，促进婴幼儿的健康发展是家庭和托育机构的共同责任，家庭与婴幼园应当加强合作与交流，发挥互补作用。

促进家园合作与交流，在X婴幼园原有微信平台、教师一对一的交流以及亲子活动基础上，可增加家园合作与沟通的方式，教师家访、专家专题讲座、教学观摩会、家长参与教学活动等都是非常有效的方式。同时，在沟通的内容上也可以更加丰富，通过微信平台除了向家长沟通婴幼儿在园表现，还可以站在婴幼儿的角度发送一些有关婴幼儿身心发展规律与特点的信息，转变一些急功近利的家长育儿观念，也可以发送一些季节性疾病预防的知识等。另外，请家长参与教学活动，观察婴幼儿的行为、指导婴幼儿学习、协助教师组织活动，以此促进家长与婴幼园、教师的合作关系，改善亲子关系，同时能够改变父母教养态度、教养方式，对自己的孩子有一个合理的期待。

对于托育机构来讲，关注家长的不同需求，为家长提供更优质的服务是促进其良性发展的保证。通过多渠道的沟通，了解家长多样化的需求，托育机构还应在婴幼儿入托之初对家长做细致的调查，了解家长对托育机构的有效需求，从家长的真实需求出发，对托育机构做合理资源配置，为家长提供多样化的服务。

（3）健全保教人员工作制度，保证适宜师幼比。保证适宜师幼比，婴幼园首先应当制定合理的工作人员管理制度，配备保育员，减轻专任教师的工作压力。虽然0～3岁婴幼儿养育过程中必须遵守保教结合原则，保育与教育无法严格区别开来，但保育员与专任教师有自己的工作侧重点，教师主要负责与婴幼儿直接接触的工作，保育员则侧重于保证环境的安全卫生。根据《上海市3岁以下幼儿托育机构管理暂行办法》的规定，托育机构中每班都应配备保育员，且保育员应当取得保育员四级及以上国家职业资格证书。按照注册师幼比要求配足教师，由保育员来完成卫生打扫、清洗餐具等工作，以减轻专任教师的工作负担和工作压力，使其将更多精力投入与婴幼儿的互动上，及时关注到婴幼儿的需求。婴幼园也应对教师与婴幼儿的互动、回应、情感支持做出详细规定，并做好过程监督，从而提高婴幼儿体验到的师幼比。

2. 加强过程监督

托育机构的设立除了需要准入标准，开办之后的过程监督也非常重要。X婴幼园对教师一日活动的组织情况基本只是通过《幼儿教养记录与评估》手册进行了解，只看是否认真完整填写，而并没有对整个活动过程进行系统的了解与评价。《幼儿教养记录与评估》手册所记录的内容毕竟是有限的，能够反映出的问题也是有限的，且并不一定能真实地反映教师组织活动时的情况。当婴幼园对教师组织活动过程缺乏监管时，教师对活动的组织以及同婴幼儿的互动就会出现懈怠情绪，如饮食活动中，存在教师只图婴幼儿快速将饭吃完，而缺少对婴幼儿的情感关注，对于婴幼儿的需求不能及时回应等问题。婴幼园要为幼儿提供高质量的托育服务，不仅要对教师组织活动结果进行监管，还要加强对教师组织活动过程的监管，这样才能及时发现问题，并对活动起到改善作用。

3. 建设高素质教师队伍

教师的专业化水平直接影响着托育服务的质量，托育服务机构在设置入职标准，把好准入关的同时，应当加强对专任教师的职后培训，切实提高教师的专业水平，打造一支具有高素质的教师队伍。

（1）激励教师加强自主学习。自主学习是一种教师基于自身工作实践和已有知识经验，主动发起并进行自我指导和自我管理，以提升教学质量为最终目的的专业发展活动。当今社会是一个学习型的社会，人工智能发展瞬息万变，教师必须不断自主学习才能够顺应时代。同时，幼儿教师也只有通过不断自主学习，才能够不断提高自身专业能力，实现自我价值。教师应当明确自己的角色与责任，作为托育机构教师，其既是照顾者、保护者，更是教育者，满足婴幼儿生活、情感、社会、学习、认知等方面的需求。在工作中，教师要不断反思，分析自身在婴幼儿教育中所存在的问题，了解婴幼儿所需，发现自身的不足，并积极主动地修正与弥补，提高保教质量。工作之余，教师还要通过阅读书籍、参加培训和学历提升等方式不断地自主学习，提升自己的专业能力，同时达成自我实现的需求。

（2）提供机会均等的职后培训。X婴幼园的专任教师大都为专修幼儿教育的应届毕业生，缺乏一定的经验，职前培训面向的是3～6岁的幼儿，其照顾和教育方式同0～3岁婴幼儿有较大区别，因而应当加强有针对性的职后培训。首先，每周抽出一定时间通过共同讨论、经验交流的方式解决教师遇到的问题，提高全体教师专业能力。其次，加强“高瞻课程”理念学习，聘请经验丰富的“高瞻课程”专家及一线教师对教师进行系统培训，将“高瞻课程”理念的掌握作为重点，使教师站在理念引领的高度进行实践，真正把理论和实践相结合，掌握教学方法，提升专业素养与专业技能。最后，培训机会均等化，建立在职培训机制，让每位教师都有外出学习参加培训的机会。另外，对有需求的专任教师，可以有计划地组织并鼓励其进行全面提升业务能力及学历层次的脱产学习与进修。虽然这种培训在时间、金钱方面的投入都较大，但从长远考虑，这对促进0～3岁婴幼儿健康发展具有重大的意义，同时更容易使机构留住更加优秀的教师，从而提高服务质量。

4. 提高保教质量

（1）深入贯彻“以养为主，保教融合”理念。保教融合原则是幼儿园教育工作的根本原则，《幼儿园工作规程》和《幼儿园教育指导纲要》都非常明确地提出“保育与教育相结合的原则”“以游戏为基本活动，保教并重”。“保教融合”是由这一年龄阶段幼儿身心发展的特点所决定的，“保”是指保护幼儿的健康，为增强体质、促进发育而进行的各种活动；“教”即幼儿园的教育教学，通常是指有目的、有计划、系统地开展促进幼儿身心发展的活动，幼儿园的管理和教育工作都必须始终坚持保教结合。①

要做到“以养为主，保教融合”就要求保育机构首先要保证婴幼儿的健康、安全这一前提，提供婴幼儿健康成长的物质条件与支持，如提供安全丰富的环境设施、投放质量适宜的玩教具、提供营养卫生的饮食、营造和谐自由的氛围等。其次，婴幼儿智能、情感、社交等各方面能力的培养要融合在一日活动中。例如，在给婴幼儿进行洗手的活动中积累各种经验，水的冷和热、肥皂沫的多和少以及“饭前洗手”良好习惯的培养等。最后，保教人员之间要相互合作，教师和保育员共同参与婴幼儿的保教活动，合理分工，有效配合，实现保教的有效融合。

（2）充分发挥环境的教育功能。脑科学的研究揭示人的生命的最初几年

---

① 杨菊．实施保教结合，提高保教质量[J]. 课程教育研究，2018（13）：31.

是人脑发育的关键期。因此，我们要基于婴幼儿发展的可干预性，适时、适度地控制、调整环境，促进婴幼儿健康发展。生态系统论认为，发展既不是由环境单独控制，也不是由个体内部原因决定的。相反，人既是环境的产物，也是环境的创造者，人和环境形成一个相互依赖的整体。婴幼儿保教融合原则要求保育和教育环境相互融合与渗透，促进婴幼儿身心健康发展。

要使环境充分发挥其育人功能，就要求环境创设需要符合婴幼儿的生活经验和社会认知规律，规划适宜婴幼儿的区域。设置了一定的环境区域之后，教师先熟练操作玩教具，利用3岁前婴幼儿爱模仿的特点，引导婴幼儿先通过模仿教师操作玩教具，在熟悉方法之后自己再去操作。婴幼儿进行区域活动时，教师要先对婴幼儿的行为进行观察并适时沟通，在合适的时间加以适当的引导，尊重婴幼儿的个体差异性，引导婴幼儿有目的有针对性地进行探索与操作。通过环境与婴幼儿的相互作用，充分发挥环境的教育功能，在反复接触中培养婴幼儿的良好习惯，促进婴幼儿语言、数学、社会能力的发展。

第七章　我国托育服务供给体系建设

第一节　我国托育服务供给体系建设历程

一、黄金发展期——以国家（单位）为供给主体

以中华人民共和国成立至20世纪80年代，为了解除妇女参与劳动的后顾之忧，“从20世纪50年代开始，国家就开始试图在全国逐步建立起一个惠及广大劳动者的公共托幼系统”①。单位作为这一时期国家行政组织的延伸，是连接国家和家庭的纽带，以（国家）单位为主体的福利体系使“学龄前儿童抚育成为国家（单位）福利的一部分”而得到有效的保障。公共托育服务作为支持妇女就业的重要举措，虽然根据幼儿年龄划分为托儿所和幼儿园两个体系，但0～3岁婴幼儿和3～6岁儿童获得公共托育服务的机会并无太大差异，出生满56天的婴儿即可送入单位兴办的托儿所，而不是现在需要满3岁才能进入幼儿园。这一时期的公共托育服务高度依赖国家（单位），因此社会成员所能获得的托育服务质量也各不相同，“各个单位因为体制、规模差别在所提供的母亲儿童福利方面有较大的差别。往往是单位福利制度越完善，托儿条件越好，特别是大型国有企业”②。

这一时期的公共托育服务如雨后春笋蓬勃发展，但主管归属不明和显著

① 金一虹．社会转型中的中国工作母亲[J]. 学海，2013（2）：56-63.

② 同上。

的体制性特征也为其日后的青黄不接埋下了伏笔。从我国历史沿革来看，托育服务的主管归属问题一直不明确。1950 年 12 月，原政务院文化教育委员会批准教育部的建议，将学前教育分为托、幼两段：0 ～ 3 岁的婴幼儿由托儿所进行保育；3 ～ 7 岁的幼童由幼儿园进行保教。托儿所划归原卫生部领导，幼儿园划归教育部领导。但原卫生部对托育工作只有业务规范方面的指导，在行政或机构管理上，不存在行政责任，当然也就不存在相应经费的倾斜等。同时，这一时期的文件政策在明确相关部门主体职责的同时，带有明显的体制性福利，许多托儿所的相关政策是与单位职工福利捆绑在一起的，且及至 1988 年的《女职工劳动保护规定》第十一条“女职工比较多的单位应当按照国家有关规定，以自办或者联办的形式，逐步建立女职工卫生室、孕妇休息室、哺乳室、托儿所、幼儿园等设施，并妥善解决女职工在生理卫生、哺乳、照料婴儿方面的困难”，仍然将托儿所视为单位的一项职工福利。

二、调整时期——构建多元主体的托育服务体系

20 世纪 80 年代后期，随着单位制的逐步解体，以国家（单位）为主体的公共托育体系发生了重大转折，从 1988 年《关于加强幼儿教育工作的意见》，到 1995 年《关于企业办幼儿园的若干意见》，逐步将公共托育从单位福利中剥离，推向社会与市场。在这一过程中，国家也通过延长产假（时间支持）和生育津贴（经济支持）来进行弥补公共托育服务的不足。总体而言，当前我国 0 ～ 3 岁婴幼儿托育服务呈现出一种“国退民进”的趋势，“组织依托由单位到单位和社会的多元，且以社会为主，举办主体由单位向个人转移。经费由举办主体负责筹措”[①]。“政府在制度、服务、组织等方面承担的责任相对弱化”[②]，3 岁以下婴幼儿托育服务通过引入非政府力量来弥补政府部门供给的不足，市场、社会和社区等多元主体均参与到托育服务的生产与供给中。但就需求而言，供给的规模仍有待扩大、结构有待优化、质量也有待提高，特别是政府在其中所承担的责任也远未达到社会的预期，“然而

① 屈智勇，何欢，张秀兰，等 . 从企业 / 社区服务到国家公共服务体系：学前教育的政府责任 [J]. 北京师范大学学报（社会科学版），2011（6）：106-113.

② 孙艳艳 .0—3 岁儿童早期发展家庭政策与公共服务探索 [J]. 社会科学，2015（10）：65-72.

随着改革开放和市场经济的深入，政府和社会却减少了对托幼事业的投入，托幼机构的福利性质也趋于淡化，政府又几乎没有针对 1 ～ 3 岁婴幼儿群体提供任何公共服务”①。

在经济体制改革前已埋下的问题在这一时期也得到了集中的释放。首先是单位福利制的解体。20 世纪 90 年代末，随着市场经济体制改革的深入，作为单位福利制度重要代表的公共托育体系进入了尾声，1988 年《关于加强幼儿教育工作的意见》中明确提出“幼儿教育事业具有地方性和群众性。发展这项事业不可能也不应该由国家包起来”“养育子女是儿童家长依照法律规定应尽的社会义务，幼儿教育不属义务教育”，将托育服务与福利做了切割，并明确养育责任是家长的责任。而主管部门归属不明的问题更是从政策、经费和人员等各方面制约了托育服务的发展。至 2015 年“二孩政策”全面开放，0 ～ 3 岁婴幼儿托育服务严重不足影响了家庭养育二孩的积极性，公共托育服务开始引起社会的关注，在 2016—2017 年，原国家卫生和计划生育委员会公开了 7 份对托育服务建议的回复，边缘化的 3 岁以下婴幼儿托育服务开始进入了大众乃至政府的视野，之后几年相继出台了关于 3 岁以下婴幼儿托育服务要求的一些政策和条例，促进其发展。

第二节　国外托育服务供给体系及其对我国的启示

一、国外托育服务供给体系概况

部分发达国家有着足够完备的供给体系。选取丹麦、瑞典及挪威，美国和英国，法国、韩国及德国为典型代表，分别梳理其在托育服务供给体系方面的发展现状与供给政策，并进行比较分析，试图找寻各国在托育服务供给体系建设方面存在的共性与规律，以期为未来中国发展托育服务提供指导借鉴。

（一）丹麦、瑞典及挪威——政府主导

丹麦和瑞典同属于高福利国家，其托育服务供给是政府主导，并以政府直接供给（同时作为生产者和提供者）为主要的供给形式，公共托育服务主

① 胡湛，彭希哲．家庭变迁背景下的中国家庭政策 [J]. 人口研究，2012，36（2）：3-10.

要通过机构式托育和有组织的居家托育来实现，并将学前教育阶段作为整体的单一系统，保证满足 3 岁以下婴幼儿全天候、多层次的托育需求。

在瑞典，0 ～ 3 岁婴幼儿托育服务存在两个平行的行政管理体系。强调照顾功能为主的由健康、社会或福利部门负责，强调教育功能为主的归教育部门管理。在负责托育服务的整个行政体系内，中央主要负责计划制订、地方管辖人员安排以及经费预算筹集，而地方托育委员会重点负责本地区具体事务。瑞典以全日制托儿所为主体，主要收托 1 ～ 6 岁儿童，以建立 12 岁以下家庭式托儿所（3 ～ 5 人规模）为辅，满足不同家庭的差异化照护需求，实现托育机构与学校的无缝衔接，真正做到“教育”与“保育”有机融合。根据 2015 年经合组织（OECD）的一项调查数据，瑞典 1 ～ 3 岁婴幼儿的入托率分别是 49%、89% 和 93%，而需要家庭承担的费用不足总支出的 10%。瑞典民营托育机构比例很低，其定位仍是公益性质，并可获得与公立机构相当的经费补贴，也可以看作政府与第三部门的合作。

1964 年，丹麦开始实施普惠性托育工作，它是北欧五国中公共托育服务发展最早、提供量最大的国家。目前，丹麦实行的托育供给形式大体分为两种：一种为家庭式日托，另一种为机构式托育。丹麦典型的家庭式日托主要接收 0 ～ 6 岁儿童，既有负责保育工作的人员，也有提供保教结合的服务人员，儿童数量一般为 5 ～ 6 人，规模小且较为灵活，常见于社区内。丹麦的托育服务供给主体主要是地方政府，由国家和地方财政支持运行的公共性托育服务机构支撑着全国近四分之三的婴幼儿托育服务工作，真正实现了托育服务的公共化和公益化。丹麦民营托育机构很少，主要受到传统社会文化影响和束缚，民营托育机构的生存空间与生存能力大幅度降低。

学龄前托育服务在挪威有着悠久的历史，公私部门合作的方式使挪威 1 岁以上的儿童几乎都能入托，在公私部门的合作中，民营托育机构在推动学前教育发展的同时，能拿到公共财政的补助。公私部门基于委托—代理关系的合作采用务实的方案推动公共托育服务的落地，民营业主也必须达到公共托育机构的标准。这样的合作关系也得到了来自父母的支持，因为托育服务数量的增长也正是父母希望看到的，公私部门的合作也使公共托育更为多元化，父母能有更多的选择。同时，因为政府的拨款，公共托育的质量标准是独立于民营业主的，而且当涉及保证教育公平和公正的时候，公共托育服务是受到严格的监管和控制的。

（二）美国和英国——市场主导

美国和英国托育服务最鲜明的特色体现在市场化方面，0～3岁婴幼儿托育服务以民营托育机构供给为主。虽然部分低收入家庭可获得政府资助来补贴部分托育费用，但总体而言，3岁以下婴幼儿的托育费用基本由家庭独自承担。因此，美国和英国托育服务的运作形式带有鲜明的市场化色彩，政府更多扮演的是替补角色。

目前，美国设有专职部门以保障托育服务运行，其中儿童家庭署是最高管理机构，并单独设有专门负责3岁以下婴幼儿托育服务管理的托育局。美国大多由私立机构提供托育服务，服务方式大致可以概括为三种：家庭日托、日托中心和居家式早教服务。日托中心主要收托0～5岁儿童，几乎全年无休，此类托育中心大多是通过市场化的形式经营，有些甚至发展成覆盖全美各地区的连锁性托育机构，其费用也相对较高，以工薪阶层家庭为主，收入较低的贫困家庭往往难以负担其高额的费用。虽然美国目前有些零散的托育支持项目，但形成系统性、整体性的全国性支持性政策比较困难。

相较于美国，英国推行托育服务供给体系历史较为悠久，同时是对托育服务实行资质审查较为严苛的国家。英国托育服务市场化程度为欧洲最高，民营性质的托育机构比例高达97%。英国按照年龄将幼儿教育分为两个阶段，福利、社会与健康部门负责0～3岁婴幼儿的托育服务，文化部或教育部则专注3岁以上儿童教育。英国托育机构种类繁多、功能各异，简单来说，其公共服务体系大致分为保育与教育两种。同时，为保障雇主和保姆权益不受侵害，英国制定了较为成熟完备的家庭式托育的技术规范和法律法规。

（三）法国、韩国及德国——政府与市场并存

法国和韩国在公共托育服务发展过程中呈现出公共化和市场化并存的现象，它们根据不同年龄阶段的儿童情况把托育服务划分为公领域和私领域。换言之，其公共托育服务是通过政府和市场两个系统来提供的。

相比欧美发达国家，韩国托育服务起步较晚，但发展速度相当惊人。1991年，韩国3岁以下婴幼儿托育服务由健康与福利部门负责，同年通过的《婴幼儿保育法案》将3岁以下婴幼儿的教育纳入学前教育体系，并将保

育工作由单一的“保育”转变为“保与教”相结合模式。韩国政府通过设立家庭寄养中心、岗位托儿制度和其他临时性或全天候照料服务项目，为 0～3 岁儿童提供 24 小时保育服务。为充分激发托育服务市场活力，韩国政府积极鼓励民间资本参与托育服务供给，进一步降低市场准入门槛、减少不必要的行政流程，有效减轻民营机构的负担。

卫生与儿童安全部是法国婴幼儿托育服务管理最高机构，重点负责制定与儿童社会福利有关的管理和规章制度，并监督各类儿童保障机构的具体工作。法国政府一方面通过设立统一的社区托育机构保障大多数家庭的普遍需求，另一方面为满足不同家庭个性化托育需求，通过财政补贴等方式鼓励民间资本参与托育服务供给。为全面贯彻落实 0～3 岁婴幼儿托育服务政策的相关规则章程，法国家庭补助管理署（CAF）积极与地方各组织加强沟通交流，力促合作共赢，共同筑牢托育服务保障体系。

在德国，3 岁以下婴幼儿的托育服务十分有限，一般优先考虑处境不利家庭的儿童。根据德国政府推动和通过的一项全国性扩大儿童看护服务体系的法案，从 2005 年起政府每年提供 15 亿欧元给地方政府，用以扩大针对 0～3 岁婴幼儿的日间托儿机构。2007 年德国政府又决定到 2013 年，将接收未满 3 岁孩童的保育园数量增加到原来的 3 倍。根据 2015 年的一项统计，德国 2 岁以下婴幼儿进入机构托育的比例为 33%，虽然仍然低于经合组织国家 29% 的平均水平，但与 2003 年的 10.4% 相比，有了很大的提升。

二、国外托育服务供给体系对我国的启示

目前，我国托育服务大多专注于 3 岁以上儿童的学前教育，普遍缺乏对 0～3 岁婴幼儿的保育工作。长期以来，0～3 岁婴幼儿的保育工作主要由家庭负责，大多由女性承担，致使女性陷入工作家庭难以平衡的困境，从而造成生育意愿持续走低，制约我国“全面三孩”政策的贯彻实施。为适应我国日益增长的托育服务需求，需要积极借鉴国外托育供给体系的成功经验，立足我国国情，构建政府引导、市场主导、社会参与的托育服务模式，打造全方位、多层次、立体化的托育服务供给体系。

（一）强化政府主体责任，多元供给主体并存

托育服务的公共性特性要求政府明确自身主体责任，扮演好“领航人”

与“掌舵人”双重角色，形成“政府主导、市场主体、社会参与、家庭补充”的多元化供给体系。在 0 ～ 3 岁婴幼儿托育服务中，仅凭某个部门的一己之力，难以应对错综复杂的托育问题以及多样化的托育需求，为此首先必须明确政府主管部门的监管责任，统筹协调 0 ～ 3 岁婴幼儿托育服务体系的谋划、建立、发展和监督工作，建立健全托育服务管理机制。其次，政府要在顶层设计方面明确托育服务公共化和公益化的发展方向，清晰界定政府、社区以及家庭的职责边界和角色定位，明确政府的领导核心作用，着力构建政府主导、多元供给主体共同参与的托育服务供给体系。

（二）重视多层次的供给形式

单纯依靠规模化、机构化的托育服务供给难以最大限度地满足不同家庭的多元需求，政府在着力发展公立托育机构的基础上，仍需积极探索小规模、去机构化的家庭或社区托育服务形式。为此，可针对不同年龄段儿童给予不同形式的托育服务。例如，1 岁以下的婴幼儿安全感较低、依赖性较强，托育大多以家庭保育为主，选择孩子较为熟悉的家庭环境，一定程度上可以降低孩子的焦虑感；对于 1 ～ 2 岁的婴幼儿可逐步挖掘社区看护资源，以居家养育、社区体验为主，可请社区内有育儿经验的人士，为 3 岁以下婴幼儿在父母外出或工作时提供“喘息服务”；2 ～ 3 岁婴幼儿有一定的社交需求，鼓励社区针对其住户提供社区日间集中照料，倡导家庭互帮互助托育等形式，做好入园衔接准备工作。综上所述，基于家长差异化的托育服务需求，托育服务供给也应因地而异，针对各年龄段儿童的特点，提供不同模式的托育服务。此外，结合实际情况，可鼓励支持有条件的大中型企事业单位创造性地提供托育服务供给，相关的经费支出纳入企业运营成本中，享受减免和抵扣部分税收的优惠。

（三）加强市场化托育服务发展

在市场经济条件下，完全由单位或政府举办机构托育服务是无法满足多样化的家庭托育需求的，因此托育服务业的发展必然遵循市场经济发展规律，以市场为主体，而非政府统包统揽。政府的主要职责是推进兜底保障工作，发挥公办托育机构的示范引领作用，确保大多数家庭的托育需求得到满足，特别是保障低收入家庭和其他弱势家庭优先享受公共托育服务。与此同时，政府应积极引导鼓励民间资本参与托育服务供给，形成政府主导、多元供给主体并存的供给体系。政府作为“掌舵者”，在充分尊重市场规律前提下，要对托育产业进行适度的扶持、规范、激励与引导，充分激发托育服务业的市场活力。具体来说，首先，政府在财政补贴等优惠政策上应给予民营托育机构适度支持和倾斜，吸引民间资本更多地参与托育服务事业，需进一步完善税费减免优惠政策，对提供托育服务的私营企业在税收方面给予相应的优惠减免等举措。其次，在确保托育服务质量的前提下，可以适当降低其准入门槛，并通过简化行政审批程序，减轻民营企业的负担。最后，除硬性指标（如卫生、安全）外，可以适当放宽其他限制性指标，鼓励民间资本和社会力量积极参与到托育服务事业中。

（四）推进托育服务专业化建设

托育服务专业化水平的高低既是衡量托育服务质量优劣的重要指标，也是托育服务行业发展成功与否的关键因素。托育服务专业化程度可通过以下几个指标来衡量，如环境设施、师资质量、保教活动等。当前我国各地托育机构在环境设施方面普遍缺乏统一的机构设置标准，对于机构场地、消防安全、建筑设计等方面尚没有出台相应的规范文件。因此，提升托育服务的专业化水平，在国家制度层面要积极探索建立 0 ～ 3 岁婴幼儿托育机构的准入门槛以及从业人员的规范管理和培训制度等硬性指标，严格标准制定与质量监管，由政府相关职能部门牵头做好全过程监管工作，保证托育服务供给的有效性、科学性和规范性。

第三节　我国公共托育服务供给体系构建

一、公共托育服务供给体系的探索

（一）公共托育服务供给体系的主体探索

1. 充分发挥政府与市场作用

0 ～ 3 岁婴幼儿公共托育服务与政府密切相关，政府的政策、投入和监管等都是其有效运行的必要保障。从历史经验来看，政府作为单一主体的供给已无法适应当下社会的需要，在国家卫生健康委员会对人大和政协的回复中，也多次提到“鼓励发展多种形式的托育机构”。那么，在单一和多种形式之间，政府在公共托育领域到底应该承担怎样的责任，发挥怎样的作用，才能合理有效地构建公共服务体系，满足社会与家庭的需要？

根据萨缪尔森的公共产品理论，纯公共物品具有效用的不可分割性、消费的非竞争性和受益的非排他性等特点，这些特点决定了市场不能有效地提供纯公共物品，必须完全由政府提供。而与纯公共物品相比，公共托育服务具有准公共物品的属性，公共托育服务的机会是有限的，甚至是稀缺的，一些人的消费意味着另一些人将无法消费。诺贝尔奖得主赫尔曼教授最新的一项研究表明，为处于弱势的 0 ～ 5 岁儿童提供高质量的托育，每年的投资回报率为13%，远高于为学前 3 ～ 4 岁儿童早期投资所获得的 7% ～ 10% 的回报。无论从短期还是长期效益来看，政府对托育服务的投入与支持责无旁贷。

同时，托育服务也具有私人物品的属性，幼儿通过参与高质量的托育服务，获得了知觉、动作和语言等的发展。社会力量是发展幼儿教育事业的重要组成部分。毋庸置疑，在托育服务中引入市场机制，从数量上弥补了公共投入收缩带来的影响，在服务中更注重效率，一些高端托育机构因其高质量和好口碑受到了很多家长的追捧。但托育领域的市场化也存在诸多缺陷，资本都是逐利的，一些托育机构为了追求高收益而牺牲办学质量，或为了收取高价而创办贵族化的托幼机构，这是大多数家庭都不愿意见到的。

因此，随着生育政策的调整，政府对于 0 ～ 3 岁婴幼儿公共托育服务领域越来越关注，特别是 2016 年以来国家卫生健康委员会对人大和政协的一系列回复，可以看出政府和市场的职能在逐渐优化，通过制定相关政策引导、明确主管部门监管、建立合作平台协调等来发挥政府的主导作用，同时积极发挥市场的配置优势，支持 0 ～ 3 岁婴幼儿公共托育服务的正向发展。也就是说，政府须在承担责任、发挥“掌舵”作用的前提下，通过引进市场机制调动社会力量，来提高政府供给 0 ～ 3 岁婴幼儿公共托育服务的能力。

2. 政府与市场之外的第三部门力量

自 20 世纪 80 年代以来，第三部门在世界各地迅速发展，特别是在公共服务领域，其地位和作用日益得到肯定与重视。第三部门可以理解为一切不属于政府的公共部门，又不属于以营利为目的的所有社会组织，它存在于政府和市场之间。随着我国经济体制的改革，政府也由“全能”向“有限”转变，一些原来由政府承担的职能逐渐交还市场和第三部门，在这一过程中，我国第三部门的力量也是逐年壮大，与政府和市场一同形成了一个多元化的供给体系。在公共服务领域，许继芳、周义程提出构建“一主多元”的新体系，即“形成以政府为主导，私营部门和第三部门广泛参与的多种方式并存的公共服务供给格局”①。这既是对国家（政府）—市场二分法不足的弥补，也能让更多的主体参与到公共服务的供给中。

就 0 ～ 3 岁婴幼儿公共托育服务领域而言，不仅需求量在上升，在要求上也日趋多元。回顾我国托育服务发展的历史，在以单位福利形式提供公共托育服务的期间，其最大的好处是便利与低价，而这也是当下家庭的普遍需求，但政府与市场的各自为主的供给并不能很好地满足家庭的这一需求，而第三部门恰好可以填补这一空白，其公益性和志愿性的特质使其可以为社区的家庭提供便利与低价的托育服务，但由于我国第三部门的发展尚未成熟，仍然存在很多的问题，因此在引入其力量的同时，需要政府的进一步监管。

3. 多元供给主体的互补与衔接

政府和市场在 0 ～ 3 岁婴幼儿公共托育服务供给中各自发挥着独特的作用，但各主体是分而为之，并未形成合力，而且“政府失灵”与“市场失灵”也使供给存在“供给真空”，有较大的局限性，第三部门的公益性与志愿性为弥补政府与市场的供给局限提供了重要补充，但三者的角色分工如何界定、各自所长又如何融合，也亟待厘清。

在 0 ～ 3 岁婴幼儿公共托育领域，政府应该是多元供给体系的主导者，市场、第三部门则是积极参与者。要构建公共托育服务多元供给结构，多主体的积极参与是必需的。首先需要明确政府主导者的角色，对于公共托育服务的政策制定、目标取向、责任架构和发展层次等都需要有充分的考量，政府在占有大量公共资源与话语权的情况下，对于公共托育服务进一步的探索与落地起着导向性，甚至决定性的作用，同时对于市场、第三部门等各个主体的责任承担和角色作用等方面也应承担起规范、管理、监督和评估的职责。政府、市场与第三部门可以充分发挥各自的优势，在公益性与多样化之间各有侧重，为家庭提供更多的选择，这三者并不是非此即彼的竞争关系，

① 许继芳，周义程．公共服务供给三重失灵与我国公共服务供给模式创新 [J]. 南京农业大学学报（社会科学版），2009，9（1）：82-86.

更多的应是一种良性的合作关系，厘清各自的责任，在互相补充联合的基础上，也能起到约束与监督的作用。

（二）公共托育服务供给体系的形式探索

0～3岁婴幼儿公共托育服务供给体系的多元化不仅表现在供给主体的多元化，供给形式上亦呈现多样化的趋势。在探讨供给形式多样化之前首先要区分“生产”和“提供”两个概念。积极提倡公共服务民营化的大师E.S.萨瓦斯明确指出“服务提供或安排与服务生产之间的区别是明显且十分重要的。它是整个民营化概念的核心，是政府角色界定的基础”①。在儿童公共托育服务的供给形式上，政府可以通过区分直接供给（生产）或间接供给（提供）来探索创新公共托育服务的形式，具体如表7-1所示。

表7-1　托育服务供给形式

<table>
<tr><th rowspan="2">生产者</th><th colspan="3">提供者</th></tr>
<tr><th>公共部门</th><th>市场（私人部门）</th><th>第三部门</th></tr>
<tr><td rowspan="2">公共部门</td><td>公立幼儿园托班</td><td rowspan="2">—</td><td rowspan="2">—</td></tr>
<tr><td>公办早期教育机构</td></tr>
<tr><td rowspan="3">市场（私人部门）</td><td rowspan="3">资助民营幼儿园</td><td>民营幼儿园托班</td><td rowspan="3">—</td></tr>
<tr><td>企业自办托育点</td></tr>
<tr><td>私立早教中心</td></tr>
<tr><td>第三部门</td><td>社区公共托育</td><td>—</td><td>—</td></tr>
</table>

1.政府直接供给：同时作为生产者与提供者

在0～3岁婴幼儿公共托育服务领域，政府直接生产可以理解为最狭隘的教育局办园（托）。在我国，此种供给形式的代表为公立幼儿园向下延伸一年招收3岁以下婴幼儿的托班，公立幼儿园托班的经费和用地都能得到财政拨款，教师职称晋升渠道多样，对于园所的指导和监管也有相关部门的落实。向下延伸一年的公立幼儿园托班也是家庭和社会最理想的托育方式，但是考虑到经费、编制和成本等问题，其并不是公共托育服务理想的推广模式。公办早期教育指导中心硬件设施较好，收费也比较低廉，但只对家庭提供固定时常的亲子指导，公办早教中心若能承担一部分0～3岁婴幼儿的托

① E S.萨瓦斯.民营化与公私部门的伙伴关系[M].北京：中国人民大学出版社，2002.

育服务，如半日托，虽然仍是杯水车薪，但也可以起到一定的示范效应。

2. 政府间接供给：市场和第三部门承担生产责任

政府间接提供的形式就更为多样了，通过政府购买服务、政府补贴（补助）等形式来实现，政府在其中一般作为供给者的角色，生产的功能转移给市场等非政府部门。

就第三部门而言，在我国 0 ～ 3 岁婴幼儿公共托育服务领域比较典型的是集体办园，政府承认其准公办的性质，但不给或不全给公办园待遇，不予或给予极少的拨款、没有编制或只有园长等管理层享有编制，这些园（托）仍需通过市场化的运营来维持自身的发展。集体园自市场经济体制改革以来，一直呈萎缩状态，这些集体园曾为解决妇女工作的后顾之忧提供了坚实的后盾，其本身无论是硬件还是软件都有一定的基础，若能在此基础上对其进行财政资助，或在教师编制和职称上开辟通道，都可以使其焕发新的活力，也是对社会对于托育需求一个很好的回应。民办公助早教中心虽也需要自负盈亏，但相较于纯市场而言，国家仍对其提供部分资助，或是拨款，或是提供场地等，这部分早教中心若能将其业务扩展至托育服务，不仅能增加自身的创收，也能对满足社会需求有一定的帮助。社区公共托育是近年来比较新的托育模式，社区托育对象大多为社区的儿童，符合家庭就近和便利的需求，政府若能在经费上给予支持，并明确监管部门，还是有比较强的复制推广性。

就市场（私人部门）而言，政府对民营幼儿园提供部分资金支持，购买其部分服务是公共托育的可行形式，即当公办资源不足时，政府出资购买一部分的“托位”来满足部分家庭的需求。

民营幼儿园托班、企业自办托育机构和私立早教中心是在政府直接与间接供给之外，市场作为生产者和提供者向家庭提供0～3岁婴幼儿托育服务，政府对这些园所没有任何物资的支持，园所需要自负盈亏。其中，民营幼儿园可以通过政府购买服务提供部分的托育服务，私立早教中心也可以参照公办早教中心和民办公助早教中心的形式，开发托育的功能，但必须是在满足准入标准的基础上。另外，应积极探索与鼓励企业自办托育点，企业托育点一般设在职工工作区，类似经济体制改革前企事业单位提供的单位福利，对职工上下班接送幼儿提供了极大的便利。企业自办托育点若能得到政府政策或资金的支持，不仅能增加企业办托的积极性，也能满足员工对托育的实际需求。

综上而言，政府直接和间接供给各有优势，但仅一种形式并不能妥善满足家庭对3岁以下婴幼儿公共托育的需求，政府直接供给可能会给政府带来较大的财政压力，而间接供给的多种形式可以弥补直接供给规模上的不足。我国公共托育服务尚处于起步阶段，无论在供给主体还是供给形式上，都需要做进一步的探索和创新，以满足家庭日益增长的托育需求。

二、公共托育服务供给体系的构建策略

（一）强化政府主导，明确多元供给体系的责任划分

在福利国家改革和福利多元主义浪潮中，政府角色被置于一个更为多元化的结构之中，在0～3岁婴幼儿公共托育服务中，单凭某个部门的一己之力，无法满足家庭与社会的多元需求，因此需要政府和其他部门联合起来提供支持。尽管市场与第三部门能分担公共托育的部分功能，政府在其中的责任与主导性地位却依然重要。在我国，政府应是多元供给体系中的主导者，从政策规范、资金划拨和服务提供三个层面对公共托育服务的发展进行引导，或者说明确自身的直接与间接责任，从不同的广度与深度对公共托育的发展予以支持，直接责任包括顶层的政策和制度设计、保证财政拨款，以及为家庭提供示范性的托育服务，如拓展公办幼儿园的托育服务；间接责任包括对其他公共托育主体，如市场和第三部门提供资金支持，以及对其管理和运行进行评估和监督等，以此创造良好的多元供给网络，使公共托育服务能够长期有序地开展，满足更多家庭的需要。

（二）重视多元供给，推动形成多层次的服务供给网络

多元供给体现在政府、市场、第三部门和家庭均参与到3岁以下儿童的公共托育服务中，但是多元供给主体的责任与角色需要重新划分与厘清，具体来说应推动形成以政府为主导、以社区为依托、以市场为补充、以家庭为基础的托育服务。0～3岁婴幼儿一般认为以保为主，以教为辅，家庭作为基础，是0～3岁婴幼儿的照料主体，因为父母、祖辈对他们这一时期的关怀与照顾更为细致，因此在未来很长一段时间内，家庭仍将作为儿童托育服务的主要提供者发挥作用，而给予家庭指导与支持，提高家庭照料的水平也

是不可或缺的。作为起补充作用的市场，在符合标准的基础上，通过供求、价格和竞争三大机制，引导有限的资源达到更优化的配置，同时通过市场途径满足不同家庭的个性化托育需求。第三部门也可以说是非营利组织，非营利组织的服务供给主要起源于西方的社区照顾，它最显著的特征是公共服务的契约化，政府和非营利组织是契约的双方，在以社区为依托的服务供给网络中，非营利组织应进一步发挥自身的作用，既可作为实际的生产者，直接提供托育服务，满足社区家庭就近、便捷的托育需求，也可以作为中介组织，联合政府、市场和社区志愿者三方面的力量，为有需要的家庭提供具体指向性的信息或服务。

（三）以公平和效率为导向，完善公共托育服务体系

在多元供给体系下，效率和公平应是相互制约、对立统一的。公共托育服务近年来越来越受到社会的关注。然而，我们更应该认识到，公共托育服务是一种公共服务，是一项儿童福利事业，这意味着其需要政府的积极引导，从世界范围来看，没有一个国家能靠着市场和社会的力量就普及了公共托育服务，政府必须在其中承担促进教育公平的责任。多方的供给主体在政府的主导下，发挥各自的作用，满足社会不同层次的多元需求。在兼顾公平与效率的社会环境中，公共托育服务的发展也会更为全面与平稳。

第四节　我国公共托育服务供给优化策略

一、促进公共托育服务的均衡供给

（一）完善公共托育服务供给结构

增加公办托幼机构数量、加快普惠性民办托幼机构的建设是完善公共托育服务供给结构的重点。当前我国公共托育服务供给无法满足公众的需求，出现了优质托幼机构供给不足，民办幼儿园质量参差不齐等现象，无法满足人民的美好生活需要。这要求政府方面采取措施完善公共托育服务供给结构，促使其均衡供给，激发全面二孩政策背景下公众的生育意愿。

一方面，要增加公办托幼机构的数量。归属政府相关部门统辖，有正式在编从业人员，收费低且质量好的公办托幼机构是众多家庭在为孩子选择托幼机构时最心仪的。但是，我国公办托幼机构数量少，无法满足众多家庭的需求。目前我国各省市制订的学前教育三年行动计划中，均提到增加公办托幼机构的数量，但采取何种措施增加供给并未涉及。可将有条件的国有企业所属托幼机构转办成公办托幼机构，使只面向企业职工子女的福利转为面向社会，帮助公众解决无法入公办园的问题，这不仅能提升公众对该国有企业的认可度，在一定程度上也能促进其发展。另外，政府应在增加更多公办学位的基础上扩大办学规模，并加快对已规划好的公办托幼机构的建设，以满足当前全面二孩政策背景下公众对公办托幼机构的需求。

另一方面，要加快普惠性民办托幼机构的建设。全面二孩政策的出台至今已有 4 年，新增加的大量新生儿已到了需要进入托幼机构的年纪，但数量相对较少的公办托幼机构无法满足新增婴幼儿的入托需求，为此应加快普惠性民办托幼机构的建设，满足公众对优质托幼机构的需求，优化我国公共托育服务的供给。政府可在经费投入、专项资金补助等方面加大对普惠性民办托幼机构的扶持，保证民办托幼机构在转为普惠性托幼机构时不损害管理者的权益，避免出现部分普惠性民办托幼机构变相收费的情况，维持托幼机构管理者获利与家庭交纳合理学费之间的平衡，促使更多的民办托幼机构转为普惠性托幼机构，增加普惠性民办托幼机构的数量。还可以采用选派公办托幼机构在编从业人员、降低税费等措施支持民办托幼机构的发展。

（二）创新公共托育服务供给方式

全面三孩政策背景下，优质托幼机构供给数量不足导致公共托育服务供需结构失调，亟待优化。为满足公众在全面二孩政策下对公共托育服务的需求，政府在公共托育服务供给方式上也需要积极创新。2019 年《政府工作报告》指出，支持社会力量增加非基本公共服务供给，满足群众多层次、多样化需求。公共托育服务则属于非基本公共服务中的准基本公共服务。政府可在托幼机构办学模式上进行创新。扩大与民间资本的合作，促使部分托幼机构采用公办民营、公民办联合等形式进行办学，打破政府与民间的托幼机构的办学壁垒；鼓励各类民间资本在发挥各自优势的基础上联合办学，创建一个各方面都很完善的优质民办托幼机构，在此过程中需要引导民间资本有序参与，并在缴纳税款等方面给予优惠，提升民办托幼机构的办学质量，做到家长和投资者都满意。此外，政府应采取措施鼓励捐资助学的社会主义新风尚。捐资助学是社会责任的体现，对个人及社会的影响深远且持久。西方发达国家的托育服务能如此快速发展，在一定程度上也得益于其社会各群体的捐赠，但是我国尚未形成捐资助学的风气，部分有能力的民众仍未意识到其重要性。为此，政府可采取降低税负、颁发荣誉称号等方式鼓励各社会组织和个人为我国托幼机构的发展捐资助学。

（三）扩大公共托育服务供给范围

2019 年，李克强总理在当年的政府工作报告中指出："要针对实施全面两孩政策后的新情况，加快发展多种形式的婴幼儿照护服务，支持社会力量兴办托育服务机构。"同年 5 月，《国务院办公厅关于促进 3 岁以下婴幼儿照护服务发展的指导意见》文件发布并明确指出，3 岁以下婴幼儿照护服务是生命全周期服务管理的重要内容，事关婴幼儿健康成长，事关千家万户……要以需求和问题为导向，推进供给侧结构性改革，建立完善促进婴幼儿照护服务发展的政策法规体系、标准规范体系和服务供给体系，充分调动社会力量的积极性，多种形式开展婴幼儿照护服务，逐步满足人民群众对婴幼儿照护服务的需求。目前我国许多地方面向 0～3 岁婴幼儿的托幼机构数量不足，无法满足一些家庭对婴幼儿日间照看的需求，在全面二孩政策背景下，我国更应扩大 0～3 岁婴幼儿托育机构的数量，缓解当前的供需矛盾。目前我国还处于构建公共托育服务体系的探索阶段，在这个阶段，可以鼓励有条件的社区将闲置活动室设为社区婴幼儿托育室，或者加强社区周边托幼机构与社区的合作，设置 0～3 岁婴幼儿照护室，在以社区、托幼机构为依托的基础上，联合居委会等社区组织、托幼机构、妇联及政府相关部门，探索性地提供多种形式的托育服务，从而为不同需求的家庭提供灵活多样的托育服务，为二孩建立更好育儿支持环境，来解决二孩家庭可能面临的照料问题。

二、提升公共托育服务的经费供给

（一）将公共托育服务发展程度列入绩效考核指标

考核政府官员能否晋升的重要指标则是政绩。地方政府官员对公共托育服务投入经费的多少取决于公共托育发展对其晋升的贡献程度，但是托育服务属于成本和收益不对称的公共物品，其社会经济效益需要经过一段时间才能显现，导致地方政府官员对公共托育服务的发展不够重视，财政投入甚少。为此，将公共托育服务发展程度纳入政府官员绩效考核体系中是提升公共托育服务经费供给的一项重要措施，能保障政府提供公共托育服务责任的落实，更是优化政府公共托育服务供给的重要举措。

此外，服务型政府的本质是公众需求导向，当前全面二孩政策背景下，公众最迫切的需求就是优化公共托育服务供给，因此将公共托育服务纳入绩效考核体系中是建设服务型政府最直接的体现，这一措施的落实能增强政府官员对公共托育服务发展的重视程度，最重要的是能增加其对公共托育服务方面的经费供给，还能消除入优质园难、0～3岁婴幼儿托幼机构数量不足等情况下公众生育二孩存在的诸多顾虑，提升他们生育二孩的意愿。

（二）建立合理的成本分担体制

《关于深化教育体制机制改革的意见》指出：“要完善财政投入机制，合理划分教育领域财政事权和支出责任，明确支出责任分担方式，依法落实各级政府教育支出责任。”近年来，因基层政府财权有限，即使事权较大，仍然无法扩大对托幼机构的经费投入，致使当前公共托育服务的发展不能满足公众的需求。为此，必须在各级政府间建立明确的公共托育服务成本分担体制，保证托幼机构获得相应的财政资金。责任划分方面，中央层面主要负责全国范围内经济困难家庭的儿童，使用部分公用经费对其进行资助；省级政府确定本省托幼机构的经费投入标准，与地级市政府承担部分从业人员工资待遇及建设新托幼机构的费用；其他层级的政府负责从业人员培训及托幼机构土地供应问题。此外，还应明确各级政府在公共托育服务中财政投入比例。只有确定公共托育服务成本分担体制，明确各级政府在公共托育服务中责任和财政的分担比例，才能扩大各级政府对公共托育服务的经费供给，解除公众生育的后顾之忧，真正缓解公众的供需矛盾，体现出政府在托育服务方面的公共服务责任。

三、加大公共托育服务的人员供给

（一）适当增加编制

2020年2月，教育部副部长翁铁慧表示，将扩大重点领域的招聘。她强调，现在急需的是高中和幼儿园教师，要落实应届毕业师范生全部入编入岗的工作。目前，很多省市众多托幼机构极度缺乏在编从业人员，加之从业人员队伍老化，针对这一情况可以采取适当增加独立编制的措施。首先，相关部门可先梳理当地闲置编制，优先考虑部分专业能力强、工作年限长、职业精神佳的托幼机构从业人员，为这类投身托育事业几十年的从业人员解决编制问题。其次，调查托幼机构人员情况，根据托幼机构实际需要适当增加面向托幼机构从业人员的编制，提升托幼机构从业人员队伍的稳定性，建设一支公众满意的托育服务队伍。再次，改革托幼机构人事制度，提升编外人员的工资待遇，以工作绩效为标准确定所有从业人员的薪资水平，打破编制壁垒。最后，采用委托及定向培养的方式，加大对免费师范生和专业生的招收，这不仅能解决其编制问题，还能增强托育岗位的吸引力，最重要的是通过招收托育专业人才促进托幼机构托育质量的提升。在全面二孩政策背景下，增加从业人员编制，能够优化队伍建设，真正满足公众的需求，消除那些想要生育二孩家庭的后顾之忧。

（二）改善工作条件

托育从业人员对孩子来说，是真正意义上的第一任教师。但因有些政府部门对公共托育服务不够重视，他们并未得到所期望的社会地位，家长及社会对其也不够认可，加之收入低、工作劳累等情况，许多托幼机构从业人员工作时不够尽职，工作稳定性也不高，导致当前我国公共托育服务的供给不能满足公众的需求。为此，要优化我国公共托育服务供给，采取措施改善托幼机构从业人员的工作条件，提升其薪资待遇、社会地位以及对此项工作的满意度和幸福感，这样他们在工作中也会尽心尽力，对于孩子的教导会更加仔细，同时提升了家庭的幸福感。政府可从以下几个方面着手改善从业人员的工作条件：首先，制定相关法规明确编外从业人员的工资待遇，避免出现部分托幼机构管理者过度逐利而损害从业人员应得的权益，确保民办托幼机构经营者为从业人员依法缴纳五险一金，工资和福利足额发放，保障从业人员合法权益。其次，改善部分在偏远落后地区托幼机构长期工作的从业人员的工作生活条件，加大补贴力度，保证其工作的稳定性，促进当地公共托育服务质量的提高。再次，适当提升民办托幼机构从业人员的工资待遇，打破公办与民办托幼机构之间坚实的壁垒，减小双方的工资差距，提升民办托幼机构从业人员的职业幸福感。最后，为托幼机构从业人员建立心理疏通的渠道，避免其因工作劳累、收入不高等原因产生巨大的职业压力，保证其拥有良好的职业面貌。只有改善托幼机构从业人员工作条件，依法保障其合法权益，才能优化我国公共托育服务供给，满足公众的需求。

（三）加强在岗培训

提高托幼机构从业人员的综合素质是公众呼声最高的需求，是改善托育质量的关键因素，是托幼机构发展的重要保证，也是优化公共托育服务供给的重要措施。为此，要构建能帮助提升托幼机构从业人员专业能力的培训体系，从而优化我国公共托育服务供给，提升那些对生育二孩犹豫不决家庭的意愿，促进二孩政策的全面落实。政府应在以下几个方面着手：首先，建立培训交流平台，邀请托育服务专家、学者为托幼机构从业人员开展讲座，规定从业人员参加专业讲座的次数，并要求在讲座结束后互相交流心得，提升其专业能力。其次，加强对数量较多的乡镇地区及民办托幼机构从业人员的培训，增加培训经费，将其培训计划纳入在编从业人员培养计划，并组织其到省级、市级示范园进行参观学习，与示范园从业人员进行托育经验交流，提升其专业素养。再次，利用新时代网络技术开发培训软件，建立全国托幼机构从业人员培训网络，让从业人员随时随地都能参加培训。复次，关注对托幼机构管理者的培训，提升其整体运营水平和专业能力，从而提升该托幼机构的托育质量，做到家长满意，孩子受益。最后，与本省一所培养托育专业人才的高等院校签约，使其不仅能为托幼机构提供专业人才，还能帮助培养在职从业人员，为在职从业人员提供继续教育和培训基地，提升从业人员的专业水平。

四、完善公共托育服务的制度供给

（一）尽快促进相关方面立法

当前我国在托育服务方面尚未出台相关的法律，导致出现亲子园虐童、入优质园难及 0 ～ 3 岁婴幼儿托幼机构数量不足等情况的发生，无法在法律层面上督促政府积极履行职责，造成公共托育服务无法满足公众的需求。面对公共托育服务存在的诸多问题，庞丽娟等人认为，解决问题的根本办法就是出台专门法，从各方面规范我国公共托育服务的发展。党的十九大报告中，强调“幼有所育”，可见发展公共托育服务的重要性，为此政府需要出台专门法，对政府责任、经费投入、管理体制、办园体制、教师队伍建设等核心问题做出明确法律规定。只有对公共托育服务方面进行全国立法，才能优化我国公共托育服务供给，消除那些想要生育二孩家庭的后顾之忧。通过全国立法将我国公共托育服务予以规范化和法治化。公共托育服务立法已是大势所趋，有利于从根本上解决公共托育服务发展难题，推动托幼机构从业人员队伍健康发展，优化我国公共托育服务供给，还能更好地落实全面二孩政策，改善我国人口结构。

（二）建立托幼机构质量监督与评估体系

托幼机构质量监督与评估体系是我国公共托育服务制度体系建设的重要组成部分，受到众多二孩家庭的关注，也是政府不断优化公共托育服务供给的重要依据，能够为合理评估托育服务发展状况、保证全面二孩政策真正落实提供有效的依据。只有创新公共托育服务管理方式，才能有效提升公共托育服务水平，满足公众对公共托育服务的需求。首先，应在政府层面建立健全监督管理体系，将各职能部门的职责有效落实下去，并建立公共托育服务发展指标，将其纳入政府重点考核工作范畴。每一个层级的监管都要在上位法的授权框架下实施，既能保证对公共托育服务的有效监管，也避免了监管碎片化的问题。并且要及时向社会公布政府出台的各类关于公共托育服务的政策，做到信息公开，在接受公众监督的基础上使政府对公共托育服务的投入效益最大化。其次，建立健全托幼机构管理制度，将办园法治化、管理规范化作为我国公共托育服务发展的主要原则。再次，建立健全托幼机构评估机制，扩展评估主体的范围，除政府、托幼机构、幼儿家长外，加入社区和第三方评估主体，确保评估的客观性与规范性，建立有效的社会化监督机制。最后，要建立托幼机构质量监督与评估的反馈机制，定期进行实时反馈，根据反馈的意见不断优化调整公共托育服务供给，实现资源供给与效果反馈的良性互动。随着全面二孩政策的出台，托幼机构数量也随之增加，只有建立托幼机构质量监督与评估体系，才能更好地规范托幼机构的运营，提升二孩家庭对托幼机构的满意度。

（三）加大对托幼机构资金支配的监管力度

全面三孩政策实行后，幼儿数量不断增加，政府相关部门在一定程度上加大了对托幼机构财政资金投入，为此应在推行二孩相关配套政策的基础上提升对托幼机构财政资金的监管力度，避免出现公款吃喝等现象。首先，完善资金监管制度，这不仅能及时解决托幼机构资金支配时出现的问题，还能在一定程度上避免资金胡乱使用情况的出现。其次，在制定资金监管制度的基础上，明确各条法规的责任，保证法规能适用于现实情况，提升法规的可操作性。再次，应将资金监管提升到反腐倡廉及政绩的高度，使各政府官员意识到托幼机构资金监管的重要性，保证每项资金均在合理范围内使用。最后，加强预算管理，在向托幼机构发放资金前，科学计算，为有需求的托幼机构合理配备资金。政府应明确投入托幼机构的资金用途，如教具玩具、每日午餐点心等，保证资金用途限定于托幼机构托育质量提升和发展的范畴内，从而优化我国公共托育服务供给，满足全面三孩政策背景下公众对高质量公共托育服务的需求。

附 录

附录 1

托育机构设置标准（试行）

第一章 总 则

第一条 为建立专业化、规范化的托育机构，根据《中华人民共和国未成年人保护法》等法律法规以及《国务院办公厅关于促进 3 岁以下婴幼儿照护服务发展的指导意见》，制定本标准。

第二条 坚持政策引导、普惠优先、安全健康、科学规范、属地管理、分类指导的原则，充分调动社会力量积极性，大力发展托育服务。

第三条 本标准适用于经有关部门登记、卫生健康部门备案，为 3 岁以下婴幼儿提供全日托、半日托、计时托、临时托等托育服务的机构。

第二章 设置要求

第四条 托育机构设置应当综合考虑城乡区域发展特点，根据经济社会发展水平、工作基础和群众需求，科学规划，合理布局。

第五条 新建居住区应当规划建设与常住人口规模相适应的托育机构。老城区和已建成居住区应当采取多种方式完善托育机构，满足居民需求。

第六条 城镇托育机构建设要充分考虑进城务工人员随迁婴幼儿的照护服务需求。

第七条 在农村社区综合服务设施建设中，应当统筹考虑托育机构建设。

第八条　支持用人单位以单独或联合其他单位共同举办的方式，在工作场所为职工提供福利性托育服务，有条件的可向附近居民开放。

第九条　鼓励通过市场化方式，采取公办民营、民办公助等多种形式，在就业人群密集的产业聚集区域和用人单位建设完善托育机构。

第十条　发挥城乡社区公共服务设施的婴幼儿照护服务功能，加强社区托育机构与社区服务中心（站）及社区卫生、文化、体育等设施的功能衔接。

第三章　场地设施

第十一条　托育机构应当有自有场地或租赁期不少于 3 年的场地。

第十二条　托育机构的场地应当选择自然条件良好、交通便利、符合卫生和环保要求的建设用地，远离对婴幼儿成长有危害的建筑、设施及污染源，满足抗震、防火、疏散等要求。

第十三条　托育机构的建筑应当符合有关工程建设国家标准、行业标准，设置符合标准要求的生活用房，根据需要设置服务管理用房和供应用房。

第十四条　托育机构的房屋装修、设施设备、装饰材料等，应当符合国家相关安全质量标准和环保标准，并定期进行检查维护。

第十五条　托育机构应当配备符合婴幼儿月龄特点的家具、用具、玩具、图书和游戏材料等，并符合国家相关安全质量标准和环保标准。

第十六条　托育机构应当设有室外活动场地，配备适宜的游戏设施，且有相应的安全防护设施。

在保障安全的前提下，可利用附近的公共场地和设施。

第十七条　托育机构应当设置符合标准要求的安全防护设施设备。

第四章　人员规模

第十八条　托育机构应当根据场地条件，合理确定收托婴幼儿规模，并配置综合管理、保育照护、卫生保健、安全保卫等工作人员。

托育机构负责人负责全面工作，应当具有大专以上学历、有从事儿童保育教育、卫生健康等相关管理工作 3 年以上的经历，且经托育机构负责人岗位培训合格。

保育人员主要负责婴幼儿日常生活照料，安排游戏活动，促进婴幼儿身心健康，养成良好行为习惯。保育人员应当具有婴幼儿照护经验或相关专业背景，受过婴幼儿保育相关培训和心理健康知识培训。

保健人员应当经过妇幼保健机构组织的卫生保健专业知识培训合格。

保安人员应当取得公安机关颁发的《保安员证》，并由获得公安机关《保安服务许可证》的保安公司派驻。

第十九条 托育机构一般设置乳儿班（6—12 个月，10 人以下）、托小班（12-24 个月，15 人以下）、托大班（24—36 个月，20 人以下）三种班型。

18 个月以上的婴幼儿可混合编班，每个班不超过 18 人。

每个班的生活单元应当独立使用。

第二十条 合理配备保育人员，与婴幼儿的比例应当不低于以下标准：乳儿班 1 ∶ 3，托小班 1 ∶ 5，托大班 1 ∶ 7。

第二十一条 按照有关托儿所卫生保健规定配备保健人员、炊事人员。

第二十二条 独立设置的托育机构应当至少有 1 名保安人员在岗。

第五章 附 则

第二十三条 各省、自治区、直辖市卫生健康行政部门可根据本标准制订具体实施办法。

第二十四条 本标准自发布之日起施行。

附录 2

托育机构管理规范（试行）

第一章 总 则

第一条 为加强托育机构管理，根据《中华人民共和国未成年人保护法》等法律法规以及《国务院办公厅关于促进 3 岁以下婴幼儿照护服务发展的指导意见》，制定本规范。

第二条 坚持儿童优先的原则，尊重婴幼儿成长特点和规律，最大限度地保护婴幼儿，确保婴幼儿的安全和健康。

第三条 本规范适用于经有关部门登记、卫生健康部门备案，为 3 岁以下婴幼儿提供全日托、半日托、计时托、临时托等托育服务的机构。

第二章 备案管理

第四条 托育机构登记后，应当向机构所在地的县级以上卫生健康部门备案，提交评价为“合格”的《托幼机构卫生评价报告》、消防安全检查合格证明、场地证明、工作人员资格证明等材料，填写备案书（见附件1）和承诺书（见附件2）。提供餐饮服务的，应当提交《食品经营许可证》。

第五条　卫生健康部门应当对申请备案的托育机构提供备案回执（见附件3）和托育机构基本条件告知书（见附件4）。

第六条　托育机构变更备案事项的，应当向原备案部门办理变更备案。

第七条　托育机构终止服务的，应当妥善安置收托的婴幼儿和工作人员，并办理备案注销手续。

第八条　卫生健康部门应当将托育服务有关政策规定、托育机构备案要求、托育机构有关信息在官方网站公开，接受社会查询和监督。

第三章　收托管理

第九条　婴幼儿父母或监护人（以下统称婴幼儿监护人）应当主动向托育机构提出入托申请，并提交真实的婴幼儿及其监护人的身份证明材料。

第十条　托育机构应当与婴幼儿监护人签订托育服务协议，明确双方的责任、权利义务、服务项目、收费标准以及争议纠纷处理办法等内容。

第十一条　婴幼儿进入托育机构前，应当完成适龄的预防接种，经医疗卫生机构健康检查合格后方可入托；离开机构3个月以上的，返回时应当重新进行健康检查。

第十二条　托育机构应当建立收托婴幼儿信息管理制度，及时采集、更新，定期向备案部门报送。

第十三条　托育机构应当建立与家长联系的制度，定期召开家长会议，接待来访和咨询，帮助家长了解保育照护内容和方法。

托育机构应当成立家长委员会，事关婴幼儿的重要事项，应当听取家长委员会的意见和建议。

托育机构应当建立家长开放日制度。

第十四条　托育机构应当加强与社区的联系与合作，面向社区宣传科学育儿知识，开展多种形式的服务活动，促进婴幼儿早期发展。

第十五条　托育机构应当建立信息公示制度，定期公示收费项目和标准、保育照护、膳食营养、卫生保健、安全保卫等情况，接受监督。

第四章　保育管理

第十六条　托育机构应当科学合理安排婴幼儿的生活，做好饮食、饮水、喂奶、如厕、盥洗、清洁、睡眠、穿脱衣服、游戏活动等服务。

第十七条 托育机构应当顺应喂养，科学制定食谱，保证婴幼儿膳食平衡。有特殊喂养需求的，婴幼儿监护人应当提供书面说明。

第十八条 托育机构应当保证婴幼儿每日户外活动不少于2小时，寒冷、炎热季节或特殊天气情况下可酌情调整。

第十九条 托育机构应当以游戏为主要活动形式，促进婴幼儿在身体发育、动作、语言、认知、情感与社会性等方面的全面发展。

第二十条 游戏活动应当重视婴幼儿的情感变化，注重与婴幼儿面对面、一对一的交流互动，动静交替，合理搭配多种游戏类型。

第二十一条 托育机构应当提供适宜刺激，丰富婴幼儿的直接经验，支持婴幼儿主动探索、操作体验、互动交流和表达表现，发挥婴幼儿的自主性，保护婴幼儿的好奇心。

第二十二条 托育机构应当建立照护服务日常记录和反馈制度，定期与婴幼儿监护人沟通婴幼儿发展情况。

第五章 健康管理

第二十三条 托育机构应当按照有关托儿所卫生保健规定，完善相关制度，切实做好婴幼儿和工作人员的健康管理，做好室内外环境卫生。

第二十四条 托育机构应当坚持晨午检和全日健康观察，发现婴幼儿身体、精神、行为异常时，应当及时通知婴幼儿监护人。

第二十五条 托育机构发现婴幼儿遭受或疑似遭受家庭暴力的，应当依法及时向公安机关报案。

第二十六条 婴幼儿患病期间应当在医院接受治疗或在家护理。

第二十七条 托育机构应当建立卫生消毒和病儿隔离制度、传染病预防和管理制度，做好疾病预防控制和婴幼儿健康管理工作。

第二十八条 托育机构工作人员上岗前，应当经医疗卫生机构进行健康检查，合格后方可上岗。

托育机构应当组织在岗工作人员每年进行1次健康检查。在岗工作人员患有传染性疾病的，应当立即离岗治疗；治愈后，须持病历和医疗卫生机构出具的健康合格证明，方可返岗工作。

第六章 安全管理

第二十九条 托育机构应当落实安全管理主体责任，建立健全安全防护措施和检查制度，配备必要的安保人员和物防、技防设施。

第三十条　托育机构应当建立完善的婴幼儿接送制度，婴幼儿应当由婴幼儿监护人或其委托的成年人接送。

第三十一条　托育机构应当制定重大自然灾害、传染病、食物中毒、踩踏、火灾、暴力等突发事件的应急预案，定期对工作人员进行安全教育和突发事件应急处理能力培训。

托育机构应当明确专兼职消防安全管理人员及管理职责，加强消防设施维护管理，确保用火用电用气安全。

托育机构工作人员应当掌握急救的基本技能和防范、避险、逃生、自救的基本方法，在紧急情况下必须优先保障婴幼儿的安全。

第三十二条　托育机构应当建立照护服务、安全保卫等监控体系。监控报警系统确保24小时设防，婴幼儿生活和活动区域应当全覆盖。

监控录像资料保存期不少于90日。

第七章　人员管理

第三十三条　托育机构工作人员应当具有完全民事行为能力和良好的职业道德，热爱婴幼儿，身心健康，无虐待儿童记录，无犯罪记录，并符合国家和地方相关规定要求的资格条件。

第三十四条　托育机构应当建立工作人员岗前培训和定期培训制度，通过集中培训、在线学习等方式，不断提高工作人员的专业能力、职业道德和心理健康水平。

第三十五条　托育机构应当加强工作人员法治教育，增强法治意识。对虐童等行为实行零容忍，一经发现，严格按照有关法律法规和规定，追究有关负责人和责任人的责任。

第三十六条　托育机构应当依法与工作人员签订劳动合同，保障工作人员的合法权益。

第八章　监督管理

第三十七条　托育机构应当加强党组织建设，积极支持工会、共青团、妇联等组织开展活动。

托育机构应当建立工会组织或职工代表大会制度，依法加强民主管理和监督。

第三十八条　托育机构应当制订年度工作计划，每年年底向卫生健康部门报告工作，必要时随时报告。

第三十九条　各级妇幼保健、疾病预防控制、卫生监督等机构应当按照职责加强对托育机构卫生保健工作的业务指导、咨询服务和监督执法。

第四十条　建立托育机构信息公示制度和质量评估制度，实施动态管理，加强社会监督。

第九章　附　则

第四十一条　各省、自治区、直辖市卫生健康行政部门可根据本规范制订具体实施办法。

第四十二条　本规范自发布之日起施行。

附件：1. 托育机构备案书

2. 备案承诺书

3. 托育机构备案回执

4. 托育机构基本条件告知书

附件 1

托育机构备案书

________ 卫生健康委（局）：

经 ________（登记机关名称）批准，________（托育机构名称）已于 ____ 年 ____ 月 ____ 日依法登记成立，现向你委（局）进行备案。本机构备案信息如下：

机构名称：

机构住所：

登记机关：

统一社会信用代码：

机构负责人姓名：

机构负责人身份证件号码：

机构性质：□营利性 □非营利性

服务范围：□全日托 □半日托 □计时托 □临时托

服务场所性质：□自有　□租赁

机构建筑面积：

室内使用面积：

室外活动场地面积：

收托规模：　人

编班类型：□乳儿班 □托小班 □托大班 □混合编班

联系人：

联系方式：

请予以备案。

备案单位：（章）

年　月　日

附件 2

备案承诺书

本单位承诺如实填报备案信息，并将按照有关要求，及时、准确报送后续重大事项变更信息。

承诺已了解托育机构管理相关法律法规和标准规范，承诺开展的服务符合《托育机构基本条件告知书》要求。

承诺按照诚实信用、安全健康、科学规范、儿童优先的原则和相关标准及规定，开展 3 岁以下婴幼儿托育服务，不以托育机构名义从事虐待伤害婴幼儿、不正当关联交易等损害婴幼儿及其监护人合法权益和公平竞争市场秩序的行为。

承诺主动接受并配合卫生健康部门和其他有关部门的指导、监督和管理。

承诺不属实，或者违反上述承诺的，依法承担相应法律责任。

备案单位:（章）
机构负责人签字:
年　月　日

附件 3

托育机构备案回执

编号：________________

________年________月________日报我委（局）的《托育机构备案书》收到并已备案。

备案项目如下：

机构名称：

机构住所：

机构性质：

机构负责人姓名：

________________卫生健康委（局）（章）

年　月　日

附件 4

托育机构基本条件告知书

托育机构应当依照相关法律法规和标准规范开展服务活动，并符合下列基本条件：

一、应当符合《中华人民共和国未成年人保护法》《中华人民共和国建筑法》《中华人民共和国消防法》《托儿所幼儿园卫生保健管理办法》等法律法规，以及《托儿所、幼儿园建筑设计规范》《建筑设计防火规范》等国家标准或者行业标准。

二、应当符合《托育机构设置标准（试行）》《托育机构管理规范（试行）》等要求。

三、提供餐饮服务的，应当符合《中华人民共和国食品安全法》等法律法规，以及相应的食品安全标准。

四、法律法规规定的其他条件。

附录 3

国务院办公厅关于促进 3 岁以下婴幼儿照护服务发展的指导意见

国办发〔2019〕15 号

各省、自治区、直辖市人民政府，国务院各部委、各直属机构：

3 岁以下婴幼儿（以下简称婴幼儿）照护服务是生命全周期服务管理的重要内容，事关婴幼儿健康成长，事关千家万户。为促进婴幼儿照护服务发展，经国务院同意，现提出如下意见。

一、总体要求

（一）指导思想

以习近平新时代中国特色社会主义思想为指导，全面贯彻党的十九大和十九届二中、三中全会精神，按照统筹推进“五位一体”总体布局和协调推进“四个全面”战略布局要求，坚持以人民为中心的发展思想，以需求和问题为导向，推进供给侧结构性改革，建立完善促进婴幼儿照护服务发展的政策法规体系、标准规范体系和服务供给体系，充分调动社会力量的积极性，多种形式开展婴幼儿照护服务，逐步满足人民群众对婴幼儿照护服务的需求，促进婴幼儿健康成长、广大家庭和谐幸福、经济社会持续发展。

（二）基本原则

家庭为主，托育补充。人的社会化进程始于家庭，儿童监护抚养是父母的法定责任和义务，家庭对婴幼儿照护负主体责任。发展婴幼儿照护服务的重点是为家庭提供科学养育指导，并对确有照护困难的家庭或婴幼儿提供必要的服务。

政策引导，普惠优先。将婴幼儿照护服务纳入经济社会发展规划，加快完善相关政策，强化政策引导和统筹引领，充分调动社会力量积极性，大力推动婴幼儿照护服务发展，优先支持普惠性婴幼儿照护服务机构。

安全健康，科学规范。按照儿童优先的原则，最大限度地保护婴幼儿，确保婴幼儿的安全和健康。遵循婴幼儿成长特点和规律，促进婴幼儿在身体发育、动作、语言、认知、情感与社会性等方面的全面发展。

属地管理，分类指导。在地方政府领导下，从实际出发，综合考虑城乡、区域发展特点，根据经济社会发展水平、工作基础和群众需求，有针对性地开展婴幼儿照护服务。

（三）发展目标

到2020年，婴幼儿照护服务的政策法规体系和标准规范体系初步建立，建成一批具有示范效应的婴幼儿照护服务机构，婴幼儿照护服务水平有所提升，人民群众的婴幼儿照护服务需求得到初步满足。

到2025年，婴幼儿照护服务的政策法规体系和标准规范体系基本健全，多元化、多样化、覆盖城乡的婴幼儿照护服务体系基本形成，婴幼儿照护服务水平明显提升，人民群众的婴幼儿照护服务需求得到进一步满足。

二、主要任务

（一）加强对家庭婴幼儿照护的支持和指导

全面落实产假政策，鼓励用人单位采取灵活安排工作时间等积极措施，为婴幼儿照护创造便利条件。

支持脱产照护婴幼儿的父母重返工作岗位，并为其提供信息服务、就业指导和职业技能培训。

加强对家庭的婴幼儿早期发展指导，通过入户指导、亲子活动、家长课堂等方式，利用互联网等信息化手段，为家长及婴幼儿照护者提供婴幼儿早期发展指导服务，增强家庭的科学育儿能力。

切实做好基本公共卫生服务、妇幼保健服务工作，为婴幼儿家庭开展新生儿访视、膳食营养、生长发育、预防接种、安全防护、疾病防控等服务。

（二）加大对社区婴幼儿照护服务的支持力度

地方各级政府要按照标准和规范在新建居住区规划、建设与常住人口规模相适应的婴幼儿照护服务设施及配套安全设施，并与住宅同步验收、同步交付使用；老城区和已建成居住区无婴幼儿照护服务设施的，要限期通过购置、置换、租赁等方式建设。有关标准和规范由住房城乡建设部于2019年8月底前制定。鼓励通过市场化方式，采取公办民营、民办公助等多种方式，在就业人群密集的产业聚集区域和用人单位完善婴幼儿照护服务设施。

鼓励地方各级政府采取政府补贴、行业引导和动员社会力量参与等方式，在加快推进老旧居住小区设施改造过程中，通过做好公共活动区域的设施和部位改造，为婴幼儿照护创造安全、适宜的环境和条件。

各地要根据实际，在农村社区综合服务设施建设中，统筹考虑婴幼儿照护服务设施建设。

发挥城乡社区公共服务设施的婴幼儿照护服务功能，加强社区婴幼儿照护服务设施与社区服务中心（站）及社区卫生、文化、体育等设施的功能衔接，发挥综合效益。支持和引导社会力量依托社区提供婴幼儿照护服务。发挥网格化服务管理作用，大力推动资源、服务、管理下沉到社区，使基层各类机构、组织在服务保障婴幼儿照护等群众需求上有更大作为。

加大对农村和贫困地区婴幼儿照护服务的支持，推广婴幼儿早期发展项目。

（三）规范发展多种形式的婴幼儿照护服务机构

举办非营利性婴幼儿照护服务机构的，在婴幼儿照护服务机构所在地的县级以上机构编制部门或民政部门注册登记；举办营利性婴幼儿照护服务机构的，在婴幼儿照护服务机构所在地的县级以上市场监管部门注册登记。婴幼儿照护服务机构经核准登记后，应当及时向当地卫生健康部门备案。登记机关应当及时将有关机构登记信息推送至卫生健康部门。

地方各级政府要将需要独立占地的婴幼儿照护服务设施和场地建设布局纳入相关规划，新建、扩建、改建一批婴幼儿照护服务机构和设施。城镇婴幼儿照护服务机构建设要充分考虑进城务工人员随迁婴幼儿的照护服务需求。

支持用人单位以单独或联合相关单位共同举办的方式，在工作场所为职工提供福利性婴幼儿照护服务，有条件的可向附近居民开放。鼓励支持有条件的幼儿园开设托班，招收2至3岁的幼儿。

各类婴幼儿照护服务机构可根据家庭的实际需求，提供全日托、半日托、计时托、临时托等多样化的婴幼儿照护服务；随着经济社会发展和人民消费水平提升，提供多层次的婴幼儿照护服务。

落实各类婴幼儿照护服务机构的安全管理主体责任，建立健全各类婴幼儿照护服务机构安全管理制度，配备相应的安全设施、器材及安保人员。依法加强安全监管，督促各类婴幼儿照护服务机构落实安全责任，严防安全事故发生。

加强婴幼儿照护服务机构的卫生保健工作。认真贯彻保育为主、保教结合的工作方针，为婴幼儿创造良好的生活环境，预防控制传染病，降低常见病的发病率，保障婴幼儿的身心健康。各级妇幼保健机构、疾病预防控制机构、卫生监督机构要按照职责加强对婴幼儿照护服务机构卫生保健工作的业务指导、咨询服务和监督检查。

加强婴幼儿照护服务专业化、规范化建设，遵循婴幼儿发展规律，建立健全婴幼儿照护服务的标准规范体系。各类婴幼儿照护服务机构开展婴幼儿照护服务必须符合国家和地方相关标准和规范，并对婴幼儿的安全和健康负主体责任。运用互联网等信息化手段对婴幼儿照护服务机构的服务过程加强监管，让广大家长放心。建立健全婴幼儿照护服务机构备案登记制度、信息公示制度和质量评估制度，对婴幼儿照护服务机构实施动态管理。依法逐步实行工作人员职业资格准入制度，对虐童等行为零容忍，对相关个人和直接管理人员实行终身禁入。婴幼儿照护服务机构设置标准和管理规范由国家卫生健康委制定，各地据此做好婴幼儿照护服务机构核准登记工作。

三、保障措施

（一）加强政策支持

充分发挥市场在资源配置中的决定性作用，梳理社会力量进入的堵点和难点，采取多种方式鼓励和支持社会力量举办婴幼儿照护服务机构。鼓励地方政府通过采取提供场地、减免租金等政策措施，加大对社会力量开展婴幼儿照护服务、用人单位内设婴幼儿照护服务机构的支持力度。鼓励地方政府探索试行与婴幼儿照护服务配套衔接的育儿假、产休假。创新服务管理方式，提升服务效能水平，为开展婴幼儿照护服务创造有利条件、提供便捷服务。

（二）加强用地保障

将婴幼儿照护服务机构和设施建设用地纳入土地利用总体规划、城乡规划和年度用地计划并优先予以保障，农用地转用指标、新增用地指标分配要适当向婴幼儿照护服务机构和设施建设用地倾斜。鼓励利用低效土地或闲置土地建设婴幼儿照护服务机构和设施。对婴幼儿照护服务设施和非营利性婴幼儿照护服务机构建设用地，符合《划拨用地目录》的，可采取划拨方式予以保障。

（三）加强队伍建设

高等院校和职业院校（含技工院校）要根据需求开设婴幼儿照护相关专业，合理确定招生规模、课程设置和教学内容，将安全照护等知识和能力纳入教学内容，加快培养婴幼儿照护相关专业人才。将婴幼儿照护服务人员作为急需紧缺人员纳入培训规划，切实加强婴幼儿照护服务相关法律法规培训，增强从业人员法治意识；大力开展职业道德和安全教育、职业技能培训，提高婴幼儿照护服务能力和水平。依法保障从业人员合法权益，建设一支品德高尚、富有爱心、敬业奉献、素质优良的婴幼儿照护服务队伍。

（四）加强信息支撑

充分利用互联网、大数据、物联网、人工智能等技术，结合婴幼儿照护服务实际，研发应用婴幼儿照护服务信息管理系统，实现线上线下结合，在优化服务、加强管理、统计监测等方面发挥积极作用。

（五）加强社会支持

加快推进公共场所无障碍设施和母婴设施的建设和改造，开辟服务绿色通道，为婴幼儿出行、哺乳等提供便利条件，营造婴幼儿照护友好的社会环境。企业利用新技术、新工艺、新材料和新装备开发与婴幼儿照护相关的产品必须经过严格的安全评估和风险监测，切实保障安全性。

四、组织实施

（一）强化组织领导

各级政府要提高对发展婴幼儿照护服务的认识，将婴幼儿照护服务纳入经济社会发展相关规划和目标责任考核，发挥引导作用，制定切实管用的政策措施，促进婴幼儿照护服务规范发展。

（二）强化部门协同

婴幼儿照护服务发展工作由卫生健康部门牵头，发展改革、教育、公安、民政、财政、人力资源社会保障、自然资源、住房城乡建设、应急管理、税务、市场监管等部门要按照各自职责，加强对婴幼儿照护服务的指导、监督和管理。积极发挥工会、共青团、妇联、计划生育协会、宋庆龄基金会等群团组织和行业组织的作用，加强社会监督，强化行业自律，大力推动婴幼儿照护服务的健康发展。

（三）强化监督管理

加强对婴幼儿照护服务的监督管理，建立健全业务指导、督促检查、考核奖惩、安全保障和责任追究制度，确保各项政策措施、规章制度落实到位。按照属地管理和分工负责的原则，地方政府对婴幼儿照护服务的规范发展和安全监管负主要责任，制定婴幼儿照护服务的规范细则，各相关部门按照各自职责负监管责任。对履行职责不到位、发生安全事故的，要严格按照有关法律法规追究相关人员的责任。

（四）强化示范引领

在全国开展婴幼儿照护服务示范活动，建设一批示范单位，充分发挥示范引领、带动辐射作用，不断提高婴幼儿照护服务整体水平。

附件：促进3岁以下婴幼儿照护服务发展工作部门职责分工

国务院办公厅

2019年4月17日

附　件

促进3岁以下婴幼儿照护服务发展工作部门职责分工

发展改革部门负责将婴幼儿照护服务纳入经济社会发展相关规划。

教育部门负责各类婴幼儿照护服务人才培养。

公安部门负责监督指导各类婴幼儿照护服务机构开展安全防范。

民政部门负责非营利性婴幼儿照护服务机构法人的注册登记，推动有条件的地方将婴幼儿照护服务纳入城乡社区服务范围。

财政部门负责利用现有资金和政策渠道，对婴幼儿照护服务行业发展予以支持。

人力资源社会保障部门负责对婴幼儿照护服务从业人员开展职业技能培训，按规定予以职业资格认定，依法保障从业人员各项劳动保障权益。

自然资源部门负责优先保障婴幼儿照护服务机构和设施建设的土地供应，完善相关规划规范和标准。

住房城乡建设部门负责规划建设婴幼儿照护服务机构和设施，完善相关工程建设规范和标准。

卫生健康部门负责组织制定婴幼儿照护服务的政策规范，协调相关部门做好对婴幼儿照护服务机构的监督管理，负责婴幼儿照护卫生保健和婴幼儿早期发展的业务指导。

应急管理部门负责依法开展各类婴幼儿照护服务场所的消防监督检查工作。

税务部门负责贯彻落实有关支持婴幼儿照护服务发展的税收优惠政策。

市场监管部门负责营利性婴幼儿照护服务机构法人的注册登记，对各类婴幼儿照护服务机构的饮食用药安全进行监管。

工会组织负责推动用人单位为职工提供福利性婴幼儿照护服务。

共青团组织负责针对青年开展婴幼儿照护相关的宣传教育。

妇联组织负责参与为家庭提供科学育儿指导服务。

计划生育协会负责参与婴幼儿照护服务的宣传教育和社会监督。

宋庆龄基金会负责利用公益机构优势，多渠道、多形式参与婴幼儿照护服务。

附录 4

托儿所、幼儿园建筑设计规范

JGJ 39—2016

（2019 年版）

批准部门：中华人民共和国住房和城乡建设部

施行日期：2016 年 11 月 1 日

中华人民共和国住房和城乡建设部公告

2019 年　第 237 号

住房和城乡建设部关于发布行业标准《托儿所、幼儿园建筑设计规范》局部修订的公告

现批准《托儿所、幼儿园建筑设计规范》JGJ 39—2016 局部修订的条文，自 2019 年 10 月 1 日起实施。其中，第 3.2.8、4.1.3、4.1.9、4.1.12 条为强制性条文，必须严格执行。经此次修改的原条文同时废止。

局部修订条文及具体内容在住房和城乡建设部门户网站（www. mohurd. gov.cn）公开，并将刊登在近期出版的《工程建设标准化》刊物上。

中华人民共和国住房和城乡建设部

2019 年 8 月 29 日

中华人民共和国住房和城乡建设部公告

第 1079 号

住房城乡建设部关于发布行业标准《托儿所、幼儿园建筑设计规范》的公告

现批准《托儿所、幼儿园建筑设计规范》为行业标准，编号为 JGJ 39—2016，自 2016 年 11 月 1 日起实施。其中，第 3.2.8、4.1.3、4.1.9、4.1.12、6.3.3 条为强制性条文，必须严格执行，原《托儿所、幼儿园建筑设计规范》JGJ 39—87 同时废止。

本规范由我部标准定额研究所组织中国建筑工业出版社出版发行。

中华人民共和国住房和城乡建设部

2016 年 4 月 20 日

前言

根据住房和城乡建设部《关于印发 <2009 年工程建设标准规范制订、修订计划 > 的通知》（建标〔2009〕88 号）的要求，规范编制组经广泛调查研究，认真总结实践经验，参考有关国际标准和国外先进标准，并在广泛征求意见的基础上，对《托儿所、幼儿园建筑设计规范》JGJ 39—87 进行了修订。

本规范的主要技术内容是：1. 总则；2. 术语；3. 基地和总平面；4. 建筑设计；5. 室内环境；6. 建筑设备。

本规范修订的主要技术内容是：1. 增加了“术语”“室内环境”的有关技术内容及规定；2. 增加了“安全保障”“环保”“节能”方面的相关规定；3. 取消了“防火与疏散”“建筑构造”等章节，将其内容移至相关章节。

本规范中以黑体字标志的条文为强制性条文，必须严格执行。

本规范由住房和城乡建设部负责管理和对强制性条文的解释，由黑龙江省建筑设计研究院负责具体技术内容的解释。执行过程中如有意见和建议，请寄送黑龙江省建筑设计研究院（地址：哈尔滨市南岗区果戈里大街 1 号，邮政编码：150008）。

本规范主编单位：黑龙江省建筑设计研究院

本规范参编单位：哈尔滨工业大学
上海建筑设计研究院
中南建筑设计院股份有限公司
中国建筑西北设计研究院有限公司
重庆市设计院
广东省建筑设计研究院

本规范主要起草人员：徐勤 荆涛 蒋春辉 廉学军 陈永江 李桂文 吴健梅 沈克文 林莉 郑犁 陈飙 徐达明 王晓亮

本规范主要审查人员：顾均 王陕生 翁皓 张南宁 吴雪岭 王珏 陈向明 叶德强 郭晓岩

1 总则

1.0.1 为保证托儿所、幼儿园建筑设计质量，使建筑设计满足适用、安全、卫生、经济、美观等方面的基本要求，制定本规范。

1.0.2 本规范适用于新建、扩建、改建托儿所、幼儿园和相同功能的建筑设计。

1.0.3 托儿所、幼儿园的规模应符合表 1.0.3-1 的规定，托儿所、幼儿园的每班人数应符合表 1.0.3-2 的规定。

表1.0.3-1　托儿所、幼儿园的规模

规模	托儿所（班）	幼儿园（班）
小型	1 ～ 3	1 ～ 4
中型	4 ～ 7	5 ～ 8
大型	8 ～ 10	9 ～ 12

表1.0.3-2　托儿所、幼儿园的每班人数

名称	班别	人数（人）
托儿所	乳儿班（6 月～ 12 月）	10 以下
	托小班（12 月～ 24 月）	15 以下
	托大班（24 月～ 36 月）	20 以下
幼儿园	小班（3 岁～ 4 岁）	20 ～ 25
	中班（4 岁～ 5 岁）	26 ～ 30
	大班（5 岁～ 6 岁）	31 ～ 35

1.0.4 托儿所、幼儿园的建筑设计应遵循下列原则：

1. 满足使用功能要求，有益于婴幼儿健康成长；

2. 保证婴幼儿、教师及工作人员的环境安全，并具备防灾能力；

3. 符合节约土地、能源，环境保护的基本方针。

1.0.5 托儿所、幼儿园建筑设计除应符合本规范外，尚应符合国家现行有关标准的规定。

2 术语

2.0.1 托儿所 nursery

用于哺育和培育 3 周岁以下婴幼儿使用的场所。

2.0.2 幼儿园 kindergarten

对 3 ～ 6 周岁的幼儿进行集中保育、教育的学前使用场所。

2.0.3 全日制幼儿园 full-time kindergarten

幼儿仅白天在园内生活的幼儿园。

2.0.4 寄宿制幼儿园 boarding kindergarten

幼儿昼夜均在园内生活的幼儿园。

2.0.5 生活用房 living room

供婴幼儿班级生活和多功能活动的空间。

2. 0.6 生活单元 unit of living room

供婴幼儿班级独立生活的空间。

2.0.7 活动室 play chamber；activity room

幼儿生活单元中供幼儿进行各种室内日常活动的空间。

2.0.8 寝室 bedroom

幼儿生活单元中供幼儿睡眠的空间。

2.0.9 多功能活动室 multi-functional room

供全园婴幼儿共同进行文艺、体育、家长集会等多功能活动的空间。

2.0.10 此条删除。

2.0.11 喂奶室 nursing room

供母亲直接哺乳的空间。

2.0.12 此条删除。

2.0.13 晨检室（厅）morning inspection room

供婴幼儿入园时进行健康检查的空间。

2.0.14 保健观察室 health-care and observation room

供病儿进行临时隔离、观察、治疗的空间。

2.0.15 服务管理用房 service room

供对外联系，对内为婴幼儿保健和教育服务管理的空间。

2.0.16 供应用房 supply room

供托儿所、幼儿园人员饮食、饮水、洗衣等后勤服务使用的空间。

3 基地和总平面

3.1 基地

3.1.1 托儿所、幼儿园建设基地的选择应符合当地总体规划和国家现行有关标准的要求。

3.1.2 托儿所、幼儿园的基地应符合下列规定：

1. 应建设在日照充足、交通方便、场地平整、干燥、排水通畅、环境优美、基础设施完善的地段；

2. 不应置于易发生自然地质灾害的地段；

3. 与易发生危险的建筑物、仓库、储罐、可燃物品和材料堆场等之间的距离应符合国家现行有关标准的规定；

4. 不应与大型公共娱乐场所、商场、批发市场等人流密集的场所相毗邻；

5. 应远离各种污染源，并应符合国家现行有关卫生、防护标准的要求；

6. 园内不应有高压输电线、燃气、输油管道主干道等穿过。

3.1.3 托儿所、幼儿园的服务半径宜为 300 m。

3.2 总平面

3.2.1 托儿所、幼儿园的总平面设计应包括总平面布置、竖向设计和管网综合等设计。总平面布置应包括建筑物、室外活动场地、绿化、道路布置等内容，设计应功能分区合理、方便管理、朝向适宜、日照充足，创造符合幼儿生理、心理特点的环境空间。

3.2.2 四个班及以上的托儿所、幼儿园建筑应独立设置。三个班及以下时，可与居住、养老、教育、办公建筑合建，但应符合下列规定：

1. 此款删除；

1A 合建的既有建筑应经有关部门验收合格，符合抗震、防火等安全方面的规定，其基地应符合本规范第 3.1.2 条规定；

2. 应设独立的疏散楼梯和安全出口；

3. 出入口处应设置人员安全集散和车辆停靠的空间；

4. 应设独立的室外活动场地，场地周围应采取隔离措施；

5. 建筑出入口及室外活动场地范围内应采取防止物体坠落措施。

3.2.3 托儿所、幼儿园应设室外活动场地，并应符合下列规定：

1. 幼儿园每班应设专用室外活动场地，人均面积不应小于 2 m^2。各班活动场地之间宜采取分隔措施；

2. 幼儿园应设全园共用活动场地，人均面积不应小于 2 m^2；

2A 托儿所室外活动场地人均面积不应小于 3 m^2；

2B 城市人口密集地区改、扩建的托儿所，设置室外活动场地确有困难时，室外活动场地人均面积不应小于 2 m^2。

3. 地面应平整、防滑、无障碍、无尖锐突出物，并宜采用软质地坪；

4. 共用活动场地应设置游戏器具、沙坑、30 m 跑道等，宜设戏水池，储水深度不应超过 0.30 m。游戏器具下地面及周围应设软质铺装。宜设洗手池、洗脚池；

5. 室外活动场地应有 1/2 以上的面积在标准建筑日照阴影线之外。

3.2.4 托儿所、幼儿园场地内绿地率不应小于 30%，宜设置集中绿化用地。绿地内不应种植有毒、带刺、有飞絮、病虫害多、有刺激性的植物。

3.2.5 托儿所、幼儿园在供应区内宜设杂物院，并应与其他部分相隔离。杂物院应有单独的对外出入口。

3.2.6 托儿所、幼儿园基地周围应设围护设施，围护设施应安全、美观，并应防止幼儿穿过和攀爬。在出入口处应设大门和警卫室，警卫室对外应有良好的视野。

3.2.7 托儿所、幼儿园出入口不应直接设置在城市干道一侧；其出入口应设置供车辆和人员停留的场地，且不应影响城市道路交通。

3.2.8 托儿所、幼儿园的活动室、寝室及具有相同功能的区域，应布置在当地最好朝向，冬至日底层满窗日照不应小于 3 h。

3.2.8A 需要获得冬季日照的婴幼儿生活用房窗洞开口面积不应小于该房间面积的 20%。

3.2.9 夏热冬冷、夏热冬暖地区的幼儿生活用房不宜朝西向；当不可避免时，应采取遮阳措施。

4 建筑设计

4.1 一般规定

4.1.1 托儿所、幼儿园建筑应由生活用房、服务管理用房和供应用房等部分组成。

4.1.2 托儿所、幼儿园建筑宜按生活单元组合方法进行设计，各班生活单元应保持使用的相对独立性。

4.1.3 托儿所、幼儿园中的生活用房不应设置在地下室或半地下室。

4.1.3A 幼儿园生活用房应布置在三层及以下。

4.1.3B 托儿所生活用房应布置在首层。当布置在首层确有困难时，可将托大班布置在二层，其人数不应超过 60 人，并应符合有关防火安全疏散的规定。

4.1.4 托儿所、幼儿园的建筑造型和室内设计应符合幼儿的心理和生理特点。

4.1.5 托儿所、幼儿园建筑窗的设计应符合下列规定：

1. 活动室、多功能活动室的窗台面距地面高度不宜大于 0.60 m；

2. 当窗台面距楼地面高度低于 0.90 m 时，应采取防护措施，防护高度应从可踏部位顶面起算，不应低于 0.90 m；

3. 窗距离楼地面的高度小于或等于 1.80 m 的部分，不应设内悬窗和内平开窗扇；

4. 外窗开启扇均应设纱窗。

4.1.6 活动室、寝室、多功能活动室等幼儿使用的房间应设双扇平开门，门净宽不应小于 1.20 m。

4.1.7 严寒地区托儿所、幼儿园建筑的外门应设门斗，寒冷地区宜设门斗。

4.1.8 幼儿出入的门应符合下列规定：

1. 当使用玻璃材料时，应采用安全玻璃；

2. 距离地面 0.60 m 处宜加设幼儿专用拉手；

3. 门的双面均应平滑、无棱角；

4. 门下不应设门槛；平开门距离楼地面 1.20 m 以下部分应设防止夹手设施；

5. 不应设置旋转门、弹簧门、推拉门，不宜设金属门；

6. 生活用房开向疏散走道的门均应向人员疏散方向开启，开启的门扇不应妨碍走道疏散通行；

7. 门上应设观察窗，观察窗应安装安全玻璃。

4.1.9 托儿所、幼儿园的外廊、室内回廊、内天井、阳台、上人屋面、平台、看台及室外楼梯等临空处应设置防护栏杆，栏杆应以坚固、耐久的材料制作。防护栏杆的高度应从可踏部位顶面起算，且净高不应小于 1.30 m。防护栏杆必须采用防止幼儿攀登和穿过的构造，当采用垂直杆件做栏杆时，其杆件净距离不应大于 0.09 m。

4.1.10 距离地面高度 1.30 m 以下，幼儿经常接触的室内外墙面，宜采用光滑易清洁的材料；墙角、窗台、暖气罩、窗口竖边等阳角处应做成圆角。

4.1.11 楼梯、扶手和踏步等应符合下列规定：

1. 楼梯间应有直接的天然采光和自然通风；

2. 楼梯除设成人扶手外，应在梯段两侧设幼儿扶手，其高度宜为 0.60 m；

3. 供幼儿使用的楼梯踏步高度宜为 0.13 m，宽度宜为 0.26 m；

4. 严寒地区不应设置室外楼梯；

5. 幼儿使用的楼梯不应采用扇形、螺旋形踏步；

6. 楼梯踏步面应采用防滑材料，踏步踢面不应漏空，踏步面应做明显警示标识；

7. 楼梯间在首层应直通室外。

4.1.12 幼儿使用的楼梯，当楼梯井净宽度大于 0.11 m 时，必须采取防止幼儿攀滑措施。楼梯栏杆应采用不易攀爬的构造，当采用垂直杆件做栏杆时，其杆件净距不应大于 0.09 m。

4.1.13 幼儿经常通行和安全疏散的走道不应设有台阶，当有高差时，应设置防滑坡道，其坡度不应大于 1 ∶ 12。疏散走道的墙面距地面 2 m 以下不应设有壁柱、管道、消火栓箱、灭火器、广告牌等突出物。

4.1.14 托儿所、幼儿园建筑走廊最小净宽不应小于表 4.1.14 的规定。

表4.1.14 走廊最小净宽度（m）

房间名称	走廊布置	
	中间走廊	单面走廊或外廊
生活用房	2.4	1.8
服务、供应用房	1.5	1.3

4.1.15 建筑室外出入口应设雨篷，雨篷挑出长度宜超过首级踏步 0.50 m 以上。

4.1.16 出入口台阶高度超过 0.30 m，并侧面临空时，应设置防护设施，防护设施净高不应低于 1.05 m。

4.1.17 托儿所睡眠区、活动区，幼儿园活动室、寝室，多功能活动室的室内最小净高不应低于表 4.1.17 的规定。

表4.1.17 室内最小净高（m）

房间名称	净高
托儿所睡眠区、活动区	2.8
幼儿园活动室、寝室	3.0
多功能活动室	3.9

注：改、扩建的托儿所睡眠区和活动区室内净高不应小于 2.6 m。

4.1.17A 厨房、卫生间、试验室、医务室等使用水的房间，不应设置在婴幼儿生活用房的上方。

4.1.17B 城市居住区按规划要求应按需配套设置托儿所。当托儿所独立设置有困难时，可联合建设。

4.1.18 托儿所、幼儿园建筑防火设计应符合现行国家标准《建筑设计防火规范》GB 50016 的规定。

4.2 托儿所生活用房

4.2.1 托儿所生活用房应由乳儿班、托小班、托大班组成，各班应为独立使用的生活单元。宜设公共活动空间。

4.2.2 托大班生活用房的使用面积及要求宜与幼儿园生活用房相同。

4.2.3 乳儿班应包括睡眠区、活动区、配餐区、清洁区、储藏区等，各区最小使用面积应符合表 4.2.3 的规定。

表4.2.3 乳儿班各区最小使用面积（m^2）

各区名称	最小使用面积
睡眠区	30
活动区	15
配餐区	6
清洁区	6
储藏区	4

4.2.3A 托小班应包括睡眠区、活动区、配餐区、清洁区、卫生间、储藏区等，各区最小使用面积应符合表 4.2.3A 的规定。

表4.2.3A 托小班各区最小使用面积（m^2）

各区名称	最小使用面积
睡眠区	35
活动区	35
配餐区	6
清洁区	6
卫生间	8
储藏区	4

注：睡眠区与活动区合用时，其使用面积不应小于 50 m^2。

4.2.3B 乳儿班和托小班宜设喂奶室，使用面积不宜小于 10 m^2，并应符合下列规定：

1. 应临近婴幼儿生活空间；

2. 应设置开向疏散走道的门；

3. 应设尿布台、洗手池，宜设成人厕所。

4.2.3C 乳儿班和托小班生活单元各功能分区之间宜采取分隔措施，并应互相通视。

4.2.3D 乳儿班和托小班活动区地面应做暖性、软质面层；距地 1.20 m 的墙面应做软质面层。

4.2.4 托儿所和幼儿园合建时，托儿所应单独分区，并应设独立安全出入口，室外活动场地宜分开。

4.2.5 此条删除。

4.2.5A 乳儿班和托小班生活单元各功能分区应符合下列规定：

1. 睡眠区应布置供每个婴幼儿使用的床位，不应布置双层床，床位四周不宜贴靠外墙；

2. 配餐区应临近对外出入口，并设有调理台、洗涤池、洗手池、储藏柜等，应设加热设施。宜设通风或排烟设施；

3. 清洁区应设淋浴、尿布台、洗涤池、洗手池、污水池、成人厕位等设施；

4. 成人厕位应与幼儿卫生间隔离。

4.2.5B 托小班卫生间内应设适合幼儿使用的卫生器具，坐便器高度宜为 0.25 m 以下。每班至少设 2 个大便器、2 个小便器，便器之间应设隔断；每班至少设 3 个适合幼儿使用的洗手池，高度宜为 0.40 ～ 0.45 m，宽度宜为 0.35 ～ 0.40 m。

4.2.6 此条删除。

4.2.6A 托儿所生活用房除应符合以上条款外，尚应符合本规范第 4.3.4 条、第 4.3.6 条、第 4.3.7 条、第 4.3.8 条、第 4.3.14 条、第 4.3.15 条、第 4.3.16 条的规定。

4.3 幼儿园生活用房

4.3.1 幼儿园的生活用房应由幼儿生活单元、公共活动空间和多功能活动室组成。公共活动空间可根据需要设置。

4.3.2 幼儿生活单元应设置活动室、寝室、卫生间、衣帽储藏间等基本空间。

4.3.3 幼儿园生活单元房间的最小使用面积不应小于表 4.3.3 的规定，当活动室与寝室合用时，其房间最小使用面积不应小于 105 m^2。

表4.3.3　幼儿生活单元房间的最小使用面积（m^2）

房间名称		房间最小使用面积
活动室		70
寝室		60
卫生间	厕所	12
	盥洗室	8
衣帽储藏间		9

4.3.4 单侧采光的活动室进深不宜大于 6.60 m。

4.3.5 设置的阳台或室外活动平台不应影响生活用房的日照。

4.3.6 同一个班的活动室与寝室应设置在同一楼层内。

4.3.7 活动室、寝室、多功能活动室等幼儿使用的房间应做暖性、有弹性的地面，儿童使用的通道地面应采用防滑材料。

4.3.8 活动室、多功能活动室等室内墙面应具有展示教材、作品和空间布置的条件。

4.3.9 寝室应保证每一幼儿设置一张床铺的空间，不应布置双层床。床位侧面或端部距外墙距离不应小于 0.60 m。

4.3.10 卫生间应由厕所、盥洗室组成，并宜分间或分隔设置。无外窗的卫生间，应设置防止回流的机械通风设施。

4.3.11 每班卫生间的卫生设备数量不应少于表 4.3.11 的规定，且女厕大便器不应少于 4 个，男厕大便器不应少于 2 个。

表4.3.11　每班卫生间卫生设备的最少数量

污水池（个）	大便器（个）	小便器（个或位）	盥洗台（水龙头，个）
1	6	4	6

4.3.12 卫生间应临近活动室或寝室，且开门不宜直对寝室或活动室。盥洗室与厕所之间应有良好的视线贯通。

4.3.13 卫生间所有设施的配置、形式、尺寸均应符合幼儿人体尺度和卫生防疫的要求。卫生洁具布置应符合下列规定：

1. 盥洗池距地面的高度宜为 0.50 ～ 0.55 m，宽度宜为 0.40 ～ 0.45 m，水龙头的间距宜为 0.55 ～ 0.60 m；

2. 大便器宜采用蹲式便器，大便器或小便器之间均应设隔板，隔板处应加设幼儿扶手。厕位的平面尺寸不应小于 0.70 m×0.80 m（宽 × 深），坐式便器的高度宜为 0.25 ～ 0.30 m。

4.3.14 厕所、盥洗室、淋浴室地面不应设台阶，地面应防滑和易于清洗。

4.3.15 夏热冬冷和夏热冬暖地区，托儿所、幼儿园建筑的幼儿生活单元内宜设淋浴室；寄宿制幼儿生活单元内应设置淋浴室，并应独立设置。

4.3.16 封闭的衣帽储藏室宜设通风设施。

4.3.17 应设多功能活动室，位置宜临近生活单元，其使用面积宜每人 0.65 m^2，且不应小于 90 m^2。单独设置时宜与主体建筑用连廊连通，连廊应做雨篷，严寒和寒冷地区应做封闭连廊。

4.4 服务管理用房

4.4.1 服务管理用房宜包括晨检室（厅）、保健观察室、教师值班室、警卫室、储藏室、园长室、所长室、财务室、教师办公室、会议室、教具制作室等房间。各房间的最小使用面积宜符合表 4.4.1 的规定。

表4.4.1 服务管理用房各房间的最小使用面积（m^2）

房间名称	规模		
	小型	中型	大型
晨检室（厅）	10	10	15
保健观察室	12	12	15
教师值班室	10	10	10
警卫室	10	10	10
储藏室	15	18	24
园长室、所长室	15	15	18

（续　表）

房间名称	规模		
	小型	中型	大型
财务室	15	15	18
教师办公室	18	18	24
会议室	24	24	30
教具制作室	18	18	24

注：1. 晨检室（厅）可设置在门厅内；
2. 寄宿制幼儿园应设置教师值班室；
3. 房间可以合用，合用的房间面积可适当减少。

4.4.2 托儿所、幼儿园建筑应设门厅，门厅内应设置晨检室和收发室，宜设置展示区、婴幼儿和成年人使用的洗手池、婴幼儿车存储等空间，宜设卫生间。

4.4.3 晨检室（厅）应设在建筑物的主入口处，并应靠近保健观察室。

4.4.4 保健观察室设置应符合下列规定：

1. 应设有一张幼儿床的空间；
2. 应与幼儿生活用房有适当的距离，并应与幼儿活动路线分开；
3. 宜设单独出入口；
4. 应设给水、排水设施；
5. 应设独立的厕所，厕所内应设幼儿专用蹲位和洗手盆。

4.4.5 教职工的卫生间、淋浴室应单独设置，不应与幼儿合用。

4.5 供应用房

4.5.1 供应用房宜包括厨房、消毒室、洗衣间、开水间、车库等房间，厨房应自成一区，并与婴幼儿生活用房应有一定距离。

4.5.2 厨房应按工艺流程合理布局，并应符合国家现行有关卫生标准和现行行业标准《饮食建筑设计标准》JGJ 64 的规定。

4.5.2A 厨房使用面积宜每人 0.40 m^2，且不应小于 12 m^2。

4.5.3 厨房加工间室内净高不应低于 3.00 m。

4.5.4 厨房室内墙面、隔断及各种工作台、水池等设施的表面应采用无毒、无污染、光滑和易清洁的材料；墙面阴角宜做弧形；地面应防滑，并应设排水设施。

4.5.5 当托儿所、幼儿园建筑为二层及以上时，应设提升食梯。食梯呼叫按钮距地面高度应大于 1.70 m。

4.5.6 寄宿制托儿所、幼儿园建筑应设置集中洗衣房。

4.5.7 托儿所、幼儿园建筑应设玩具、图书、衣被等物品专用消毒间。

4.5.8 当托儿所、幼儿园场地内设汽车库时，汽车库应与儿童活动区域分开，应设置单独的车道和出入口，并应符合现行行业标准《车库建筑设计规范》JGJ 100 和现行国家标准《汽车库、修车库、停车场设计防火规范》GB 50067 的规定。

5 室内环境

5.1 采光

5.1.1 托儿所、幼儿园的生活用房、服务管理用房和供应用房中的厨房等均应有直接天然采光，其采光系数标准值和窗地面积比应符合表 5.1.1 的规定。

表5.1.1 采光系数标准值和窗地面积比

采光等级	场所名称	采光系数标准值（%）	窗地面积比
Ⅲ	活动室、寝室	3.0	1/5
	多功能活动室	3.0	1/5
	办公室、保健观察室	3.0	1/5
	睡眠区、活动区	3.0	1/5
Ⅴ	卫生间	1.0	1/10
	楼梯间、走廊	1.0	1/10

5.1.2 托儿所、幼儿园建筑采光应符合现行国家标准《建筑采光设计标准》GB 50033 的有关规定。

5.2 隔声、噪声控制

5.2.1 托儿所、幼儿园建筑室内允许噪声级应符合表 5.2.1 的规定。

表5.2.1 室内允许噪声级

房间名称	允许噪声级（A 声级，dB）
生活单元、保健观察室	≤ 45
多功能活动室、办公室	≤ 50

5.2.2 托儿所、幼儿园建筑主要房间的空气声隔声标准应符合表 5.2.2 的规定。

表5.2.2 空气声隔声标准

房间名称	空气声隔声标准（计权隔声量）(dB)	楼板撞击声隔声单值评价量（dB）
生活单元、办公室、保健观察室与相邻房间之间	≥ 50	≤ 65
多功能活动室与相邻房间之间	≥ 45	≤ 75

5.2.3 托儿所、幼儿园建筑的环境噪声应符合现行国家标准《民用建筑隔声设计规范》GB 50118 的有关规定。

5.3 空气质量

5.3.1 托儿所、幼儿园的室内空气质量应符合现行国家标准《室内空气质量标准》GB/T 18883 的有关规定。

5.3.2 托儿所、幼儿园的幼儿用房应有良好的自然通风，其通风口面积不应小于房间地板面积的 1/20。夏热冬冷、严寒和寒冷地区的幼儿用房应采取有效的通风设施。

5.3.3 托儿所、幼儿园建筑使用的建筑材料、装修材料和室内设施应符合现行国家标准《民用建筑工程室内环境污染控制规范》GB 50325 的有关规定。

6 建筑设备

6.1 给水排水

6.1.1 托儿所、幼儿园建筑应设置给水排水系统，且设备选型和系统配置应适合幼儿需要。用水量标准、系统选择和水质应符合国家现行标准《建筑给水排水设计规范》GB 50015、《生活饮用水卫生标准》GB 5749、《饮用净水水质标准》CJ 94 和《建筑给水排水及采暖工程施工质量验收规范》GB 50242 的规定。

6.1.2 托儿所、幼儿园建筑给水系统的引入管上应设置水表。水表宜设置在室内便于抄表的位置；在夏热冬冷地区及严寒地区，当水表设置于室外时，应采取可靠的防冻胀破坏措施。供水总进口管道上可设置紫外线消毒设备。

6.1.3 托儿所、幼儿园建筑给水系统的压力应满足给水用水点配水器具的最低工作压力要求。当压力不能满足要求时，应设置系统增压给水设备，并应符合下列规定：

1. 当设有二次供水设施时，供水设施不应对水质产生污染；

2. 当设置水箱时，应设置消毒设备，并宜采用紫外线消毒方式；

3. 加压水泵应选用低噪声节能型产品，加压泵组及泵房应采取减振防噪措施。

3A 消防水池、各种供水机房、各种换热机房及变配电房间等不得与婴幼儿生活单元贴邻设置。

6.1.4 托儿所、幼儿园建筑给水系统入户管的给水压力不应大于 0.35 MPa；当水压大于 0.35 MPa 时，应设置减压设施。

6.1.5 托儿所、幼儿园建筑宜设置集中热水供应系统，也可采用分散制备热水或预留安装热水供应设施的条件。当设置集中热水供应系统时，应采用混合水箱单管供应定温热水系统。当采用太阳能、空气源热泵等制备热水时，热水温度低于 60 ℃的系统应设置辅助加热设施。

6.1.6 盥洗室、淋浴室、厕所、公共洗衣房应设置地漏，其水封深度不得小于 50 mm，洗衣机排水应设置专用地漏或洗衣机排水存水弯。

6.1.7 便池宜设置感应冲洗装置。

6.1.8 托儿所、幼儿园建筑内单独设置的清扫间、消毒间应配备给水和排水设施。

6.1.9 托儿所、幼儿园建筑厨房的含油污水，应经除油装置处理后再排入户外污水管道。

6.1.10 消火栓系统、自动喷水灭火系统及气体系统灭火设计等，应符合国家现行有关防火标准的规定。当设置消火栓灭火设施时，消防立管阀门布置应避免幼儿碰撞，并应将消火栓箱暗装设置。单独配置的灭火器箱应设置在不妨碍进行处。

6.1.11 托儿所、幼儿园建筑应设置饮用水开水炉，宜采用电开水炉。开水炉应设置在专用房间内，并应设置防止幼儿接触的保护措施。

6.1.12 绿地可设置洒水栓，运动场地应设置排水设施。

6.1.12A 托儿所、幼儿园不应设置中水系统。

6.1.12B 托儿所、幼儿园不应设置管道直饮水系统。

6.2 供暖通风和空气调节

6.2.1 具备条件的托儿所、幼儿园建筑的供暖系统宜纳入区域集中供热管网，具备利用可再生能源条件且经技术经济合理时，应优先利用可再生能源为供暖热源。当符合现行国家标准《民用建筑供暖通风与空气调节设计规范》GB 50736 的规定时，可采用电供暖方式。

6.2.2 采用低温地面辐射供暖方式时，地面表面温度不应超过 28 ℃。热水地面辐射供暖系统供水温度宜采用 35 ～ 45 ℃，不应大于 60 ℃；供回水温差不宜大于 10 ℃，且不宜小于 5 ℃。

6.2.3 严寒与寒冷地区应设置集中供暖设施，并宜采用热水集中供暖系统；夏热冬冷地区宜设置集中供暖设施；对于其他区域，冬季有较高室温要求的房间宜设置单元式供暖装置。

6.2.4 用于供暖系统总体调节和检修的设施，应设置于幼儿活动室和寝室之外。

6.2.5 当采用散热器供暖时，散热器应暗装。

6.2.6 当采用电采暖时，应有可靠的安全防护措施。

6.2.7 供暖系统应设置热计量装置，并应在末端供暖设施设置恒温控制阀进行室温调控。

6.2.8 乡村托儿所、幼儿园建筑宜就地取材，采用可靠的能源形式供暖，并应保障环境安全。

6.2.9 托儿所、幼儿园房间的供暖设计温度宜符合表 6.2.9 的规定。

表6.2.9　托儿所、幼儿园房间的供暖设计温度

房间名称	室内设计温度（℃）
活动室、寝室、保健观察室、晨检室（厅）、办公室	20
睡眠区、活动区、喂奶室	24
盥洗室、厕所	22
门厅、走廊、楼梯间、厨房	16
洗衣房	18
淋浴室、更衣室	25

6.2.10 托儿所、幼儿园建筑与其他建筑共用集中供暖热源时，宜设置过渡季供暖设施。

6.2.11 托儿所、幼儿园建筑通风设计应符合表 6.2.11–1、表 6.2.11–2 规定。

表6.2.11–1 房间的换气次数

房间名称	换气次数（次 /h）
活动室、寝室、睡眠区、活动区、喂奶室	3 ～ 5
卫生间	10
多功能活动室	3 ～ 5

表6.2.11–2 人员所需最小新风量

房间名称	新风量［m^3/（h·人）］
活动室、寝室、活动区、睡眠区	30
保健观察室	38
多功能活动室	30

6.2.12 公共淋浴室、无外窗卫生间等，应设置带防止回流措施的机械排风装置。

6.2.13 对于夏热冬暖地区、夏热冬冷地区的托儿所、幼儿园建筑，当夏季依靠开窗不能实现基本热舒适要求，且幼儿活动室、寝室等房间不设置空调设施时，每间幼儿活动室、寝室等房间宜安装具有防护网且可变风向的吸顶式电风扇。

6.2.14 最热月平均室外气温大于和等于 25 ℃地区的托儿所、幼儿园建筑，宜设置空调设备或预留安装空调设备的条件，并应符合下列规定：

1. 空调房间室内设计参数应符合表 6.2.14 的规定。

表6.2.14 空调房间室内设计参数

参数		冬季	夏季
温度（℃）	活动室、寝室、保健观察室、晨检室（厅）、办公室	20	25
	睡眠区、活动区、喂奶室	24	25
风速（v）（m/s）		$0.10 \leqslant v \leqslant 0.20$	0.30
相对湿度（%）		30 ～ 60	40 ～ 60

2. 当采用集中空调系统或集中新风系统时，应设置空气净化消毒装置和供风管系统清洗、消毒用的可开闭窗口。

3. 当采用分散空调方式时，应设置保证室内新风量满足国家现行卫生标准的装置。

6.2.15 设置非集中空调设备的托儿所、幼儿园建筑，应对空调室外机的位置统一设计。空调设备的冷凝水应有组织排放。空调室外机应安装在室外地面或通道地面 2.00 m 以上，且幼儿无法接触的位置。

6.2.16 此条删除。

6.3 建筑电气

6.3.1 托儿所、幼儿园的婴幼儿用房宜采用细管径直管形三基色荧光灯，配用电子镇流器，也可采用防频闪性能好的其他节能光源，不宜采用裸管荧光灯灯具；保健观察室、办公室等可采用细管径直管形三基色荧光灯，配用电子镇流器或节能型电感镇流器，或采用 LED 等其他节能光源。睡眠区、活动区、喂奶室应采用漫光型灯具，光源应采用防频闪性能好的节能光源。寄宿制幼儿园的寝室宜设置夜间巡视照明设施。

6.3.2 托儿所、幼儿园的婴幼儿用房宜设置紫外线杀菌灯，也可采用安全型移动式紫外线杀菌消毒设备。

6.3.3 托儿所、幼儿园的紫外线杀菌灯的控制装置应单独设置，并应采取防误开措施。

6.3.4 托儿所、幼儿园的房间照明标准值应符合表 6.3.4 的规定。

表6.3.4 房间照明标准值

房间或场所	参考平面及其高度	照度标准值（lx）	*UGR*	Ra
活动室	地面	300	19	80
多功能活动室	地面	300	19	
寝室、睡眠区、活动区	0.5 m 水平面	100	19	
办公室、会议室	0.75 m 水平面	300	19	
厨房	台面	200	—	
门厅、走道	地面	150	—	
喂奶室	0.5 m 水平面	150	19	

6.3.5 托儿所、幼儿园的房间内应设置插座，且位置和数量根据需要确定。活动室插座不应少于四组，寝室插座不应少于两组。插座应采用安全型，安装高度不应低于 1.80 m。插座回路与照明回路应分开设置，插座回路应设置剩余电流动作保护，其额定动作电流不应大于 30 mA。

6.3.6 幼儿活动场所不宜安装配电箱、控制箱等电气装置；当不能避免时，应采取安全措施，装置底部距地面高度不得低于 1.80 m。

6.3.7 托儿所、幼儿园安全技术防范系统的设置应符合下列规定：

1. 园区大门、建筑物出入口、楼梯间、走廊、厨房等应设置视频安防监控系统；

2. 周界宜设置入侵报警系统、电子巡查系统；

3. 财务室应设置入侵报警系统；建筑物出入口、楼梯间、厨房、配电间等处宜设置入侵报警系统；

3A 园区大门、厨房宜设置出入口控制系统。

6.3.8 大、中型托儿所、幼儿园建筑应设置电话系统、计算机网络系统、广播系统，并宜设置有线电视系统、教学多媒体设施。小型托儿所、幼儿园建筑应设置电话系统、计算机网络系统，宜设置广播系统、有线电视系统。

6.3.9 托儿所、幼儿园建筑的应急照明设计、火灾自动报警系统设计、防雷与接地设计、供配电系统设计、安防设计等，应符合国家现行有关标准的规定。

本规范用词说明

1. 为便于在执行本规范条文时，对要求严格程度不同的用词说明如下：

1）表示很严格，非这样做不可的：

正面词采用“必须”，反面词采用“严禁”；

2）表示严格，在正常情况下均应这样做的：

正面词采用“应”，反面词采用“不应”或“不得”；

3）表示允许稍有选择，在条件许可时首先应这样做的：

正面词采用“宜”，反面词采用“不宜”；

4）表示有选择，在一定条件下可以这样做的，采用“可”。

2. 条文中指明应按其他有关标准执行的写法为：“应符合……的规定”或“应按……执行”。

引用标准名录

1.《建筑给水排水设计规范》GB 50015

2.《建筑设计防火规范》GB 50016

3.《建筑采光设计标准》GB 50033

4.《汽车库、修车库、停车场设计防火规范》GB 50067

5.《民用建筑隔声设计规范》GB 50118

6.《建筑给水排水及采暖工程施工质量验收规范》GB 50242

7.《民用建筑工程室内环境污染控制规范》GB 50325

8.《民用建筑供暖通风与空气调节设计规范》GB 50736

9.《生活饮用水卫生标准》GB 5749

10.《室内空气质量标准》GB/T 18883

11.《饮食建筑设计标准》JGJ 64

12.《车库建筑设计规范》JGJ 100

13.《饮用净水水质标准》CJ 94

参考文献

[1] 刘翠华，黄泽兰，许雅乔，等．托育服务概论 政策 法规与趋势 [M]. 中国台北：扬智文化事业股份有限公司，2007.

[2] 洪秀敏．婴幼儿托育服务机构设置标准的国际经验与启示 [M]. 北京：北京师范大学出版社，2019.

[3] E S. 萨瓦斯．民营化与公私部门的伙伴关系 [M]. 北京：中国人民大学出版社，2002.

[4] 石中英．教育哲学 [M]. 北京：北京师范大学出版社，2007.

[5] 马斯洛．人的潜能和价值 人本主义心理学译文集 [M]. 北京：华夏出版社，1987.

[6] 王坚红．国际视野下的学前教育机构评估标准 [M]. 南京：南京师范大学出版社，2012.

[7] 奚洁人．科学发展观百科辞典 [M]. 上海：上海辞书出版社，2007.

[8] 周采，杨汉麟．外国学前教育史 [M]. 北京：北京师范大学出版社，1999.

[9] 林秀锦．美国的早期保育与教育 [M]. 南京：江苏教育出版社，2006.

[10] 亓迪．促进儿童发展：福利政策与服务模式 [M]. 北京：社会科学文献出版社，2018.

[11] 张秀兰．中国教育发展与政策 30 年 [M]. 北京：社会科学文献出版社，2008.

[12] 赵玉峰．托育服务业发展的带动效应及路径选择 [J]. 宏观经济管理，2021(1): 49–56.

[13] 高佳蕊，刘梦超，李子晗．0 ～ 3 岁婴幼儿公共托育服务的现状与问题分析 [J]. 现代商贸工业，2021, 42(5): 107–108.

[14] 黄杰，高瑾，宋占美．城市家长对托育服务的需求及期望——基于 3089 位家长的调查研究 [J]. 陕西学前师范学院学报，2021, 37(2): 1–11.
[15] 黄丽华，陈柳红．积极开展 3 岁以下婴幼儿照护服务工作 [J]. 人口与健康，2021(2): 75.
[16] 闫慈．缓解“老漂族”隔代照护压力的对策与出路——构建托育服务多元供给模式研究 [J]. 天中学刊，2019, 34(6): 70–73.
[17] 胡雅莉．加拿大儿童早期教育体系对“幼有所育新发展”的启示 [J]. 牡丹江大学学报，2019, 28(2): 122–125.
[18] 杨菊华．理论基础、现实依据与改革思路：中国 3 岁以下婴幼儿托育服务发展研究 [J]. 社会科学，2018(9): 89–100.
[19] 赵建国，王瑞娟．我国幼托服务供给模式选择及实现路径 [J]. 社会保障研究，2018(3): 84–91.
[20] 杨菊．实施保教结合，提高保教质量 [J]. 课程教育研究，2018(13): 31.
[21] 刘中一．从西方社会机构托育的历史趋势看我国托育机构的未来发展 [J]. 科学发展，2018(3): 42–48.
[22] 吴苏贵，钱洁，李显波，等．进一步完善上海 0 ~ 3 岁婴幼儿托育服务体系 [J]. 科学发展，2018(3): 49–53.
[23] GIMENO–MONTERDE CHABIER, GÓMEZ–QUINTERO JUAN DAVID, CARRERAS. AGUERRI JESÚS. Unaccompanied young people and transition to adulthood: Challenges for child care services[J]. Children and Youth Services Review, 2020, 121(2): 105858.
[24] SAPKOTA VISHNU PRASAD, BHUSAL UMESH PRASAD, ACHARYA KIRAN. Trends in national and subnational wealth related inequalities in use of maternal health care services in Nepal: an analysis using demographic and health surveys (2001–2016)[J]. BMC Public Health, 2021, 21(1): 9.
[25] NICAISE P, GRARD A, LEYS M, et al. Key dimensions of collaboration quality in mental health care service networks[J]. Journal of Interprofessional Care, 2020(5): 1–9.
[26] HAN E J, LEE J S, CHO E, et al. Socioeconomic costs of dementia based on utilization of health care and long–term–care services: A retrospective cohort study[J]. International Journal of Environmental Research and Public Health, 2021, 18(2):376.

[27] CHEN LIANG KUNG. Population aging and health care services: What governments should do[J]. Archives of Gerontology and Geriatrics, 2021, 92: 104296.

[28] LIAO J, FENG L, HUANG J. A Study on satisfaction of elderly care service quality based on different groups: Taking the monitoring data of Liaoning province as an example[J]. SHS Web of Conferences, 2021, 96: 2003.

[29] SIMONE JOANNE PHILLIPS, HOYT MARY JO, BOGERT LAURA, et al. A nurse-led initiative to improve implementation of HIV preconception care services. [J]. The Journal of the Association of Nurses in AIDS Care : JANAC, 2021, 32(1):115–126.

[30] MSLAB C, EOCHD E, TW F, et al. Being cross pressured-parents' experiences of the transfer from paediatric to adult care services for their young people with long term conditions: A systematic review and qualitative research synthesis[J]. International Journal of Nursing Studies, 2021, 115: 26.

[31] 丁利芳，方玉倩，邢丽娜．早期托育机构家长需求现状调研——基于 56 位 0–3 岁婴幼儿家长的访谈 [J]. 山东英才学院学报，2018, 14(1): 9–14, 19.

[32] 何京玉，孙玉洁，权赫虹．日本保育士专业化制度建设及其成效 [J]. 外国教育研究，2018, 45(2): 116–128.

[33] 王晓蕾，陈丽华，卜钰，等．父子依恋、母子依恋与儿童应激下皮质醇反应的关系 [J]. 心理发展与教育，2018, 34(1): 10–20.

[34] 张苹，茅倬彦．上海市社区 0 ~ 3 岁婴幼儿家庭养育模式与需求的调查 [J]. 中国妇幼保健，2017, 32(18): 4500–4503.

[35] 和建花．关于 3 岁以下托幼公共服务理念的再思考——跨学界视野与跨学界对话 [J]. 学前教育研究，2017(7): 3–10.

[36] 王磊．"全面两孩"政策下育龄女性的生育行为与家庭幸福感——从生育服务和托幼资源视角的观察 [J]. 西南民族大学学报（人文社科版），2017, 38(6): 7–12.

[37] 李沛霖，王晖，丁小平，等．对发达地区 0–3 岁儿童托育服务市场的调查与思考——以南京市为例 [J]. 南方人口，2017, 32(2): 71–80.

[38] 田茂，王凌皓．台湾地区托育服务的功能及启示 [J]. 现代教育科学，2017(3): 149–155.

[39] 王晖．3 岁以下婴幼儿托育需求亟须重视 [J]. 人口与计划生育，2016(11): 22.

[40] 李芬, 风笑天. 照料“第二个”孙子女?——城市老人的照顾意愿及其影响因素研究 [J]. 人口与发展, 2016, 22(4): 87–96.

[41] 孙艳艳. 0—3 岁儿童早期发展家庭政策与公共服务探索 [J]. 社会科学, 2015(10): 65–72.

[42] 徐浙宁. 早期儿童家庭养育的社会需求分析 [J]. 当代青年研究, 2015(5): 25–30.

[43] 朱彦蓉. 中美早期教育中家长参与现状的比较研究 [J]. 亚太教育, 2015(3): 11–12.

[44] 李冠宇. 改革开放以来我国儿童福利政策研究 [D]. 新乡: 河南师范大学, 2015.

[45] 魏晓会. 日本 0–2 岁保育服务及其对中国的启示 [D]. 南京: 南京师范大学, 2017.

[46] 韦素梅. 上海市托育供需现状调查及对早教中心职能的再思考 [D]. 上海: 华东师范大学, 2018.

[47] 王甜, 姜全保. 托育服务体系建设的国际经验与启示 [N]. 中国人口报, 2021-02-04(003).

[48] 杨菊华. 婴幼儿托育服务人才供给困境与对策 [N]. 中国人口报, 2021-01-11(003).